이순신 승리의 리더십

Winning Leadership

Winning Leadership

이순신 승리의 리더십

전승무패 신화를 이끈 위대한 명장의 필승전략

• 임원빈 지음 •

한국경제신문

유능한 리더를 넘어 위대한 리더를 꿈꾸는 이들에게

동양철학을 전공한 필자가 해군 사관생도들에게 '동양의 병법사상'을 강의하면서 관심을 가졌던 연구 분야는 병법서 『손자孫子』였다. 전쟁과 정치, 경제, 군사외교, 전쟁 승리의 원칙, 리더십 등 군의 리더가 지녀야 할 소양과 관련된 내용이 다수 포함되어 있었기 때문이다. 그러다 문득 우리의 위대한 영웅 이순신 제독은 과연 어떻게 전승무패의 승리 신화를 이루었는지 궁금해졌다.

『이충무공전서』의 《장계》와 《난중일기》를 읽으면서 놀라운 사실을 발견하였다. 이순신 제독이 해전을 치르면서 『손자』에 언급된 전쟁 승리의 원칙을 철저히 준수, 적용하였다는 사실을 확인했기 때문이다. 연구를 진행하면서 필자는 이순신이 위대한 이유는 이미 알려진 것처럼 열세의 함대로 우세한 일본 함대에 맞서 싸워 이겼기 때문이 아니라, 어떠한 상황에서도 인위적으로 우세한 상황을 만들어 승리를 쟁취했기 때문이라는 새로운 관점을 제기하였다. 명량해전을 제외한 거의 모든 해전에서 이순신은 조선 수군의 모든 역량을 통합, 집중시킴으로써 상대적으로 분산된 일본 수군을 열세의 상황으로 몰아 손쉽게 물리쳤으며 결과적으로 완전한 승리를 쟁취하였다. 필자는 이순신이 임진왜란 7년 동안 보여 준 승리의 사례를 토대로 7가지 병법을 추출, 이를 중심으로 『이순신 병법을 논하다』(신서원, 2005)를 출간한 적이 있다.

그다음에 관심을 가진 분야가 리더십이다. 병법이 함선이나 무기체계 같은 하드웨어적 전투력 요소를 운용하여 전투력을 극대화하는 방법이라면, 리더십은 병사 개개인이 지니고 있는 전투력을 십이분 발휘하도록 하는 방법이자 기술이다.

그런데 지금까지 이순신의 리더십을 다루고 있는 기존의 연구물들은 대다수 서양의 리더십 이론에 기초하여 논의를 전개하고 있다는 특성과 한계를 지니고 있다. 동양의 리더십은 리더의 덕목과 리더십 방법론 나아가 리더의 인격을 함양하는 방법까지 다룬 데 그 특징이 있다. 평소 '동양철학은 모두 리더십 이론' 이라는 생각을 가지고 있던 필자는 이번 기회에 동양철학에 기초한 리더십 이론을 정립해 보고, 이를 토대로 이순신 리더십을 새로 조망해 보자는 생각을 하게 되었다. 이렇게 해서 완성된 책이 『이순신, 승리의 리더십』이다.

이 책에서 필자는 동양 리더십 이론의 3요소로 '리더의 덕목', '리더십 방법론', '인격함양법' 을 제시하였다. 리더의 덕목은 손자가 제시한 지식, 신의, 사랑, 용기, 위엄 5가지에 창의, 정의감, 정성, 역사의식 4가지를 추가하여 총 9가지 요소로 정리하였다. 또한 리더십 방법

론으로는 4가지 인간관을 토대로 총 9가지 유형의 리더십을 추출하여 단계별로 배열하였다. 특히 인격함양법은 리더십 교육에 있어서 매우 중요하다. 모든 유형의 리더십의 토대는 바로 리더가 지니고 있는 인격 그 자체이기 때문이다. 이 책에서는 유학 사상에 기초한 이순신의 인격함양법을 정리해 보았다.

전문성을 지닌 리더는 '유능한 리더'가 될 수 있다. 여기에 올바른 역사의식을 지니고 고결한 인격까지를 갖춘 리더라면 '위대한 리더'라 할 수 있다. 이순신은 군사전문성과 역사의식 그리고 고결한 인격을 갖춘 위대한 리더였다.

요즈음 창의적인 인재 양성을 위한 다양한 리더십 교육 프로그램이 곳곳에서 운영되고 있다. 그러나 대부분의 교육 프로그램이 서양적 관점에서 정립된 것이어서 다소 안타까운 마음이 드는 것이 사실이다. 이 책을 통해 우리나라에서 배출한 위대한 리더 이순신을 서양이 아닌 동양의 관점으로 다시 바라보고, 본받음으로써 이순신을 닮은 '위대한 리더'가 우리 사회 곳곳에서 탄생하길 바란다. 유능한 리더를 넘어, 위대한 리더를 꿈꾸는 이들에게 이 책이 조금이나마 도움이 되기를 기대한다.

끝으로 이 책이 세상에 나오는 데 도움을 주신 한경 가치혁신연구소 권영설 소장님, 신주영 기자님 그리고 한경BP 관계자 여러분께 진심으로 감사의 마음을 전한다.

진해 해군 충무공리더십센터 구산龜山 연구실에서

임 원 빈

| 차례 |

저자의 말 • 005
프롤로그 • 012

01 이순신 리더십 정립을 위한 틀

01 리더십이란? • 018
02 동양 병법서에 나타난 리더의 덕목 • 021
03 리더십 규명을 위한 틀 • 028

02 리더 이순신의 9가지 덕목

01 승리할 수 있는 전문성을 갖춰라 • 046
02 약속과 신의를 지켜라 • 071
03 사람을 사랑하고 배려하고 아껴라 • 079
04 옳은 일은 과감하게 하고, 어려운 때일수록 선두에 서라 • 098
05 위엄과 형벌로 부하를 단속하라 • 107
06 창의적 사고로 미래를 대비하라 • 115
07 의리에 죽고 의리에 산다 • 125
08 지극한 정성에는 하늘도 감동한다 • 130
09 정의가 승리하는 역사를 만들어라 • 134

03 '한마음', 승리를 낳는 리더십

01 처벌을 통해서라도 '한마음'이 되게 하라 • 149
02 위험에 처하면 '한마음'이 된다 • 155
03 이익이 있는 곳에 '한마음'도 있다 • 160
04 상賞에 신뢰감을 주면 '한마음'이 된다 • 165
05 유리한 형세에서는 오합지졸도 '한마음'이 된다 • 172
06 합리적 의사소통이 '한마음'의 지름길이다 • 181
07 감동하면 저절로 '한마음'이 된다 • 189
08 리더의 솔선수범率先垂範은 '한마음'의 원천이다 • 196
09 리더의 고결한 인격은 '한마음'의 주체이다 • 206

04 위대한 리더의 길 _ 이순신의 인격함양법

01 리더십과 인격의 상관관계 • 242
02 이순신의 인격함양법의 이론적 토대 • 245

03 이순신의 인격함양법 • 254
04 글로벌 시대의 리더십 교육이 나아갈 길 • 281

05 명량 해전 승리 요인의 재조명

01 명량 해전 해석의 틀 • 286
02 판옥선의 전투력 • 289
03 명량 해전에 적용된 병법 • 294
04 명량 해전에 발휘된 리더십 • 301
05 명량 해전의 올바른 이해를 위한 제언 • 314

참고문헌 • 321
주註 • 323

| 프롤로그 |

왜 '이순신, 승리의 리더십' 인가?

정치 지도자나 주요 기업의 CEO 그리고 군의 핵심 지위에 발탁된 사람들을 평가할 때면 어김없이 그 사람의 리더십 유형이 회자되곤 한다. 어느덧 리더십은 한국 사회의 핵심 키워드 가운데 하나로 자리 잡은 것이다. 이런 현상은 리더의 역할이 그만큼 중요하다는 사회적 공감대가 형성되었음을 반증하는 것이기도 하다.

그렇다면 리더십은 무엇이며 그것이 추구하는 궁극의 목적은 무엇인가? 『손자병법』 시계편始計篇에 "도자道者, 영민여상동의令民與上同意" 라는 문구가 있다. 직역하면 '도道는 백성들로 하여금 임금과 뜻을 함께하도록 만드는 것' 이라는 의미인데 도道를 리더십으로, 임금을 리더로 치환하여 의역하면 '리더십은 구성원들로 하여금 리더와 한마음, 한뜻이 되도록 만드는 것' 이라는 해석이 가능하다.

다음으로 생각해 볼 것은 리더십의 목적이다. 무엇 때문에 국가나 조직을 관리하는 리더에게 리더십이 중요하고 필요한 것인가? 이 물음에 대한 대답 또한 『손자병법』 군형편軍形篇의 "상하동욕자上下同欲者, 승勝"이라는 문구에서 찾아볼 수 있다. 직역하면 '위와 아래가 함께 하고자 하는 쪽이 승리한다'는 의미인데, 이것을 군軍의 리더십과 관련하여 의역하면 '리더와 부하 병사들이 한마음, 한뜻이 되는 군대는 승리 한다'라고 해석할 수 있다. 이렇게 볼 때 리더십의 궁극의 목적은 군軍의 경우 승리하는 것이요, 승리로 이끄는 리더십의 요체는 한마음, 한뜻이 되게 만드는 것이다.

그렇다면 이순신은 과연 어떤 리더인가. 이순신은 임진왜란 당시 조선 수군의 최고 리더로서 그가 치른 모든 해전을 승리로 이끌었다. 그런 면에서 그는 조선 수군에게 부여된 해양방위라는 임무를 성공적으로 완수한 리더이다. 만약 전승무패의 승리와 임진왜란의 극복이라는 구체적인 성과 창출이 없었더라면 우리 국민 모두가 이 정도까지 이순신을 존경하고 추앙하지는 않았을 것이다.

그런데 그런 이순신의 전승무패의 승리 신화 이면에는 그의 탁월한 군사전문성과 고결한 인품에 기초한 리더십이 있었다. 이순신의 탁월한 군사전문성은 조선 수군이 지니고 있었던 무기체계의 역량을 배가시켰으며, 그의 뛰어난 리더십은 병사들뿐만 아니라 의병, 승병 심지어 백성들의 전투역량까지 통합시켜 극대화하였다. 그리고 이 두 가지 요소가 결합된 막강한 전투력을 토대로 이순신은 전승무패의 승리 신화를 창출해 내었다.

이 책은 이순신이 이룬 전승무패의 승리 신화를 리더십의 관점에서 규명하고자 한다. 그런 뜻에서 필자는 이 책의 제목을 『이순신, 승리의 리더십』이라고 붙였다.

위대한 영웅 이순신은 과연 리더로서 어떤 덕목을 지니고 있었는가. 이것을 체계적으로 살펴보는 것은 이순신의 위대성을 확인하는 또 하나의 디딤돌이 될 것이다.

지금까지 적지 않은 연구자들이 이순신의 리더십에 대해 언급하고 발표해 왔다. 이순신의 리더십을 다룬 서적도 지속적으로 출간되고 있다. 그러나 이들 대부분이 서양적 시각의 리더십을 적용하여 설명한 단편적인 것이거나 일정한 해석의 틀 없이 자의적으로 이순신의 리더십을 이야기하고 있다는 한계를 지니고 있다.

이순신 리더십을 규명하고 체계화하기 위해 우선적으로 필요한 것은 리더십 규명을 위한 해석의 틀이다. 이순신이 동양 문화권에 속하는 조선에서 배출된 인물이라는 사실은 그의 리더십을 규명하는 데 있어 매우 중요한 고려 요소가 아닐 수 없다. 조선의 무관武官 관리 임용 시험인 무과武科에는 병법서인 『손자孫子』, 『육도六韜』, 『삼략三略』 등의 무경武經이 포함되어 있다. 조선의 무관들은 손자병법을 포함한 다양한 병서兵書를 섭렵하였던 것이다. 따라서 동양 병서에 나오는 리더십 관련 내용들은 이순신 리더십을 연구하는 데 있어서 결코 배제되어서는 안 될 것이다.

동양의 리더십은 크게 '장재론將才論'과 '리더십 방법론' 그리고 '인격함양론'으로 나누어 살펴볼 수 있다. 오늘날의 개념으로 환원해 보면 '장재론'은 리더가 지녀야 하는 덕목 또는 자질이며, '리더십 방법

론'은 리더십, '인격함양론'은 리더가 훌륭한 인격을 갖추기 위한 방법론에 해당된다고 볼 수 있다. '인격함양론'이 리더십의 범주에 포함되어야 하는 까닭은 리더십의 궁극의 목적인 조직의 임무 완수나 전쟁의 승리에 있어서 리더의 인격이 매우 중요한 역할을 하기 때문이다.

서양의 리더십 이론에서도 리더의 인격이 매우 중요하다는 사실을 인정한다. 그리고 훌륭한 인격을 지니기 위해서는 '정직해야 하고', '성실해야 하며', '헌신해야 한다'고 강조하고 있다. 그러나 어떻게 해야 리더가 이런 덕목을 갖출 수 있는지에 대한 구체적인 방법론은 언급되지 않고 있다. 서양의 리더십 이론에도 인격함양의 방법론이 없을 리 없다. 그러나 아직까지 국내에서 논의되는 서양식 리더십 교육에는 '인격함양론'을 찾아보기 어렵다. 이런 현상이 일어나는 이유는 우리나라의 리더십 연구가 주로 경영학, 심리학 전공자 위주로 이루어지고 있기 때문이다. 인간, 인격에 관한 문제는 철학을 중심으로 한 인문학의 주요 연구 영역이다. 따라서 앞으로 우리나라 리더십 교육이 발전하려면 분과 학문 차원을 넘어 관련 전공 간에 유기적인 소통이 매우 절실히 요구된다. 이 책은 이와 같은 문제의식을 토대로 '이순신, 승리의 리더십'을 규명하였다.

WINNIN

이순신 리더십 정립을 위한 틀

1. 리더십이란?

2. 동양 병법서에 나타난 리더의 덕목

3. 리더십 규명을 위한 틀

EADERSHIP

01

이로움이 있는 곳에 백성은 돌아오며
명예가 빛나는 곳에 선비는 목숨을 바친다.
_한비자

WINNING LEADERSHIP **01**

리더십이란?

리더십leadership을 필자는 '리더의 도道'라고 정의한다. 젠틀맨십gentlemanship을 '신사의 도道', 이른바 신사도紳士道라고 정의하는 것과 같은 맥락에서다. 그러면 도道는 무엇인가? 신사도紳士道의 경우 도道의 의미는 '신사가 지켜야 할 도리', '신사가 지녀야 하는 덕목', '신사가 취해야 하는 행동' 정도가 될 것이다. 그런 면에서 리더의 도道 또한 '리더가 지켜야 할 도리', '리더가 지녀야 하는 덕목', '리더가 취해야 하는 행동'으로 이해할 수 있다.

손자孫子는 리더의 도道를 "백성들로 하여금 임금과 뜻을 함께하도록 만드는 것이다"[1]라고 하였다. 이것을 요즘 식으로 바꾸면 '리더십은 구성원들로 하여금 리더와 한마음, 한뜻이 되도록 만드는 것이다'라고 할 수 있다. 필자는 손자의 이 정의를 리더십이 지향하는 이상적

목표 즉 리더십의 이념이라고 생각한다.

그렇다면 리더십의 이념은 어떻게 현실 속에서 구현될 수 있을까? 이를 위해선 리더와 구성원뿐만 아니라 조직의 임무, 그들이 처해 있는 환경적 요소가 고려되어야 한다. 필자는 리더십의 구성 요소들을 손자가 제기한 리더십 이념과 결합시켜 다음과 같이 리더십을 정의한다. '리더십이란 리더가 구성원들에게 어떤 방식으로든 영향을 주어 자신과 한마음, 한뜻으로 조직의 임무를 완수 – 군의 경우 승리 – 하도록 하는 원리요, 이 원리를 구현하기 위해 리더가 지녀야 하는 덕목요, 취해야 하는 행동방식이다.'[2]

리더십이 리더가 구성원들로 하여금 자신의 능력을 최대한 발휘하도록 영향을 주는 '원리'라는 점에서 볼 때, 먼저 이에 대한 객관적 인식 작업이 필요하다. 원리를 알아야만 리더가 지녀야 할 덕목이 무엇인지 알고, 상황별로 부하들을 다스리는 방법 즉 리더의 '행동방식'을 결정할 수 있기 때문이다. 이 때문에 인간 본성에 대한 이해 또는 인간 행동 원리에 대한 이해가 리더십에서는 매우 중요한 요소로 간주된다.

리더십이 리더가 지녀야 하는 '덕목 또는 행동방식'이라는 것은 단순한 인식의 문제를 넘어 실천적 요소까지를 포함한다. 이 때문에 리더십은 언제나 리더의 인격이나 언행 등과 높은 상관관계를 가지게 된다.

그렇다면 리더가 구성원들에게 영향을 주어 한마음, 한뜻으로 조직의 임무를 완수하도록 하는 원리는 무엇인가? 전장에서 부하 병사들은 무엇 때문에 자신의 목숨을 버려 가면서까지 리더의 명령을 따르는가? 동양의 병법서에서는 전통적으로 '리더의 덕목'과 '리더십 방법론(약칭 리더십)'을 구성원들에게 영향을 주는 핵심 요소로 간주하였다.

'리더의 덕목'은 리더의 인격을 구성하는 요소로서, 비록 간접적이긴 하지만 그 자체가 구성원들에게 매우 큰 영향을 준다. '리더십'은 리더가 구성원들로 하여금 자신과 한마음, 한뜻이 되도록 직접적으로 영향을 주는 방법 또는 기술이다. 두 요소 모두 인간의 원리, 인간의 행동양태 등 폭넓은 인간 이해를 전제로 논의되어야 할 과제이다.

WINNING LEADERSHIP **02**

동양 병법서에 나타난 리더의 **덕목**

동양 병법서 중 최고로 꼽히는 『손자孫子』의 저자 손무孫武는 이상적인 장수將帥[3]의 덕목으로 지식〔智〕, 신의〔信〕, 사랑〔仁〕, 용기〔勇〕, 위엄〔嚴〕 다섯 가지를 제시하였다.[4]

『손자』를 주석한 두목杜牧은 "백성들을 다스리는 정치에서는 인仁을 우선으로 삼지만 전쟁을 수행해야 하는 병가兵家에서는 지智를 우선으로 삼는다"[5]고 전제한 뒤 장수가 갖추어야 할 '다섯 가지 덕목'〔五德〕에 대해 다음과 같이 설명하였다.

"지智는 임기응변에 능하고 변통을 아는 것이다. 신信은 사람들이 형벌과 포상에 대해 의심하지 않게 하는 것이다. 인仁은 인물人物을 사랑하며, 애쓰고 부지런히 일하는 것을 아는 것이다. 용勇은 승리를 결단하고 기세에 편승하여 머뭇거리지 않는 것이다. 엄嚴은 위엄과 형벌로써 삼군三軍을 엄숙하게 하는 것이다."[6]

따라서 장수된 자는 마땅히 오덕五德을 겸비해야 한다.[7] 오덕을 겸비하지 못하고 오로지 지智에만 의존하면 도적盜賊이 되고, 편파적으로 인仁만을 베풀면 나약하게 되고, 신信을 고수하면 어리석게 되고, 용감성〔勇〕과 힘에만 의존하면 포악하게 되며, 호령이 지나치게 엄격〔嚴〕하면 잔인하게 된다[8]고 하였다.

여기서 우리는 손자가 장수의 덕목 가운데 가장 우선하여 지智를 꼽고 있다는 사실에 유의할 필요가 있다. 장수의 지적 역량의 범위에는 전략, 전술, 무기체계의 운용에 대한 지식, 지휘통솔을 위한 병사들의 행동 양태와 심리 현상에 대한 지식 그리고 사태에 대한 정확한 분석력과 판단력 등이 포함된다. 따라서 장수의 지적 역량은 전쟁의 처음부터 끝까지 승패를 좌우하는 관건이 되는 것이다. 장수가 위의 다섯 가지 덕목을 모두 가지고 있다면 좋겠지만, 그렇지 못할 경우 최소한 뛰어난 지적 역량, 이른바 군사적 전문성만큼은 반드시 소유하고 있어야 전쟁을 승리로 이끌 수 있다.

병법서 『오자吳子』에 나타난 장수의 덕목을 살펴보자. 저자인 오기吳起는 전국시대 초기 위魏나라 출신이며 기원전 440(?)년에 출생하여 기원전 381년에 사망하였다고 알려진 인물이다. 기원전 400년 제齊나라 군이 노魯나라를 침공하자 왕인 목공穆公은 오기를 방어군 장수로 임명하여 출정시키려다 오기의 아내가 적국인 제나라의 정승 전화田和와 친척이므로 내통할까 의심하여 취소하였다. 그러자 오기는 자신의 아

내를 죽여 목공의 의심을 풀고 출정군의 장수가 되어 제나라 침략군을 격퇴하였다.

인간적인 관점에서 보았을 때 오기는 출세를 위해 아내를 죽일 정도로 냉혈한冷血漢이지만, 장수로서는 유능한 리더였다. 그는 위衛나라 장수가 되었을 때 병사들과 침식을 함께 하고 부하 병사의 종기 고름을 입으로 빨아내어 치료해 주는 등의 리더십을 발휘하여 1년 만에 부하 장병들의 마음을 완전히 사로잡았으며 이후 전투에서 뛰어난 전공을 세웠다.

오기는 "무릇 문무文武를 겸비한 사람이라야 장수라고 할 수 있으며 강함과 온유함을 겸한 자라야 작전을 지휘할 수 있다"[9]고 하여 장수가 갖추어야 할 덕목으로 '문무'文武와 '강유剛柔'를 겸비할 것을 강조하였다. 아울러 오기는 일반적으로 장수의 덕목을 논할 때 항상 용기를 먼저 말하지만 용기는 장수가 갖추어야 할 여러 자질 가운데 하나에 불과하다고 하였다.[10] 예컨대, 용기만 있고 지모智謀가 없는 자는 반드시 경솔하게 적과 싸우는데, 경솔하게 적과 싸워 이로움과 해로움을 판단하지 못하면 승리를 얻을 수 없게 된다는 것이다.[11] 오기는 문文을 지모智謀와 부드러움에, 무武를 용기와 강함에 연관하여 설명하고 있다. 또한 오기 역시 손자와 마찬가지로 지적 역량의 중요성을 강조한다.

오기는 문무, 강유의 겸비에 대해 다시 강조하기를, "장수는 위엄〔威〕과 덕성〔德〕, 어짐〔仁〕과 용기〔勇〕를 반드시 함께 갖추고 있어야 부하들을 통솔하고 뭇 병사들을 편안하게 할 수 있으며, 적을 두렵게 하고 의심이 드는 어려운 문제를 해결할 수 있으며, 그가 내린 명령을 하급자들이 감히 위반할 수 없으며, 그가 있는 곳에 적이 감히 침범하지 못한다"[12]라고 하여 위엄〔威〕과 덕성〔德〕, 어짐〔仁〕과 용기〔勇〕를 겸비한 자라야 비로소 훌륭한 장수〔良將〕가 될 수 있다고 하였다.

요컨대 오기는 장수가 갖추어야 하는 핵심 덕목으로 '문무文武와 강유剛柔의 겸비' 또는 '지智 · 위威 · 덕德 · 인仁 · 용勇' 등의 덕목을 제시하고 있음을 알 수 있다. 오기는 병사들의 자발적인 복종을 유도하는 한편 엄정한 형벌의 시행을 통해 복종하지 않을 수 없는 상황을 조성하여 부하 병사들의 전투 역량을 극대화하였다. 손자와의 차이가 있다면 신의〔信〕가 빠져 있다는 점이다.

조선의 병법서 『무신수지武臣須知』에 나타난 장수의 덕목을 살펴보자. 이 책은 정조, 순조 때의 무장武將인 이정집李廷集(1741~1782)과 그의 아들 이적李迪(?~1809)이 지은 병법서이다. 저자는 장수의 덕목을 두루 갖춘 대표적인 역사적 인물로 '제갈량'을 꼽는다.

> "아! (장수로서) 모든 재질을 두루 갖춘 사람은 오직 제갈량뿐일 것이다. 그는 영웅, 호걸의 재능이 있으면서도 충신忠臣 · 의사義士의 절개가 있었다."[13]

무릇 가장 위대한 장수는 전쟁과 관련한 해박한 군사 지식과 병사를 자기가 원하는 대로 움직이게 할 수 있는 리더십을 지니고 있어야 할 뿐 아니라 군주에 대한 충성심과 의리에 죽고 사는 절개가 있어야 한다는 것이다. 특이한 것은 『무신수지』의 저자가 기존의 많은 병법서에서 언급한 일반적인 장수의 덕목에 추가하여 '충신忠臣 · 의사義士의 절개'를 강조하고 있다는 사실이다. 제갈량이 위대한 장수인 까닭은 그

가 해박한 군사 지식, 신출귀몰한 용병술을 지녀 영웅호걸의 재능을 갖추었을 뿐 아니라 자신이 주군主君으로 섬겼던 촉蜀 나라 왕, 유비에 대한 충성과 의리를 끝까지 지켰기 때문이라는 것이다. 의리에 죽고 의리에 살라는 유학의 가르침으로 의식화된 『무신수지』의 저자가 보기에 충신 의사의 절개를 지켰던 제갈량이야말로 진정 모두가 본받아야 할 위대한 장수였던 것이다.

아울러 『무신수지』에서는 장수가 부하들에게 베풀어야 하는 다섯 가지, 이른바 '오시五施'를 제시하고 있다.

"'오시五施'의 첫째는 한결같이 진실하여 속이지 않고 약속을 끝까지 지키는 신의〔信〕요, 둘째는 과감하게 선봉에 서서 적진을 쳐부수는 용기〔勇〕요, 셋째는 군정이 질서정연하고 호령을 분명하고 엄숙하게 하는 엄정함〔嚴〕이요, 넷째는 병법에 밝아 적의 허실을 정확하게 판단하는 지혜〔智〕요, 다섯째는 병사들을 사랑하여 잔혹한 행위를 하지 않는 어짐〔仁〕이다."[14]

결국 『무신수지』의 저자는 장수에게 요구되는 덕목으로 신信, 용勇, 엄嚴, 지智, 인仁 그리고 충신忠臣, 의사義士로서의 절개를 꼽고 있음을 알 수 있다. 손자와 차이가 있다면 지智보다는 신信, 용勇, 엄嚴을 앞세우고 있다는 점이다. 신의〔信〕를 가장 앞세운 것은 장수의 조건 가운데 충신·의사의 절개를 가장 높이 평가하는 조선시대의 유가儒家적 세계관의 영향을 받았기 때문인 것으로 생각된다.

앞에서 살펴본 『손자』와 『오자』 그리고 『무신수지』에서 제기된 장수의 덕목을 정리해 보면 다음과 같다.

● 동양 병법서에 나타난 장수의 덕목 ●

병법서	장수의 덕목	비고
손자	지智, 신信, 인仁, 용勇, 엄嚴, 문무文武 겸비	
오자	지智, 위威, 덕德, 인仁, 용勇, 문무文武 · 강유剛柔 겸비	신信 제외
무신수지	신信, 용勇, 엄嚴, 지智, 인仁, 충신忠臣 · 의사義士의 절개	신信 우선

위의 표에 보이는 것처럼 동양의 병법서에서는 장수에게 요구되는 덕목으로 지智, 신信, 인仁, 용勇을 공통적으로 제기하고 있다. 손자와 오자는 모두 '지智' 이른바 지적 역량을 리더의 으뜸 덕목으로 평가하고 있으며 상당 부분은 대동소이하다. 대부분의 병서에서 문무文武, 강유剛柔의 겸비를 강조하고 있는데, 문文과 유柔에는 지智, 신信, 덕德, 인仁 등이 속하며, 무武와 강剛에는 용勇, 엄嚴, 위威 등이 속한다고 볼 수 있으며 충신忠臣 · 의사義士의 절개는 신의信義에 기초한 일종의 '역사의식歷史意識'의 발로라고 생각된다.

현대에 이르러 군의 리더에게 요구되는 덕목은 매우 다양하다. 동양에서 제시하고 있는 지智, 신信, 인仁, 용勇, 엄嚴 이외에 창의성, 솔선수범, 정의감, 책임감, 정직, 성실, 근면, 청렴, 역사의식 등 이루 헤아릴 수가 없을 정도이다. 그러나 좀 더 생각해 보면 많은 덕목이 사실은 앞에서 언급한 다섯 가지 덕목에 포함되는 하위 개념이다. 예컨대, 창의성은 지식(지혜)에, 솔선수범은 용기에 포함된다. 또한 몇 개의 덕목이 서로 중첩되어 드러나는 경우도 있다. 정의감은 지식과 신의와 용기

가, 정성은 신의와 사랑〔仁〕이 결합되어야 드러나는 것이다. 이정집 부자父子가 위대한 리더의 조건으로 제시하고 있는 '충신忠臣과 의사義士의 절개'는 신의와 정의감正義感에 기초한 역사의식歷史意識의 발로라고 볼 수 있다. 필자는 역사의식을 '역사 속에 관통하는 인류의 보편적 가치에 대한 인식과 실천 의지'라고 정의한다. 이것은 지식과 사랑 그리고 신의, 정의감, 용기 등이 결합하여 드러나는 것이다.

이를 토대로 필자는 리더가 지녀야 할 덕목으로 손자가 제시한 지식, 신의, 사랑, 용기, 위엄 5가지에 창의創意, 정의감正義感, 정성精誠, 역사의식歷史意識 4가지를 추가하였다. '창의創意'를 추가시킨 것은 변화에 대한 대비 능력과 미래에 대한 예지 능력을 강조하기 위함이요, 정의감正義感을 추가시킨 것은 단순한 진리의 인식을 넘어 그것의 실천을 강조하기 위함이요, 정성精誠을 추가시킨 것은 한국의 어머니들이 자식을 위해 언제나 노심초사勞心焦思하듯이 리더는 모든 일에 지극 정성을 다해야 한다는 마음의 자세를 강조하기 위한 것이다. 리더의 덕목에 특별히 역사의식歷史意識을 추가시킨 것은 인류의 보편적 가치가 역사 속에서 구현되는지를 감시하는 한편 그것을 구현하는 데 적극 참여하는 것이 리더의 소명임을 역설하기 위한 것이다. 뒤에서는 이 9가지 덕목을 중심으로 리더 이순신이 지닌 덕목을 규명할 것이다.

WINNING LEADERSHIP 03

리더십 규명을 위한 틀

리더의 덕목이 부하 장병 또는 조직 구성원들의 마음과 행동에 소극적, 간접적, 정적靜的으로 영향을 주는 요소라면 지금부터 살펴볼 리더십 방법론은 적극적, 직접적, 동적動的으로 영향을 주는 요소이다. 적극적, 직접적, 동적으로 부하 장병 또는 조직 구성원들에게 영향을 주는 리더십의 틀을 정립하기 위해선 무엇보다도 인간의 본성, 인간의 행동양태에 대한 보편적 이해가 선행되어야 한다. 아래에서는 동양에서 제기된 인간관 가운데 리더십과 직접적으로 관련 있는 대표적인 4가지 유형의 인간관을 살펴볼 것이다. 그리고 이를 토대로 이순신 리더십 규명을 위한 분석의 틀을 정립할 것이다.

4가지 인간관

동양에서는 전통적으로 인간의 본성에 대한 연구가 다양하고도 심도 깊게 진행되어 왔다. 인간의 본성이 선善하다는 성선설性善說, 악하다는 성악설性惡說, 본래부터 선한 요소와 악한 요소가 섞여 있다는 성유선유악설性有善有惡說, 선한 요소나 악한 요소가 본래부터 있는 것이 아니라 환경에 따라 선하게 되기도 하고 악하게 되기도 한다는 성무선무악설性無善無惡說 등이 그것이다. 또한 한비자韓非子를 비롯한 법가 사상가들은 선악이라는 가치 기준으로 인간의 본성을 논의하는 것과는 달리 역사적으로 또는 경험상으로 드러난 인간의 행동양태를 증거로 삼아 '인간은 이기적 존재' 또는 '이익을 좋아하고, 해로운 것을 싫어하는 존재〔好利惡害〕' 라고 주장한다.

교육학이나 리더십에서 인간의 본성이나 행동양태에 대한 선이해가 필요한 것은 인간에 대한 관점이나 입장에 따라 인간을 어떻게 교육시킬 것인지 또는 어떻게 구성원들을 이끌 것인지에 대한 방법이 달라지기 때문이다. 아래에서는 동양의 인간관을 리더십과 관련하여 크게 4가지 측면에서 살펴보았다.

인간은 이익을 좋아하는 존재이다

병법서 『손자』에서는 군대의 속성과 병사들의 속성에 대해 다음과 같이 말하고 있다.

"이익에 부합하면 출동하여 싸우고, 이익에 부합하지 않으면 그만둔다."[15]

손자는 군대 진퇴의 원리가 이익利益의 여부에 있음을 분명히 말하고 있다. 이러한 관점은 중국 하夏, 은殷, 주周 시대에 천자天子가 도덕을 거스른 제후諸侯나 대부大夫를 응징하는 정벌征伐이 전쟁의 목적이라고 간주한 것과는 매우 다르다. 손자가 살던 춘추시대에 이르면 전쟁의 성격이 더 이상 정의正義를 위한 것이 아니라 군주 또는 국가의 이익을 추구하기 위한 수단으로 간주되고 있음을 우리는 이 구절에서 유추해 볼 수 있다.

이에 따라 전략전술을 구사하는 데 있어서도 이와 같은 관점이 그대로 적용되었다. "적에게 이로운 것을 주면 적은 반드시 그것에 유인된다"[16]라는 손자의 주장은 바로 군대이든 사람이든 그것을 움직이게 하는 추동력이 이익이라는 사실을 말해 준다.

이런 관점에서 손자는 "전투 중에 적의 전차 10대 이상을 노획하면 가장 먼저 빼앗은 병사에게 포상해야 한다"[17]라고 권고한다. 병사를 열심히 싸우게 하기 위해서는 공을 세운 병사에게 어떤 방식으로든 이익이 돌아가게 해야 한다는 것이다.

손자는 군신君臣 관계를 '이해利害 관계'[18]로 파악한 거의 최초의 인물이다. 병법서 『손자』에 나타나 있는 이와 같은 인간관은 법가法家 사상가로 널리 알려진 한비자韓非子에 이르러 더욱 구체화되고 체계화된다.

한비자는 인간을 '이익을 추구하는 존재' 이른바 '이기적 존재'로 간주한다. 한마디로 인간은 개체를 중심으로 한 이기적 본능에 따라

움직이는 여타 동물과 차이가 없다는 것이다.

> "뭇 사람들이 어떤 행위를 하는 것은 명예 때문이 아니면 이롭기 때문이다."[19]
>
> "이로움이 있는 곳에 백성은 돌아오며, 명예가 빛나는 곳에 선비는 목숨을 바친다."[20]
>
> "전장에 종사하는 것은 위험하지만 백성들이 그것을 하는 것은 귀한 신분을 얻을 수 있기 때문이라고 말한다."[21]
>
> "의사가 사람의 상처를 핥고, 사람의 (썩은) 피를 빠는 것은 골육의 친밀함 때문이 아니며 돈을 버는 이로움이 있기 때문이다."[22]

결국 사람이 어떤 행위를 하는 것은 명예와 부귀, 돈과 같은 이로움 때문이라는 것인데, 이런 관점은 인간을 선한 존재, 자율적 존재, 영장적靈長的 존재로 파악하는 공자孔子나 맹자孟子 그리고 인간을 악한 존재로 간주하는 순자荀子와도 매우 다른 것이다.

더 나아가 한비자는 사회 내의 모든 인간관계를 이해利害관계로 파악한다. 임금과 신하의 관계뿐만이 아니라 심지어 혈연으로 맺어진 부모와 자식, 부부의 관계까지도 이해관계라는 것이다.

> "부모가 자식에 대하여 사내아이가 태어나면 서로 축하하고, 계집아이가 태어나면 죽여 버린다. 이 아이들은 모두 부모에게서 나왔는데 사내아이는 축하를 받고 계집아이는 죽이는 것은 그 후의 편리함을 생각하고 장구한 이익을 계산했기 때문이다."[23]

위의 인용문은 부모와 자식도 기본적으로 이해관계라는 사실을 보여 주기 위한 사례인데, 여기서 우리는 전국시대 당시 남아선호男兒選好 풍속의 일면을 엿볼 수 있다. 나아가 한비자는 부부의 관계에 대해서도 이런 관점을 일관되게 적용하여 설명한다.

> "정鄭 나라 임금은 이미 태자를 세웠는데도 사랑하는 미녀가 있어 그녀의 자식을 후계자로 삼고자 하였다. 그 때문에 부인이 두려워한 나머지 독약을 사용하여 남편인 임금을 죽였다."[24]

혈연으로 맺어진 부모와 자식, 혼인을 맺어 사는 부부 관계도 이해관계로 간주하는데 하물며 남남으로 맺어진 군신관계, 교우관계 등은 말할 필요도 없을 것이다. 이렇듯 한비자는 인간을 이기적 존재로 파악하고, 사회 내의 모든 인간관계를 이해利害관계로 간주하는 법가적 인간관을 정립하기에 이른다. 이는 리더십을 논하는 데 있어 간과해서는 안 되는 매우 중요한 인간 이해의 한 관점이 아닐 수 없다.

인간은 해로운 것을 싫어하는 존재이다

'인간이 해로운 것을 싫어한다'는 것은 앞에서 살펴본 한비자 인간관의 연장선상에 있다. 인간이 기본적으로 이익利益을 좋아하고 이익을 추구하는 이기적 존재라면 반대로 해害로운 것을 싫어하고 기피하려고 하는 것이 당연한 일이기 때문이다. 이로움과 해로움은 동전의 양면과 같아 서로 분리될 수 없는 것이다.

손자는 해로움을 싫어하는 인간의 행동 양태에 대해 다음과 같이 설명하였다.

> "(천자가) 제후를 굴복시킬 수 있는 것은 해로운 것으로 위협하기 때문이며, 제후를 부릴 수 있는 것은 위험한 일로 그를 성가시게 하기 때문이다."[25]

위의 인용문은 해로움을 싫어하는 인간의 속성을 통치술에 적용한 경우이다. 이런 방법이 통용되기 위해서 천자天子는 제후諸侯를 응징할 수 있는 무력이 있어야 한다. 아마도 손자는 중국 춘추시대의 혼란상이 천자天子에게 힘이 없기 때문이라고 파악했던 것 같다. 나아가 손자는 전장 환경에 놓인 병사들의 심리 상태 및 행동 양태를 다음과 같이 규정한다.

> "포위되면 방어하는 데 협력하고, 어쩔 수 없는 상황이 되면 죽음을 무릅쓰고 싸우며, 위험한 지경에 빠지면 복종하게 된다. 이것이 병사들의 심정心情의 이치이다"[26]

한마디로 병사들은 해로운 것을 싫어하기 때문에 어렵거나 위험한 상황에 빠지면 살기 위해 최선을 다한다는 것이다. 그래서 손자는 "망할 땅에 던져진 연후에야 살 수 있고, 죽음의 땅에 빠진 연후에야 보존된다"[27]는 역설적인 리더십을 제기하기에 이른다. 부하 병사들이 죽기를 각오하고 싸우게 만들기 위해서는 어떤 경우 고의로라도 위험한 상황에 빠지게 하는 것도 한 방법이라는 것이다.

이와 같은 인간 이해를 전제로 만들어진 진법陣法 중의 하나가 배수진背水陣이다. 배수진의 경우 뒤로 물러나면 물에 빠져 죽기 때문에 살아남기 위해서는 용감히 돌진하여 최선을 다해 싸우는 방법 밖에 없다. 죽음이라는 최악의 해로움을 싫어하는 인간의 속성을 이용한 진법이다.[28]

사람이 해로운 것을 싫어하는 존재임을 설명하는 사례 가운데 백미는 사마천司馬遷의 『사기史記』에 소개되고 있는 손자·오기열전이다. 이 중에서 손자가 오나라 왕 합려闔閭를 만나 장수로 등용되기 직전의 일화는 매우 유명하다.

"오왕吳王 합려闔閭가 '그대가 지은 13편의 병서를 다 읽어 보았는데 한번 시험 삼아 군대를 지휘해 보여 줄 수 있겠소' 라고 하자, 손무는 '좋습니다' 라고 대답하였다. 합려가 '그러면 부녀자로도 시험해 볼 수 있겠소?' 라고 물으니 손무는 '할 수 있습니다' 라고 대답하였다. 합려는 궁중의 미녀 180명을 불러 모았다. 손자는 그들을 두 편으로 나누어 오왕이 총애하는 희첩 두 명을 각각 두 편의 대장으로 삼았다. 그리고 모든 이에게 창을 들게 하고는 명령을 내렸다. '너희들은 가슴, 좌우의 손, 등을 알고 있는가?' 라고 묻자 부녀자들이 '압니다' 라고 대답하였다.

손무가 앞으로 하면 가슴 쪽을 보고, 좌로 하면 왼손 쪽을 보고, 우로 하면 오른손 쪽을 보고, 뒤로 하면 등 뒤쪽을 보아라' 라고 하자 부녀자들이 '네, 그렇게 하겠습니다' 라고 대답하였다. 그리고 군령을 선포하고 나서는 부월斧鉞을 갖추어 놓고 결정된 군령에 대해서 여러 차례 되

풀이하여 설명하였다. 그런데 북을 치면서 '우로' 라는 구령을 내렸지만 부녀자들은 크게 웃기만 하였다. 그러자 손무가 '군령이 불분명하고 호령이 숙달되지 않은 것은 장수의 잘못이다' 라고 하고는 다시 여러 차례 반복해서 설명한 후에 북을 치면서 '좌로' 하는 구령을 내렸지만 부녀자들은 또 크게 웃기만 하였다.

손무는 '군령이 불분명하고 호령이 숙달되지 않은 것은 장수의 잘못이나, 군령이 이미 분명함에도 불구하고 구령대로 따르지 않는 것은 대장의 잘못이다' 하며 좌우 양쪽의 대장을 참수하려 하였다. 대臺 위에서 이런 광경을 보고 있던 오왕吳王은 자신의 총희寵姬 두 명이 참수당하려는 것을 보고는 크게 놀랐다. 급히 전령을 보내 '과인은 이미 장군이 용병에 능하다는 것을 알았소. 그 두 명의 희첩이 없으면 과인은 음식을 먹어도 맛있는 줄 모를 것이니 제발 죽이지 말기를 바라오' 라고 하였다. 그러자 손무가, '저는 이미 임금의 명령을 받아 장수가 되었습니다. 장수가 군중軍中에 있을 때에는 임금의 명령이라도 받들지 않을 경우가 있는 것입니다' 라고 하더니 결국 대장 두 사람을 참수하여 본보기를 보였다. 그리고는 다음으로 총애 받는 희첩姬妾을 대장으로 삼아 다시 북을 치니 부녀자들은 모두 '좌로', '우로', '앞으로', '뒤로', '꿇어 앉기' 나 '일어서기' 등 호령대로 따라 하며 감히 다른 소리를 내지 못하였다."[29]

자발적으로 명령에 복종하지 않을 경우 강제로 명령에 복종하게 하는 것은 해로움이며, 해로움의 극단은 죽음이다. 손무는 극단적인 해로움인 죽음 앞에서는 그 어느 누구라도 명령에 복종할 수밖에 없다는 것을 잘 알고 있었으며 오왕 합려 앞에서 이를 실제적으로 보여 주었다. 오합지졸이었던 궁녀들이 처형이라는 극단적인 공포 상황, 즉 해로움에 처하게 되자 단시간에 정예 병사로 변모하였던 것이다.

일반적으로 동양의 병법서에서 바람직한 리더의 상像을 문무文武, 강유剛柔의 겸비를 들고 있는데, 여기서 무武와 강剛은 바로 병사들이 해로운 것을 싫어하는 속성을 이용해서 강제적으로라도 전투력을 십이분 발휘하게 하는 타율적 리더십의 대표적 방법이다.

인간은 이성적 존재이다

유학의 창시자인 공자는 『논어』에서 "군자는 의義에 밝고, 소인은 이익利益에 밝다"[30]라고 하였는데, 이 말은 군자는 의義를 추구하는 것에서 즐거움을 느낄 줄 아는데 반해 소인배는 오직 이익을 추구하는 것에서만 행복을 느낀다는 것이다. 유학에서 군자는 자신의 이기적 욕구를 극복하고 의리를 추구하는 이상적 인간상이다. 반면에 소인배는 금수禽獸와 마찬가지로 자신의 욕구를 기준으로 행동하는 사람을 일컫는다.

공자는 사람들에게 이기적 욕구를 극복하여 타인과 더불어 살아가는 데 필요한 인륜, 도덕규범을 준수할 것을 끊임없이 강조한다. '나의 욕망이 중요한 것처럼 타인의 욕망 또한 존중, 배려되어야 한다' 그리고 한 단계 더 나아가 '타인의 욕망을 존중, 배려하기 위해 자신의 이기적 욕구를 어떤 방식으로든 조절, 통제, 극복해야 한다' 는 주장이 다름 아닌 공자의 '어짐〔仁〕' 철학의 핵심 내용이다.

공자를 계승한 맹자는 공자의 '어짐〔仁〕' 의 철학을 발전시켜 사람의 본성이 본래부터 선하다는 '성선설性善說' 을 체계화시킨다. 인간에게는

타인의 어려운 상황을 보고 측은해하는 본성〔인仁〕, 인간답지 않은 행위를 부끄러워하는 본성〔의義〕, 어른을 보면 사양하는 본성〔예禮〕, 어떤 사태에 대해 옳고 그름을 가릴 수 있는 본성〔지智〕이 본래적으로 있다는 것이다. 즉, 인·의·예·지仁·義·禮·智가 사람의 본성이라는 말이다.

따라서 이와 같은 본성을 갖추고 태어난 사람은 선천적으로 '옳고 마땅한 이치' 즉 의리義理를 좋아하게 되어 있다는 것이다. 사람이 본성적으로 의리義理를 좋아한다는 사실을 맹자는 다음과 같은 비유를 들어 설명한다.

"(사람의) 입이 맛에 대하여 똑같이 좋아하는 것이 있고, 귀가 소리에 대하여 함께 듣고자 하는 것이 있고, 눈이 색깔에 대하여 함께 아름다워하는 것이 있다. 그런데 단지 마음에만 함께 그러한 것이 없겠는가? (사람의) 마음이 함께 좋아하는 것은 무엇인가? 그것은 이理요 의義다. 성인聖人이란 단지 먼저 우리 마음이 함께 좋아하는 것을 알고 실천한 사람일 뿐이다. 그러므로 이理, 의義가 내 마음을 기쁘게 하는 것은 마치 가축의 고기가 내 입을 즐겁게 하는 것과 같다."[31]

사람들이 공통적으로 좋아는 맛이 있고, 공통적으로 좋아하는 소리가 있고, 공통적으로 좋아하는 색깔이 있는 것처럼 마음에도 똑같이 좋아하는 것이 있는데 그것이 의리義理라는 것이다. 유학에서 이상적 인간상으로 추앙하고 있는 '성인聖人'은 단지 마음이 똑같이 좋아하는 것을 보통사람보다 먼저 알아 실천하는 사람일 뿐이라는 것이다. 그렇기 때문에 보통사람들도 의리를 추구하는 삶을 산다면 가축의 고기가 우리 입을 즐겁게 하는 것과 마찬가지로 마음의 기쁨을 누릴 수 있다는 것이 맹자의 주장이다.

한마디로 인간은 의리義理에 부합하는 것을 본성적으로 좋아하고 자발적으로 따르는 속성을 지니고 있다는 설명이다. 이것이 리더십의 근간이 되는 인간관 중에서 '인간은 이성적 존재' 라는 인간관에 주목해야 하는 이유이다. 오늘날 자주 강조되고 있는 리더십 기법 가운데 '합리적인 의사소통' 이 왜 그토록 중요한지에 대한 이론적 근거를 우리는 여기에서 확인할 수 있다. 이 인간관이야말로 리더의 위치에 있는 사람들이 눈여겨보아야 할 인간관이다.

인간은 감성적 존재이다

인간이 감성적 존재라는 사실은 과거에는 그리 크게 부각되지 않았다. 그러나 감성의 영역은 특히 리더십과 관련한 인간 이해에 있어서 매우 중요하다. 감성이 움직이는 상황이 조성될 경우 인간은 아무런 조건 없이 하나뿐인 목숨까지도 내어 줄 수 있기 때문이다.

사마천의 『사기』 중 손무 · 오기열전에 등장하는 오기吳起의 일화는 인간이 '감성적 존재' 라는 사실을 보여 주는 대표적인 사례이다.

"오기는 장군이 되자 가장 신분이 낮은 사졸들과 같은 옷을 입고 식사를 함께 하였다. 잠을 잘 때에는 자리를 깔지 않았으며 행군할 때에는 말이나 수레를 타지 않고 자기가 먹을 식량을 친히 가지고 다니는 등 사졸들과 수고로움을 함께 나누었다. 언제인가 사졸 중에 독창毒瘡(종기)이

난 자가 있었는데 오기가 그것을 빨아 치료해 주었다. 사졸의 어머니가 그 소식을 듣고는 통곡을 하였다. 어떤 사람이, '그대의 아들은 일개 사졸인데 장군이 친히 그 종기의 고름을 빨아 주었거늘 어찌하여 통곡하는 것이오' 라고 하자, 그 어머니는 '그렇지 않소. 예전에 오공吳公이 그 애 아버지의 독창毒瘡을 빨아 준 적이 있었는데 그이는 전쟁터에서 물러설 줄 모르고 용감히 싸우다 적에게 죽음을 당하고 말았습니다. 오공吳公이 지금 또 내 자식의 독창을 빨아 주었다니 난 이제 우리 아들이 어디서 죽게 될 줄 모르게 되었습니다. 그래서 통곡하는 것입니다' 라고 하였다."[32]

오기 장군은 옷과 식사 심지어 잠자리도 사졸들과 똑같이 하고 행군을 할 때도 식량을 지고 걸어가는 등 사졸들이 자신과 일체감을 느낄 수 있도록 하였다. 나아가 종기가 난 사졸에 대해 친히 입으로 종기의 고름을 빨아 줌으로써 사졸의 감성적 공감을 얻어 냈다. 종기병을 앓다가 치유를 받은 사졸의 아버지가 전쟁터에서 물러서지 않고 용감히 싸우다 전사한 것처럼 그 아들인 사졸 또한 전쟁이 벌어지면 오기 장군을 위해 목숨을 바쳐 싸웠을 것이라는 것이 사마천司馬遷의 분석이다. 진정으로 감동, 감화를 받을 때 인간은 삶과 죽음이 오고 가는 가장 극단적인 상황에서도 이해관계를 초월할 수 있다는 뜻이다. 인간이 감성적 존재라는 사실에 대해서는 일찍이 손자도 주목하였다. 그리고 이러한 특성을 리더십에 적극 활용하였다.

"장수가 병사를 어린아이 보살피듯이 하면 병사들은 장수와 함께 (위험한) 깊은 계곡이라도 갈 수 있다. 장수가 병사들을 대하기를 자기가 사랑하는 친자식처럼 하면 병사들은 장수와 함께 죽을 수도 있다."[33]

리더가 자신의 부하를 마치 어린아이 보살피듯 자상하게 대하거나 친자식처럼 사랑하면 그들의 감동을 불러일으키게 되고, 감동을 받은 부하들은 그 리더를 위해 위험을 무릅쓰며 심지어 생명까지도 바친다는 것이 손자孫子가 파악한 병사들의 속성이다.

'인간은 감성적 존재다' 라는 인간관에 기초한 '감성 공감형 리더십' 은 병사들이 자발적으로 자신의 전투력을 발휘하게 하는 가장 강력한 방법으로 리더십의 극치이다.

이순신 리더십 규명을 위한 틀

동양의 인간관의 관점에서 보았을 때 리더십을 구현하기 위한 방법론은 크게 문무文武, 강유剛柔로 대표된다. 무武와 강剛은 리더가 강제적인 방법으로 구성원들의 역량을 이끌어 내는 방법이요, 문文과 유柔는 어떤 동기부여에 의해 구성원들이 자발적으로 역량을 발휘하게 하는 방법이다. 인간은 무한한 욕구를 스스로 조절, 통제할 수 있는 자율적인 존재이기도 하지만 무한한 이기적 욕구의 지배를 받기도 하는 타율적 존재의 모습도 동시에 가지고 있기 때문에 두 가지의 극단적 리더십이 있게 되는 것이다.

앞에서 살펴본 동양의 인간관 4가지 유형 가운데 '인간은 이익을 좋아하는 존재이다', '인간은 해로운 것을 싫어하는 존재이다' 라는 관점은 '인간은 이해利害라는 조건에 의해 움직이는 것이지, 결코 이해를 초월하여 무조건적으로 움직이지 않는다'는 입장을 견지한다. 그러나 '인간은 감성적 존재이다', '인간은 이성적 존재다'라는 관점은 '인간은 어떤 계기가 주어지면 이해利害를 초월하여 자율적으로, 무조건적으로 행동할 수도 있다'라는 입장에 서 있다.

예컨대 우리에게 널리 알려진 '신상필벌信賞必罰(상을 줄 때는 신뢰가 있어야 하며, 벌을 줄 때는 상하 구별 없이 반드시 실행해야 한다)'의 리더십은 '인간은 이익을 좋아하고 해로운 것을 싫어한다'는 타율적 인간관에 기초한 것이다.

한편 앞에서 살펴본 "장수가 부하 병사들을 자신의 사랑하는 자식을 보살피듯 대하기 때문에 부하 병사들은 장수와 함께 죽을 수도 있다"[34]는 손자의 주장은 인간은 감성적 공감 등 어떤 계기가 주어지면 조건 없이 행위가 유발된다는 자율적 인간관의 관점에서 제기된 것이다.

필자는 이에 기초하여 이순신이 임진왜란 7년 동안 보여 준 리더십 사례를 9가지 유형으로 정리하였다. 이를 단계별로 정리하면 다음과 같다. 제1단계 '필벌형必罰形 리더십', 제2단계 '투지망지형投之亡地形 리더십', 제3단계 '신상형信賞形 리더십', 제4단계 '이익유도형利益誘導形 리더십', 제5단계 '임세형任勢形 리더십', 제6단계 '이성공감형理性共感形 리더십', 제7단계 '감성공감형感性共感形 리더십', 제8단계 '솔선수범형率先垂範形 리더십', 제9단계 '인격감화형人格感化形 리더십'이 그것이다.

제1단계와 제2단계는 '인간은 해로운 것을 싫어하는 존재이다'라는 인간관에서 도출된 것이요, 제3, 4, 5단계는 '인간은 이익을 좋아하는 존재이다' 라는 인간관으로부터 제기된 것이다. 또한 제6단계는 '인간은 이성적 존재이다' 라는 인간관에서, 그리고 제7, 8단계는 '인간은 감성적 존재이다' 라는 인간관에서 추출한 리더십 유형이다. 마지막 제9단계는 리더의 고결한 인격에 기초하여 모든 인간관에 관통하여 발휘되는 최고 단계의 리더십이다.

제1단계부터 제5단계까지가 인간은 해로운 것을 싫어하고, 이익을 좋아하는 속성을 활용하여 전투력을 발휘하게 하는 조건적이며, 타율적인 리더십 유형이라면, 제6단계부터 제9단계까지는 인간의 이성 또는 감성 등에 호소하여 전투력을 발휘하게 하는 무조건적이며, 자율적인 리더십 유형이다.

WINNIN

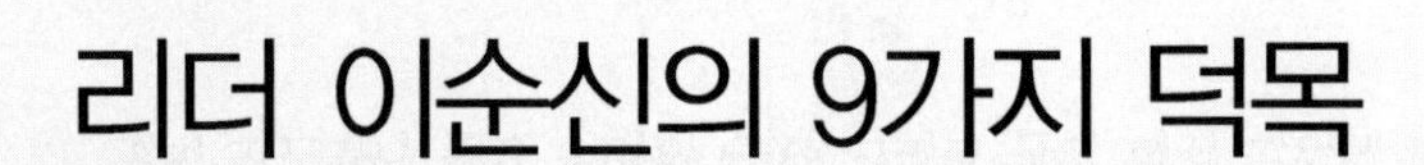

리더 이순신의 9가지 덕목

1. 승리할 수 있는 군사전문성을 지녀라 | 지식知識
2. 약속과 신의를 지켜라 | 신의信義
3. 사람을 사랑하고 배려하고 아껴라 | 인애仁愛
4. 옳은 일은 과감하게 하고, 어려울 때일수록 선두에 서라 | 용기勇氣
5. 위엄과 형벌로 부하를 단속하라 | 위엄威嚴
6. 창의적 사고로 미래를 대비하라 | 창의創意
7. 의리에 죽고 의리에 산다 | 정의감正義感
8. 지극한 정성에는 하늘도 감동한다 | 정성精誠
9. 정의가 승리하는 역사를 만들어라 | 역사의식歷史意識

EADERSHIP 02

대장부가 세상에 태어나서 나라에 쓰이게 되면 죽기로써 일할 것이요,
쓰이지 못한다면 들판에서 농사짓는 것으로 만족할 것이다.
권세 있는 곳에 아첨하여 한때의 영화를 누리며 사는 것은
내가 제일 부끄럽게 여기는 것이다.

_이순신

WINNING LEADERSHIP 01

승리할 수 있는 **전문성**을 갖춰라

_지식知識

손자는 장수가 지녀야 할 덕목으로 지智, 신信, 인仁, 용勇, 엄嚴 다섯 가지를 꼽고 있는데 이 가운데 지智를 가장 앞에 두었다. 장수가 지녀야 하는 신의나 사랑, 용기도 지적 역량(군사적 전문성)이 뒷받침되지 않으면 의미가 없다는 말이다. 이순신이 얼마나 실력 있는 리더였는지, 어떤 병법을 구사하여 모든 해전에서 승리하였는지, 어떤 수군 전략을 가지고 조선 수군을 운용했는지, 『이충무공전서』의 관련 기록에서는 그의 실력이 어떻게 묘사되고 있는지 살펴보자.

준비된 무인武人

이순신은 22세부터 시험을 준비하여 28세에 처음으로 무과 시험에서 응시했으나 낙방의 고배를 마셨다. 뜻하지 않은 낙마落馬 사고 때문이었다. 이후 절치부심切齒腐心 4년간 준비를 한 끝에 그는 32세에 무과에 합격하여 비로소 무인 관료의 길을 걷게 되었다. 10여 년간의 인고忍苦의 세월이 있었기에 그는 초급 군관 시절부터 두각을 나타낼 수 있었다.

많은 사람들은 이순신이 파직과 백의종군을 거듭하며 미관말직을 전전하다 어느 날 갑자기 유성룡의 천거에 의하여 정읍현감(종6품)에서 전라좌수사(정3품)로 발탁된 것으로 알고 있다. 그러나 이것은 사실과 다르다. 준비된 무인武人, 이순신은 초급 장교 시절부터 실력 있는 장수로 인정받아 두드러진 행보를 보였다. 1576년 무과에 합격하여 종9품인 함경도 동구비보 권관으로 관리 생활을 시작한 이순신은 훈련원 봉사(종8품), 충청병사 군관 등을 거쳐 1580년에는 종4품인 발포 만호가 되었다. 무려 4년 만에 10계급을 승진한 것이다. 초고속 승진이 아닐 수 없다.[1]

해박한 전문 지식과 탄탄한 실력으로 전라좌수사가 되다

이순신이 무과에 합격한 시점(1576년)은 북쪽의 오랑캐들이 변방을 호시탐탐 노리던 시기였다. 이순신이 무과에 합격한 이후 조선은 세 차례 오랑캐와 전쟁을 치렀다. 1583년의 니탕개난, 1587년의 녹둔도 전투, 오랑캐의 녹둔도 침입에 대한 보복 차원에서 이루어진 1588년의 시전부락 전투가 그것이다. 니탕개난 전투 당시 함경도 남병사 이용의 군관으로 참여한 이순신은 니탕개난을 주도한 3인의 대추장인 '니탕개', '울지내(또는 울기내)', '율보리' 중 2인자 격인 울지내를 유인하여 체포하는 공을 세웠다. 녹둔도 전투에서는 중과부적衆寡不敵의 상황에서 여진족의 기습을 격퇴하였으나 북병사 이일의 무고로 파직되어 백의종군하였고, 그 이듬해 시전부락 기습작전에서는 백의종군의 신분으로 참전하여 큰 공을 세웠다.

이처럼 이순신은 임진왜란 이전부터 북쪽 오랑캐와 벌인 모든 전투에 참여하여 공을 세운 역전의 장수였다. 당시의 기록을 보면, 이순신을 포상해야 한다든지, 보고 계통을 어겼다는 죄목으로 처벌해야 한다는 등 전투 결과를 둘러싼 분분한 논의의 중심에 언제나 이순신이 있었음이 확인된다. 어느덧 조정 안팎에서 이순신은 꽤 유명한 장수가 되어 있었던 것이다.

이런 경력 때문에 1589년 '계급에 관계없이 유능한 장수감을 천거하라'는 '불차탁용不次擢用'의 인사정책이 시행될 때 이순신은 병조판서 정언신과 이조판서 이산해에 의해 추천될 수 있었다. 실록의 기록에 의하면 당시 임금이었던 선조는 이순신의 이름과 경력을 익히 알고 있었다. 북쪽 오랑캐와의 전투 때에 이미 이름이 조정에 오르내렸을 뿐만 아니라 대신들에 의해 이미 천거된 상태였기 때문이었다. 사간원에서는 이순신을 종6품인 정읍 현감에서 정3품인 전라좌수사로 7계급 특진시키는 인사에 대하여 극력 반대하였다. 관직의 남용에 의해 인사

의 기강이 무너진다는 것이 그 이유였다. 이런 건의에 대해 선조는 다음과 같이 대답하였다

"이순신의 일이 그러한 것은 나도 안다. 다만 지금은 일상적인 규범에 구애받을 수 없다. 인재가 모자라 그렇게 하지 않을 수 없었다. 그 사람(이순신)이면 충분히 감당할 터이니 관작의 높고 낮음을 따질 필요가 없다. 다시 논하여 그의 마음을 동요시키지 말라."[2]

선조는 사간원 대간臺諫들의 강력한 반대에도 불구하고 인사를 단행하였다. 위의 실록의 기록에서 보이는 것처럼 이순신의 장수로서의 능력과 실력에 대한 돈독한 믿음과 신뢰 때문이었다.

조선의 수군 병사들은 이순신과 함께 하는 해전이라면 물불의 가리지 않았다. 비록 오합지졸들도 정예 병사처럼 전투력을 발휘하였다. 그 이유 중 하나는 이순신의 군사 전문 지식, 즉 실력에 대한 믿음 때문이었다.

이처럼 리더의 뛰어난 지적 역량은 부하와 구성원들에게 무한한 신뢰감과 승리에 대한 확신을 주어 최상의 전투력을 발휘하게 만든다.

탁월한 병법의 소유자

병법은 전쟁 승리의 원리이다. 이순신은 탁월한 병법의 소유자였다. 이순신의 병법을 보면 그가 얼마나 뛰어난 군사전문성을 지닌 장수였

는지 확인할 수 있다.

통합된 세력으로 분산된 적을 공격하라 _ **병력집중의 원리**

이순신은 명량 해전을 제외한 거의 모든 해전에서 언제나 절대 우세한 전투력을 운영하여 열세한 일본의 수군을 격파했다.

임진왜란이 발발하자 이순신은 주력 전투함인 판옥선 28척을 포함하여 총 91척으로 구성된 함대를 이끌고 1차 출동에 나섰다. 이는 자신이 지휘하는 전라좌수영 소속 함선세력을 총동원한 것이었다. 최초의 승전보를 울린 옥포 해전에서 이순신은 일본 함선 30여 척과 조우하여 그 가운데 26척을 격파했으며, 합포 해전에서는 5척과 만나 5척 모두를, 적진포에서는 13척과 만나 11척을 격파했다. 즉 91대 30척, 91대 5척, 91대 13척이라는 절대 우세의 싸움을 한 것이다.

임진년(1592년) 제3차 출동 중에 있었던 한산 해전의 경우 전라좌우수영과 경상우수영 산하의 전 함선이 총동원되었다. 주력 전투함인 판옥선의 숫자가 1차 출동에 비해 두 배 이상인 58척에 달했다. 비록 함선 숫자에서는 일본 함선 73척에 비해 열세인 것처럼 보이지만 전투력 면에서는 일본 수군을 훨씬 능가했다. 그 결과 조선의 함선은 단 한 척의 손실도 없었던 반면 일본 함선은 대 · 중 · 소선 총 73척 가운데 59척이 격파됐고, 이 중에서 주력 전투함인 대선은 총 36척 중 35척이 격파됐다.

만약 임진년 제1차 출동에서 제4차 출동까지 동원된 양측의 함선세력을 모두 모아 놓고 넓은 대양에서 결전決戰을 벌였다면 이순신은

이처럼 완벽한 승리를 거두지 못했을 것이다. 이순신은 언제나 통합된 전투력을 운영하여 분산되어 있는 적을 공격함으로써 전투 국면에서 상대적으로 절대 우세를 선점했다. 이러한 병법은 이순신이 벌인 해전의 일관된 특징이다.

적의 주력함이나 지휘선에 화력을 집중하라 _ **화력집중의 원리**

'병력집중'이 해전 전체 국면에서의 병력 운영의 원리라면 '화력집중'은 개별 전투 현장에서의 화력 운영의 원리이다. 이순신은 해전이 벌어지면 가장 먼저 적의 지휘선이나 주력함에 병력과 화력을 집중하여 격파함으로써 개전 초기에 유리한 형세를 조성하였다. 앞에서 살펴본 대로 병력집중을 통해 전체 전장戰場에서의 우세 상황을 조성했을 뿐만 아니라 화력집중을 통해 실제 전투가 벌어지는 전투 현장에서 우세한 상황을 조성하였던 것이다. 다음은 임진년(1592년) 제2차 출동 중의 당포 해전의 상황을 묘사한 것이다.

"왜선은 크기가 판옥선만 한 것 9척과 중 · 소선 12척이 선창에 나뉘어 정박하고 있는데, 그 가운데 층루가 있는 한 대선 위에는 높이가 3, 4장이나 될 듯한 높은 층루가 우뚝 솟았고, 밖으로는 붉은 비단휘장을 두르고 휘장의 사면에는 '황자黃字'를 크게 써 놓았습니다. 그 속에 왜군 장수가 있는데 앞에는 붉은 일산을 세우고 조금도 두려워하지 않는지라, 먼저 거북선으로 하여금 층루선 밑으로 곧바로 충돌해 들어가면서 용龍의 입으로 현자철환을 치쏘고 또 천자, 지자총통으로 대장군전大將

軍箭을 쏘아 그 배를 격파하게 하고 뒤따르고 있던 여러 전선들도 철환과 화살을 번갈아 쏘게 하였습니다. 중위장 권준이 돌진해 들어가 왜군 장수를 쏘아 맞혔는데, 활을 당기는 소리에 맞추어 거꾸로 떨어지므로 사도 첨사 김완과 군관 진무성이 그 왜장의 머리를 베었습니다. 적도들은 겁이나 도망치는데……."[3]

일본 수군 장수가 탄 지휘선은 붉은 비단휘장을 두르는 등 호화로운 장식을 하고 있어 식별하기에 매우 용이하였다. 이순신은 해전이 벌어지면 가장 먼저 거북선을 일본 수군의 지휘선을 향해 돌격시키면서 뱃머리의 용龍의 입에 설치된 현자총통으로 공격하여 기선을 잡고 이어서 현측에 설치된 천자 · 지자총통으로 대장군전大將軍箭을 발사하여 적선을 격파한다. 그다음에는 침몰 중이거나 어느 정도 파괴된 지휘선에 대해 뒤따르던 판옥선에서 일제히 불화살을 날려 분멸焚滅을 시도하는 한편 갑판 위에서 허둥대는 일본 수군 장수와 병사들을 향해 철환과 화살을 마구 쏘아 댄다. 마지막으로 철환이나 화살을 맞고 바다에 떨어진 일본 장수를 건져 올려 목을 벤다. 이것이 이순신이 구사한 해전 전술의 일관된 패턴이었다. 가용한 화력을 일시에 적의 지휘선에 집중하여 전광석화처럼 격파하고 적의 장수를 사살하여 효시梟示하는 해전 전술은 개전 초기에 일본 수군의 지휘체계를 마비시킬 뿐만 아니라 일본 병사들의 사기를 꺾어 전의를 상실하게 하는 이중효과를 얻을 수 있었다.

임진왜란 3대 승첩 중 하나로 꼽히는 한산 해전에서 사용한 학익진鶴翼陣은 판옥선의 현측에 배치된 각종 총통의 화력을 적의 핵심전력이

나 지휘부에 집중시키기 위한 진형법이다.

"먼저 판옥선 5, 6척을 시켜 선봉으로 나온 적선을 뒤쫓아 습격할 기세를 보였더니 여러 배의 적들이 일시에 돛을 달고 쫓아 나왔습니다. 바다 가운데 나와서는 다시 여러 장수들에게 명하여 학익진鶴翼陣을 벌여서 일시에 진격하여 각각 지자, 현자, 승자 등의 여러 총통을 쏘아서 먼저 2, 3척을 쳐부수자, 여러 배의 왜적들이 사기가 꺾여 도망하였습니다. 여러 장수나 군사들이 이긴 기세를 뽐내어 앞을 다투어 돌진하면서 화살과 불화살을 번갈아 쏘니 그 형세가 바람과 우레 같았습니다. 일시에 적의 배를 불태우고 적을 사살하여 거의 다 없애 버렸습니다."[4]

이순신은 협판안치의 일본 함대를 좁은 견내량으로부터 넓은 한산도 앞바다로 유인하는 한편 일시에 학익진鶴翼陣을 벌여 선두에서 추격해 오는 일본 함선 2, 3척에 화력을 집중함으로써 순식간에 격파하였다. 이렇게 초전에 승기를 잡은 이순신 함대는 병력과 화력을 그 다음의 목표로 단계적으로 이동, 집중시켜 축차적으로 격파함으로써 모든 전투국면에서 절대 우세를 점유하였던 것이다.

유리한 장소와 시간을 주도적으로 선택하라 _ **주동권 확보의 원리**

주동권主動權은 전장의 상황을 아군이 의도하는 방향으로 주도적으로 이끌어 가는 권한이다. 주동권 확보의 요체는 승리하기에 유리한 장소와 시간을 누가 선택했느냐에 있다. 가장 어려웠던 해전으로 꼽히고 있는 한산 해전, 명량 해전, 노량 해전에서조차도 이순신은 싸울 장소와 시간을 주도적으로 선택함으로써 해전에서의 주동권을 확보하였다.

조선 수군의 통합함대는 임진 · 정유왜란 기간 중 오직 한 번 칠천량 해전에서만 주동권을 빼앗겼는데, 그 결과는 조선 수군의 궤멸이라는 치명적 패배로 이어졌다. 조정의 강제적인 출동 명령은 수군 지휘관으로 하여금 주동권을 확보할 수 있는 여건을 앗아 갔으며 결과적으로 조선 수군 통합함대는 전 출동기간 중 피동被動의 국면에 처하게 되었다. 칠천량 해역은 조선 수군이 싸우고자 한 장소가 아니었다. 정유년(1597년) 7월 14일 아침 부산포로 출동한 조선 수군은 폭풍을 만나 공격다운 공격도 못 해보고 저녁 무렵 가덕도로 후퇴하여 상륙하였는데 여기서 매복해 있던 일본군에게 400여 명이 살해당했다. 7월 15일 조선 수군은 다시 함대를 수습하여 영등포를 거쳐 칠천량 앞바다로 후퇴하여 정박하였다. 결과적으로 그곳은 일본의 지상군과 수군에 의해 포위된 일종의 함정과 같았다. 7월 16일 새벽 겹겹이 포위된 상태에서 야간 기습을 받은 조선 수군은 해전다운 해전도 펼쳐 보지 못한 채 결국 궤멸했다. 주동권 확보에 실패하였기 때문이었다.

임진년(1592년) 제1차, 제2차 출동 해전에서 조선 수군은 일본 수군의 배치 상황을 정확히 알고 해전에 임했던 반면에, 일본 수군은 그렇지 못했으며 설상가상으로 해전을 위한 준비도 미흡했다. 당시 일본 수군은 지상전의 승리에 도취되어 있었다. 그들은 자만에 빠진 채 해안 곳곳에서 노략질에 여념이 없었던 상황에서 갑자기 나타난 조선수군과 해전을 벌여야 했다. 일본 수군은 철저히 피동被動의 국면에 처하게 되었으며, 결과적으로 잘 조직되고 통합된 조선 수군과의 해전에서

항상 전멸에 가까운 패배를 당하지 않을 수 없었다. 해전에서의 주동권을 상실했기 때문이었다.

제3차 출동 중에 벌어진 한산 해전에서도 이순신은 해전 장소를 주도적으로 선택함으로써 주동권을 장악하였다. 한산 해전에서 이순신은 유인술을 구사하였다. 그 이유는 조선 수군의 주력함인 판옥선이 활동하기에 편하고 나아가 전과戰果를 극대화하기 위해서는 해역이 좁은 견내량 보다 넓은 한산도 앞바다가 유리한 장소였기 때문이었다.

한산도 해전을 앞둔 이순신은 승리를 확신하였다. 평소 해전에서 불리할 경우 배를 버리고 육지로 도주하는 일본 수군의 행태를 보아 온 이순신은 육지로 도주할 수 없는 한산도 앞 넓은 바다를 해전 장소로 정하고, 견내량에 있는 일본 수군 함대를 유인하였다. 한산도 앞바다에는 조선 수군의 주력함대가 기다리고 있었다. 유인하던 5, 6척의 함선을 포함해 총 59척에 달하는 조선 수군 통합함대는 사전의 작전계획에 따라 학익진鶴翼陣을 펼쳐 일제히 총통 공격을 감행함으로써 일본 함선 73척 가운데 59척을 격파하였다. 대승大勝이요, 완전한 승리였다.

불가사의한 해전으로 평가되는 명량 해전에서도 이순신은 싸울 장소를 주도적으로 선택함으로써 주동권을 확보하였다. 회령포에서 12척을 수습한 이순신은 300여 척의 일본 수군의 추격을 피하며 이진, 어란포, 벽파정으로 후퇴하면서 고민에 고민을 거듭하였다. 과연 어디서 싸워야 승산이 있을까. 명량 해전 하루 전 이순신은 진도의 벽파정에서 해남의 우수영右水營으로 진陣을 옮겼다. 그 이유가 《난중일기》에 보인다.

"조수를 타고 여러 장수들을 거느리고 진을 우수영 앞 바다로 옮겼다. 그것은 벽파정 뒤에 명량鳴梁이 있는데, 수효 적은 수군으로 명량을 등지고 진陣을 칠 수가 없기 때문이었다. 여러 장수들을 불러 모으고 약속하되, 병법에 이르기를 '죽기를 각오하고 싸우면 살고, 살려고 꾀를 내고 싸우면 죽는다' 하였고 또 '한 사람이 길목을 지키면 천 명도 두렵게 할 수 있다'는 말이 있는데, 모두 오늘 우리를 두고 이른 말이다."[5]

명량의 물목을 해전 장소로 택한 가장 큰 이유는 '한 사람이 길목을 지키면 천 명도 두렵게 할 수 있다'는 병법의 원리를 이용하기 위한 것이었다. 한마디로 관운장關雲長이나 장비張飛같은 힘센 장수가 외나무다리를 지키고 있을 경우 적이 수백 명이라도 당해 낼 수 있다는 원리이다. 적군이 아무리 많더라도 외나무다리를 타고 오는 자는 한 명일 수밖에 없기 때문이다. 이순신은 300여 척의 일본 수군 함대를 명량의 좁은 물목에 가두어 놓고, 조선 수군 13척 모두가 물목 바깥의 넓은 해역에 위치하여 싸운다면 승산이 있다고 생각하였다. 명량의 좁은 물목을 해전의 장소로 선택함으로써 이순신은 13대 300이라는 수적 열세를 극복할 수 있는 전기를 마련하였다. 결과적으로 명량의 좁은 물목은 일본 수군에게는 가장 불리한 역으로 조선 수군에게는 가장 유리한 해전 장소였던 것이다.

마지막 해전인 노량 해전에서도 싸울 장소를 먼저 선택한 쪽은 이순신의 조선 수군이었다. 소서행장 군의 철군퇴로를 봉쇄하고 있던 이순신은 사천, 남해, 부산 등지에 있던 일본 수군이 소서행장 군을 구하기 위해 전면 출동하였다는 정보를 입수하자 곧바로 봉쇄를 풀고 노량으

로 함대를 이동하였다. 소서행장 군을 계속해서 봉쇄할 경우 앞뒤의 적에게 협공을 당하게 될 위험성이 있었기 때문이었다. 결국 마지막 해전인 노량 해전에서도 이순신은 해전 장소를 주도적으로 선택함으로써 전장의 주동권을 확보한 셈이다.

주동권은 고유한 것이 아니어서 쌍방 모두가 쟁취할 수 있다. 불리한 것을 유리하게 변화시키고, 피동을 주동으로 변화시키는 것은 지휘관의 몫이다. 이순신은 명량 해전 같은 열세한 해전에서조차 조선 수군에게 유리한 해전 장소를 주도적으로 선택함으로써 해전 승리의 전기를 마련하였던 것이다.

정확한 정보 없이는 함부로 움직이지 마라 _ **정보 획득의 원리**

이순신의 모든 전략전술과 작전계획은 언제나 사전에 획득한 정확한 정보 분석을 토대로 수립되었다. 계사년(1593년)의 장계는 이순신의 정보수집체계의 일면이 잘 드러나 있다.

> "신이 거느린 함선은 전선이 42척이고 정탐용 작은 배가 52척이며, 우수사 이억기가 거느린 함선은 전선이 54척이고 정탐용 작은 배가 54척이며, 전쟁 기구는 배의 척수에 따라 정비하였습니다."[6]

이 기록을 토대로 계사년(1593년) 기준 전라좌우수영의 함선세력을 정리해 보면 전투함이 96척이요, 탐망선이 106척이다. 특히 일본군과의 접적지역에 있는 이순신의 전라좌수영에는 탐망선이 전투함보다

10척이나 더 많음을 알 수 있다.

계사년(1593년)부터 정유년(1597년)까지 한산도에 통제영을 둔 이순신은 일본군의 정세를 파악하기 위해 탐망선 이외에 별도로 육상의 정찰부대를 운용하였다. 거제도의 안쪽 바다로 통하는 칠천량 앞바다를 감시하는 영등永登 정찰부대와 거제도의 바깥 바다로 통하는 해로와 웅천 및 가덕도 앞바다를 감시하는 대금산大金山 정찰부대 그리고 고성 쪽의 육지와 바다를 감시하는 벽방산碧芳山 정찰부대가 그것이다. 이 부대의 활약을 통해 이순신은 안골포, 가덕도, 제포, 웅포, 거제 등을 오가는 일본 수군과 고성 쪽의 일본 지상군의 동태를 소상히 파악할 수 있었다. 심지어는 육로로 정찰 임무를 띤 군관을 직접 보내 거제 동쪽의 적의 동태를 살피기도 하였다.

이순신은 가등청정을 잡으러 출동하라는 조정의 명령을 받아들이지 않았다. 정확하지 않은 정보에 기초하여 수군을 움직일 수 없다는 것이 이순신의 입장이었다. 이는 전투 지역에서 멀리 떨어져 있는 조정의 정보 획득 및 분석 능력에 대해 신뢰할 수가 없다는 의미이기도 하다. 이순신은 그 자신이 파직되어 투옥되고 임금을 능멸하였다는 죄로 죽임을 당할지언정 거짓 정보에 기초하여 병사들을 죽을 곳으로 내모는 무모한 작전 명령을 내릴 수가 없었던 것이다. 반면에 이순신을 대신하여 통제사가 된 원균은 조정 명령에 따른 단 한 번의 출동으로 칠천량에서 결정적이고도 치명적인 패배를 당했다. 원균은 자신의 자리를 보존하기 위해 부하들의 생명을 담보로 삼았지만, 이순신은 자신의 영예를 초개와 같이 버림으로써 조선의 최후 보루였던 수군을 온전히 보존하였던 것이다.

지형의 이점을 최대한 활용하라 _ 지리地利 이용의 원리

『맹자』에 "천시天時는 지리地利만 못하고, 지리地利는 인화人和만 못하다〔天時不如地利, 地利不如人和〕"라는 말이 있다. 의역하면 전쟁을 승리로 이끄는 데, 시간적 조건은 공간적 조건만 못하고 공간적 조건은 인화 단결만 못하다는 말이니, 지형의 이점을 안고 싸우는 것이 비록 인화 단결보다는 못하더라도 전쟁의 승패에 있어 매우 중요한 요소임을 강조한 것이다.

이순신이 지형의 이점을 활용한 사례 가운데 제일로 꼽을 수 있는 것은 1대 30의 열세 상황을 반전시켜 승리로 이끈 명량 해전이다. 정유년(1597년) 7월 통제사 원균 지휘하의 조선 수군이 칠천량 해전에서 대패하고 통제사 원균조차도 일본군에 살해되자 조정에서는 이순신을 다시 통제사에 임명하였다. 8월 3일 진주의 굴동에서 통제사 임명 교지를 받은 이순신은 8월 17일 장흥에 도착하여 회령포에서 전선 12척을 수습하고, 이진을 거쳐 8월 24일 어란포에 도착하였다. 8월 27일 어란포에서 조선 수군은 칠천량 해전 패배 이후 처음으로 일본 수군의 공격을 받는다. 조선 수군의 잔여 세력이 매우 미약하다는 것을 간파한 일본 수군은 조선 수군을 전멸시키고 서해안을 따라 한양으로 진격하기 위해서였다. 일본 수군의 추격을 피하기 위해 이순신은 8월 29일 진도의 벽파진으로 진을 옮긴 다음, 전라우수영으로 다시 진을 옮기는 9월 15일까지 해전 준비에 임하는 한편 300여 척에 달하는 일본 수군을 무찌를 전략과 전술을 구상하였다.

9월 14일 육지로 정찰을 나간 임준영으로부터 "일본 함선 200여 척 가운데 55척이 벌써 어란포에 도착했다"는 보고를 받은 이순신은 명량 해전 하루 전이 9월 15일 벽파진에서 전라우수영으로 진을 옮겼다. 진을 옮긴 이순신은 장수들을 모아 놓고 일장 훈시를 하였다.

> "병법에 이르기를 '죽기를 각오하고 싸우면 살고, 살려고 꾀를 내고 싸우면 죽는다' 하였고 또 '한 사람이 길목을 지키면 천 명이라도 두렵게 할 수 있다'는 말이 있는데, 모두 오늘 우리를 두고 이른 말이다."[7]

이순신이 명량의 물목을 해전 장소로 택한 것은 우세한 일본 수군 함대를 좁은 물목에 가두어 놓고 조선 수군이 명량해협 입구에서 기다리고 있다가 해협을 빠져 나오는 일본 선두함선을 집중공격하기 위한 것이었다. 명량의 지형적 여건을 이용하여 수적 절대 열세를 만회해 보고자 하는 것이 이순신의 계산이었던 것이다.

실제로 일본 수군은 전체 300여 척의 함선 가운데, 협수로에서 기동이 원활하지 않은 대선인 아다케〔安宅船〕를 제외시키고, 판옥선보다도 작은 세키부네〔關船〕 133척을 주력 함선으로 하여 명량 해전에 투입하였다. 기록에 따르면 일본 함선 133척은 조수를 타고 명량해협을 빠르게 통과하여 조선 수군 함선 13척을 공격하는 것으로 명량 해전이 시작된다. 그리고 실제 전투에서는 133척 가운데 31척이 조선 수군 함선 13척을 에워싸고 공격하는 양상으로 해전이 전개되었다. 이렇게 볼 때 당초 이순신이 계획하였던 것처럼 '한 사람이 길목을 지키면 천 명도 두렵게 할 수 있다'는 병법의 원리가 정확히 구현된 것은 아니었다. 그러나 어란포에 집결되어 있었던 일본 함선의 척수를 기준으로 보면 최

초 13대 300척이라는 절대 열세 상황에서 명량의 좁은 물목은 13대 133척으로 열세 상황을 완화해 주었으며, 실제 해전 국면에서는 다시 13대 31척의 상황으로 열세 상황이 크게 축소되었다. 결국 이순신은 명량의 좁은 물목을 이용하여 1대 30의 열세 상황을, 1대 3으로까지 완화시키는 데 성공하였던 것이다.

임진년(1592년) 이후 해전 상황이 증명하듯이 1대 1의 경우 화력 면에서나 함선 성능 면에서 일본 함선은 조선의 주력함인 판옥선의 적수가 되지 못했다. 비록 어려운 해전이었지만 조선 수군의 판옥선 13척은 일본 함선 31척을 모조리 격파하였다. 명량 해전은 조선의 판옥선 1척이 일본의 세키부네 3척 이상을 대적할 수 있는 전투력을 보유하고 있음을 보여 주었다. 이순신은 명량 해전을 제외한 모든 해전에서 좁은 협수로를 무대로 해전을 벌이지 않았다. 그러나 천하의 명장 이순신도 1대 30 이상의 절대 열세의 상황에서는 어쩔 수 없이 명량의 지형적 이점을 등에 업고 싸우지 않을 수 없었던 것이다.

준비 없는 승리는 없다 _ 만전萬全의 원리

이순신이 7년간 40여 회의 해전에서 모두 승리할 수 있었던 것은 철저한 준비를 했기 때문이었다. 전쟁에서 준비 없는 승리란 없다. 이제까지 피상적으로 소개된 이순신의 승리에는 많은 극적인 요소가 있지만, 그 승리의 배후에는 언제나 피와 땀으로 점철된 철저한 전투 준비가 있었음을 간과해서는 안 될 것이다.

임금인 선조가 대신들에게 유능한 무인武人을 계급에 관계없이 천거하도록 한 것은 일본의 침략 징후에 대한 일종의 대비책이었다. 비록 조선이 왜란에 대비하여 체계적인 전쟁 준비를 했다고 볼 수는 없지만 이순신 같은 유능한 무장武將을 발탁하여 호남의 길목인 전라좌수영을 책임지도록 한 것은 매우 적절하고도 훌륭한 인사 조치였다. 아마도 이것은 임금인 선조가 임진왜란에 대비하여 내린 인력 배치 중 가운데 가장 높이 평가받을 수 있는 부분일 것이다.

이순신은 임진왜란이 발발하기 1년 2개월 전인 1591년 2월 13일에 전라좌수사로 부임하였다. 그는 부임 이래 실로 눈코 뜰 새 없이 전비 태세 확립을 위해 동분서주하였다. 임금인 선조가 자신을 종6품인 정읍 현감에서 어느 날 갑자기 정3품인 전라좌수사로 특진, 임용시킨 이유를 너무나 잘 알고 있었기 때문이었다.

《난중일기》의 기록에 의하면 이순신은 전쟁이 발발한 해인 임진년(1592년) 1월부터 전투 준비 태세를 점검하기 위하여 관할 부대인 순천, 보성, 낙안, 광양, 흥양 등의 5관官과 사도, 방답, 여도, 녹도, 발포 등 5포浦를 차례로 순시하여 업무에 충실한 부하들에게는 포상을 내리고 불성실하거나 나태한 병사들은 엄하게 처벌하였다. 그러나 1년 2개월 동안 일본의 침략을 확신하면서 준비한 조치 가운데 가장 으뜸은 '거북선' 의 건조이다.

고려 수군의 함포운용술을 계승, 발전시켜 200여 년 동안 운영해 온 조선 수군은 임진왜란 발발 당시 함포운용술에 관한 한 최상의 수준에 와 있었다. 바야흐로 해전에서의 함포시대가 활짝 열려 있었던 것이다.

조선 수군의 해전 전술은 적과 일정한 거리를 둔 상태에서 천자·지자·현자·황자총통으로 대변되는 함포를 쏘아 등선육박전술登船肉薄

戰術을 주요 해전 전술로 삼고 있는 일본의 배가 접근하기 이전에 격파 또는 분멸하고, 그다음에는 침몰하고 있는 배의 갑판 위에서 우왕좌왕 하거나 물에 빠져 허우적거리는 적에 대해서는 활을 사용하여 살상하는 것이 일반적인 패턴이었다.

그러나 이순신은 여기에 만족하지 않았다. 이순신은 기존의 함포 중심의 해전 전술 패턴을 활용하면서도 공격의 효과를 극대화하기 위해서는 개전 초기에 적의 지휘선을 향해 돌진하여 격파할 수 있는 새로운 함선이 필요하다고 생각했다. 아마도 수군 지휘관으로 근무했던 발포 만호 시절의 경험이 크게 도움이 되었던 것 같다. 이렇게 하여 개발된 돌격선이 바로 거북선이다.

거북선은 판옥선을 모델로 하여 위에 덮개를 씌운 것이다. 해전에서의 거북선의 역할은 가장 앞장서 적의 지휘선이나 주력함을 공격 목표로 삼아 돌진하면서 각종 총통을 쏘아 격파함으로써 개전 초기에 적의 지휘부를 무력화시키는 데 있었다. 거북선의 덮개는 적선과 충돌하여 서로 접하게 될 때 등선육박전술登船肉薄戰術을 특기로 하는 일본 병사가 칼을 들고 뛰어 오르는 것을 방지하기 위해 고안된 것이다. 이순신이 거북선을 만들어 돛을 달고, 화포를 설치하여 사격훈련 등을 실시하고 전투세력으로 합류시킨 날은 임진년(1592년) 4월 12일이었으니, 정확히 임진왜란 발발 하루 전이었다.

호남의 길목인 전라도 좌측 해안을 책임지고 있는 전라좌수사 이순신은 임진왜란에 대비하여 1년 2개월 동안 거의 완벽한 전투 준비를 갖추었던 셈이다. 그러나 고려 말 이후 200여 년 동안 해전을 전문으로 하여 독립된 군軍으로 발전되어 온 조선 수군이 없었다면 그리고 왜

● 조선 수군의 함선 - 판옥선과 거북선 ●

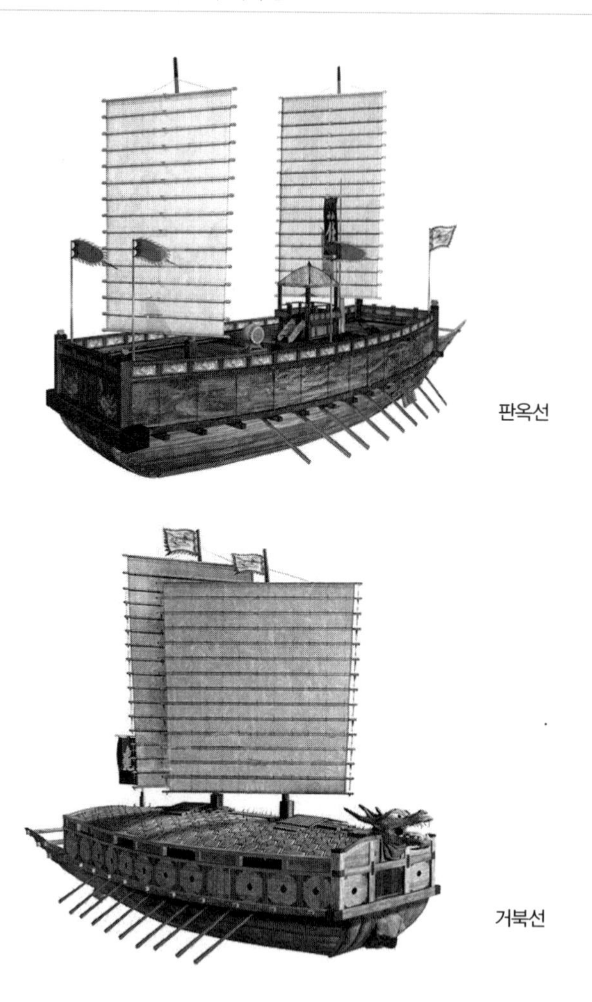

판옥선

거북선

구들의 해전 전술에 대비하여 발전되어 온 함포 중심의 무기체계나 신예 함선인 판옥선이 없었다면 천하의 명장 이순신도 그토록 완벽한 해전의 승리를 이끌어 내지 못했을 것이다.

임진왜란에서의 해전의 승리! 이것은 해양민족으로서 수천 년 동안 면면히 계승, 발전되어 온 우리의 빛나는 해양 전통과 일본군의 침략에 대비하여 만반의 준비태세를 갖춘 위대한 수군 지도자 이순신의 합작품이었던 것이다.

이겨 놓고 싸운다 _ 선승구전先勝求戰의 원리

승리하는 군대는 먼저 승리할 수 있는 여건을 만들어 놓은 뒤에 싸우기에 항상 승리하지만, 패배하는 군대는 먼저 싸우고 나서 요행으로 승리하기를 바라기에 패배한다. 전투는 이기게 되어 있는 싸움을 구체적으로 확인하는 절차에 지나지 않는다. 이순신은 전투에 관한 한 완벽주의자였다. 그는 승리의 확신이 없는 해전은 결코 벌이지 않았다.

이순신은 거의 모든 해전에서 일본의 수군을 좁은 포구로부터 넓은 바깥 바다로 유인하여 격멸하는 함대결전 전략을 적극적으로 구사하였다. 좁은 포구에서 해전을 할 경우 형세가 불리함을 느낀 일본 수군이 육지로 상륙하여 도주하는 일이 종종 벌어졌기 때문이다.

넓은 바다로 유인하여 싸우는 해전 전술은 승리에 대한 확신 없이는 사용하기 어려운 것인데, 그 대표적인 해전이 임진년(1592년) 제3차 출동 중에 벌어진 한산 해전이다. 임진년 1, 2차 출동 때의 해전이 남해 연안에서 노략질을 일삼던 일본 수군에 대한 기습공격이었다면, 3차 출동의 한산 해전은 일본 정예 수군 함대와의 한판 승부였다. 이순신 함대는 전라좌우수영과 경상우수영 소속의 전선 59척이 주력이었고, 일본 수군 함대는 판옥선과 크기가 비슷한 대선이 36척, 중선이 24척,

소선이 13척으로 총 73척이었다.

이순신은 한산 해전 하루 전인 9월 6일 저녁, 일본 수군 70여 척이 견내량에 정박하고 있다는 정보를 입수하고 작전 계획을 구상하였다. 이순신은 한산 해전에 임하면서도 승리를 의심하지 않았다.

> "견내량은 지형이 매우 좁고, 또 암초가 많아서 판옥선은 서로 부딪히게 되어 싸우기가 곤란할 뿐만 아니라 적은 만약 형세가 불리하게 되면 기슭을 타고 육지로 올라갈 것이므로 한산도 바다 가운데로 유인하여 모조리 잡아 버릴 계획을 세웠습니다."[8]

이순신의 고민은 '어떻게 하면 해전에서 승리할 수 있을까?' '우리는 과연 승리할 수 있을까?' 에 있었던 것이 아니라 '어떻게 하면 전과戰果를 극대화할 수 있을까' 에 있었다. 그는 다음과 같이 구상하고 있었다. 첫째, 견내량은 해역이 좁아 당시로서는 큰 배에 속하는 판옥선의 기동이 불편하여 전투력을 제대로 발휘할 수 없다. 둘째, 이전의 해전 경험에 비추어 볼 때 적들은 형세가 불리하게 되면 배를 버리고 곧장 육지로 도망할 것이다. 셋째, 이와 같은 제한점을 극복하고 전과戰果를 극대화하기 위해서는 한산도 앞의 넓은 바다로 유인하여 격파해야 한다. 이순신의 구상은 밤새 계속되었다.

다음날 아침, 사전에 수립된 작전계획에 따라 이순신은 판옥선 5, 6척을 견내량에 보내 공격을 시도하였다. 일종의 유인술誘引術이었는데, 적들은 일시에 돛을 달고 달려 나왔다. 조선의 함선이 뱃머리를 돌려 한산도 앞바다로 퇴각하자 일본 수군 함대는 기다렸다는 듯이 바다 한

가운데로 따라 나왔다. 거짓으로 퇴각하던 조선의 함선들은 한산도 앞바다에 이르자 기다리고 있던 수군 본대와 합류하면서 뱃머리를 돌려 함께 학익진鶴翼陣을 펼쳤다. 조선 수군 함대는 선두에서 추격해 오는 일본 함선 두세 척에 화력을 집중하는 것을 시작으로 총공격을 감행하여 일본 함대의 대선 35척, 중선 17척, 소선 7척 등 총 59척을 일시에 격파하였다. 일본 함대는 거의 전멸에 가까운 패배를 당했다. 반면에 조선 수군은 단 1척의 함선 피해도 없었을 뿐만 아니라 인명 피해도 그리 많지 않았다.

한산 해전의 전투 결과는 조선 수군의 전투력이 일본 수군에 비해 월등하였음을 반증해 주었다. 또한 화력을 집중시키는 진형법인 학익진鶴翼陣의 운영 등 이순신의 주도면밀하고도 탁월한 병법의 구사는 조선 수군의 전투력을 극대화시키는 데 크게 기여하였다.

리더는 승리에 대한 확신이나 철저한 준비 없이, 감정에 휩싸여 또는 도박하는 심정으로 전쟁에 임해서는 안 된다. 전쟁은 부하 병사들의 생사生死뿐만 아니라 국민의 안위安危, 나아가 국가의 존망存亡까지도 좌우할 수 있기 때문이다.

전쟁에는 요행이라는 것이 없다. 이순신이 명량 해전을 승리로 이끌고 스스로는 천행天幸이라고 고백하고 있지만, 그는 승리를 위한 제반 조건들을 최선을 다해 갖추어 놓고 싸움에 임하였다. 결국 요행도 승리의 조건을 갖추기 위해 최선을 다한 사람에게만 찾아오는 것이다.

그러므로 이순신의 진정한 위대함은 승리할 수 없는 극악한 상황에서 해전을 승리로 이끌었다는 데에 있는 것이 아니라, 상황에 맞는 적절한 병법의 구사를 통해 열악한 조건을 승리할 수 있는 우세한 조건으로 전환시키는 탁월한 군사전문가적 역량에 있다고 보아야 할 것이다. 이것이 우리가 이순신의 병법에 주목해야 하는 이유이다.

『이충무공전서』에 소개된 이순신의 실력

이순신의 업무 처리는 매우 꼼꼼하고 완벽하였다. 또한 정의감에 기초한 그의 행동들은 곧잘 상관들의 눈에 거슬리어 순탄치 않은 관료생활의 빌미가 되었다. 1580년(36세) 발포 만호로 근무하였을 때 감사監司 손식孫軾이 누군가 참소하는 말을 듣고 이순신을 벌주기 위해 불시에 부대를 방문하였다. 손식은 일부러 부대 외곽에 도착하여 이순신을 마중 나오라 불러내었다. 그리고 즉석에서 진법陣法에 관한 책을 강독하게 하고 또 여러 가지 진형陣形에 대한 그림을 그려 보라고 시켰다. 꼬투리를 잡아 처벌하려는 심사였다. 그런데 이순신은 붓을 들고 진형도陣形圖를 아주 정교하게 그려 내었다. 감사 손식은 이순신이 그린 진형도를 한참이나 들여다보다가, "어쩌면 이렇게도 정묘하게 그리는고"라며 감탄하며 이순신의 조상에 대해 물어보았다. 그러고는 "내가 진작 몰라보았던 것이 한이구나" 하면서 그 뒤로는 이순신을 정중히 대우하였다고 한다.[9]

이용李庸이라는 수사水使 역시 이순신이 고분고분하지 않는 것을 미워하여 벌을 주려고 하다 뜻을 이루지 못했다. 그러자 수사水使와 감사監司가 함께 모여 관리들의 성적을 심사하는 자리에서 이용은 이순신을 맨 아래에 두려고 하였다. 이때 중봉重峰 조헌趙憲이 도사都事로서

붓을 들고 있다가 쓰지 않고 말하기를, "이李 아무개의 군사를 어거하는 법이 이 도道에서는 제일이라는 말을 들어 왔는데 다른 여러 진陣을 모두 아래에다 둘망정 이 아무개는 폄할 수 없을 것이오"하고 제지하였다.[10] 이순신은 관료들 사이에서 무장으로서의 실력을 이미 인정받고 있었던 것이다.

병술년(42세) 이순신은 조산보 만호萬戶(각 도道의 여러 진鎭에 배치한 종4품의 무관 벼슬)가 되었다. 조산은 오랑캐 땅과 밀접한 지역이므로 유능한 사람을 엄선하여 보내야 한다는 논의가 있었는데 이때 이순신이 발탁되었다. 조정에서 이순신의 능력과 책임감을 높이 평가하였기 때문이었다. 그다음 해(43세) 가을에 이순신은 녹둔도鹿屯島 둔전관屯田官을 겸하게 되었다. 그런데 이 섬이 멀리 있으며 또한 수비하는 군사가 적은 것이 걱정이 되어 여러 번 직속상관인 병사兵使 이일에게 보고하여 군사의 증원을 요청하였다. 과연 얼마 안 있어 오랑캐들이 대대적으로 침입하여 울타리를 에워쌌다. 이순신이 앞장서 부대를 지휘하며 달려오는 오랑캐 우두머리들을 향해 연달아 활을 쏘아 모두 거꾸러지게 하자 드디어 적들이 달아나기 시작하였다. 이순신은 이운룡과 함께 끝까지 추격하여 사로잡혀 끌려가고 있던 우리 군사 60여 명을 도로 빼앗아 왔다. 그런데 병사 이일은 이순신에게 패전의 책임을 전가하기 위해 죄를 인정하라고 위협하며 심문을 벌였다. 이순신은 죄를 인정하라는 이일의 심문을 거절하였다. 그러고는 "병력이 약하기 때문에 내가 여러 번 군사를 증원해 주기를 청했으나 병사가 들어 주지 않았소. 그 공문이 여기 있으니 조정에서 만일 이것을 알면 죄가 내게 있지 않을 것이오. 또한 내가 힘껏 싸워서 적을 물리치고 추격하여 우리 사람들을 탈환해 왔는데 패군으로 따지려는 것이 과연 옳은 것이요?" 라고 심문의 부당함을 논리적으로 따졌다. 결국 이 사건은 조정에서 양쪽의 입장을 어느 정도 받아들여 이순신이 백의종군하는 것으로 결말이 났다.[11]

이순신은 자신이 맡은 일에 대해서는 철저히, 끝까지 임무를 완수하였다. 또한 위의 사례에서 보이는 것처럼 필요한 경우에는 상관과도 책임 문제를 놓고 논리 싸움, 증거 싸움을 벌였다. 그는 무인으로서 실력과 능력을 갖추었을 뿐만 아니라 뛰어난 언변과 논리, 증거로 상대방을 압도하였다. 『이충무공전서』에 소개되고 있는 상관과의 갈등 사례를 보면 이순신은 불리한 상황에서 언제나 증거 자료를 내놓아 위기를 극복하곤 하였다.

정유년(1597년) 명나라 수군 도독 진린陳璘이 합세하여 조 · 명 수군 연합 함대가 구성되었다. 진린은 거만하고 거친 사람이었다. 그러나 그런 진린도 이순신의 장수로서의 식견과 지휘 역량에 경탄하여 모든 일을 이순신과 상의하여 처결하였다. 그리고 또 그는 매양 "공은 작은 나라의 인물이 아니요. 만일 중국으로 들어가 벼슬한다면 당연히 천하의 명장이 될 것인데 왜 여기서 이렇게 곤궁하게 지내는 것이오"라고 하고 또 임금인 선조에게도 "이李 아무개는 천지를 주무르는 재주와 나라를 다시 세운 공로를 가진 분이오"라는 글을 올릴 정도로 마음으로부터 이순신을 존경하였다.[12] 무인武人 이순신이 지닌 실력과 인품 때문이었다.

WINNING LEADERSHIP 02

약속과 신의를 지켜라

_ 신의信義

군대에서 신의와 관련된 가장 중요한 요소는 형벌과 포상에 대한 공정성이다. 그래서 손자는 장수의 재질을 논할 때 신의(信)를 "병사들이 형벌과 포상에 대해 의심하지 않게 하는 것"[13]이라고 설명하였다. 생명이 오고 가는 전쟁터에서 장수와 부하 장병들을 한마음으로 묶어 주는 여러 가지 요소 가운데 포상과 처벌은 부하 장병들의 이해관계와 밀접한 관계가 있으며, 나아가 그것은 전투력 발휘와 직결되는 요소이기 때문이다. 조선의 병법서 『무신수지武臣須知』에서는 신의(信)를 "한결같이 진실하여 속이지 않고 약속을 끝까지 지키는 것"이라고 하였는데 이 또한 포상과 처벌에 대한 신의를 뜻한다. 그래서 군의 리더에게 있어서 포상과 처벌, 이른바 상벌권賞罰權이 매우 중요한 것이다. 처벌과 포상이 공정하게 이루어지지 않아 부하 장병들로부터 신의를 잃게 되면 포상을 통한 동기부여책은 효과가 반감되며, 처벌을 통한 위협도 힘을 잃게 된다.

리더가 상을 남발하는 것은 그만큼 부대를 지휘하는 것이 어렵기 때문이며, 처벌 또한 마찬가지이다. 독재 국가의 경우 큰 행사에 동원된 관료나 군의 간부들이 가슴 가득 훈장을 달고 있는 것을 볼 수 있는데 이는 그만큼 그 정권의 경쟁력이 약화되었다는 것을 반증하는 사례이다. 얼마나 주민들이 정권이 원하는 방향으로 움직이지 않았으면 훈장을 비롯한 각종 포상을 남발하는 궁여지책을 쓰고 있는 것일까. 또한 공개 처형을 하는 국가도 마찬가지이다. 공개 처형을 해서라도 주민들을 위협해야 하는 만큼 주민에 대한 국가의 통제력이 제대로 발휘되지 않는 어려운 상황에 달했다는 증거이기 때문이다. 따라서 포상이든 처벌이든 그것이 본래의 효과를 달성하기 위해서는 리더와 조직 구성원 간의 믿음과 신뢰가 전제되어야 한다.

힘써 싸운 자의 공을 높이 평가한다

이순신은 최초의 해전인 옥포 해전 등 임진년(1592년) 초기의 전쟁을 치르면서 불합리한 전과戰果 보고 규정에 따른 기이한 상황을 목격하였다. 당시 조정에 전공을 보고하기 위해서는 적의 병사들을 살상한 증거가 첨부되어야 했다. 이 때문에 한창 싸움이 급한 전쟁의 와중에서도 적군의 머리를 베어야 하는 기이한 풍경이 연출되었다.

옥포 해전의 승리를 조정에 보고하는 장계에 이와 같은 내용이 잘

나타나 있다.

"접전할 때, 순천 대장선代將船의 사부이며 순천에 사는 정병正兵 이선지李先枝가 왼쪽 팔 한 곳에 화살을 맞아 조금 상한 것 이외에는 전상자가 없습니다. 오직 우수사 원균은 단 3척의 전선을 거느리고 신臣의 여러 장수들이 사로잡은 왜선을 활을 쏘면서 빼앗으려고 하였기 때문에 사격射格 2명이 상처를 입게 되었으니, 제일 위의 주장으로서 부하들의 단속을 잘못한 일이 이보다 더한 것은 없을 뿐만 아니라……."[14]

경상우수사 원균은 단지 3척을 데리고 옥포 해전에 참여했지만 해전 후의 논공행상을 생각하면서 머리 베는 일에 몰두하고 있었다. 이 모습을 보고 이순신은 어떤 생각이 들었을까. 거기다 전라우수영의 부하 장수들이 사로잡은 일본 함선을 빼앗으려고 아군에게 활까지 쏘아 상처를 입히지 않는가. 여하튼 당시의 조선 수군은 해전을 진행하면서 또 한편으로는 죽은 일본군의 머리를 베는 작업까지 동시에 진행하여야 하는 것이 엄연한 현실이었으며 그것은 전투에 매우 부정적 영향을 끼쳤다.

이순신은 이러한 폐단을 없애기 위하여 임진년(1592년) 제2차 출동에 앞두고는 부하 장병들을 모아 놓고 적의 수급을 베는 일에 몰두하지 말 것을 지시하였다. 그리고 앞으로는 일본군의 목을 벤 숫자가 아니라 힘써 싸운 자의 전공을 가장 높이 평가하여 포상할 것임을 재삼 약속하였다.

"공로와 이익을 탐내어 서로 다투어 먼저 적의 머리를 베려 하다가는 도리어 해를 입어 사상자가 많아지는 정례가 있으므로 사살한 뒤에 비록 목을 베지 못하더라도 힘써 싸운 자를 제일의 공로자로 논하겠다."[15]

전쟁의 목적은 적군의 목을 베는 데 있는 것이 아니라 궁극적으로 승리하는 데 있다는 것을 이순신은 부하 장병들에게 확인시키고 있는 것이다. 그러나 이순신이 "경상우수사 원균은 접전한 다음날 협선挾船을 보내어 왜적의 시체를 거의 다 거두어 목을 베었을 뿐만 아니라"[16]라고 장계한 것으로 보아 원균은 임진년(1592년) 제2차 출동 때도 여전히 죽은 일본군의 목을 베는 일에 몰두하였음을 알 수 있다. 이순신이 이와 같은 원균의 행위를 보고 매우 실망하였음은 두말할 나위도 없을 것이다. 이순신은 부하들에게 한 약속에 따라 공로를 참작하여 1·2·3등으로 나누고 비록 목을 베지는 못했어도 죽음을 무릅쓰고 열심히 싸운 자를 제1의 공로자로 정해 장계를 올렸다.

그러나 조정에서는 이순신의 건의를 순순히 용납하지 않았다. 임진년(1592년) 제2차 출동 중의 당항포 해전에서 방답 첨사 이순신李純信은 직속상관인 전라좌수사 이순신李舜臣의 명령에 따라 일본군을 사살하는 데에만 힘쓰고 목 베는 일에는 힘쓰지 않았다. 이순신은 명령을 충실히 수행한 방답 첨사 이순신의 공로를 상세히 보고하였으나 조정에서 내린 포상 문서에는 그가 빠져 있었다. 이순신은 다시 장계하여 방답 첨사 이순신의 포상을 강력히 건의하여 관철시켰다. 이순신은 자신이 한 약속을 끝까지 지킴으로써 부하의 신뢰를 확보하였을 뿐만 아니라 결과적으로 전라좌수사로서의 권위와 위엄을 확립시켰던 것이다.

믿고 따르는 부하는 끝까지 책임진다

이순신은 해전이 끝날 때마다 부하 장수들의 사상死傷 현황을 상세히 기록하였을 뿐만 아니라 공로를 합리적으로 논하여 조정에 장계하였다. 또한 그에 따른 조치를 건의하여 포상에 의심이 없도록 하였다. 다음은 부산포 해전 이후 이순신이 조치한 내용에 대한 장계이다.

> "위에 적은 여러 사람들은 부산 접전에서 시석을 무릅쓰고 결사적으로 진격하다가 혹은 전사하고 혹은 부상하였으므로 시체를 배에 싣고 돌아가 장사 지내게 하였는데 그들의 처자들은 휼전에 따라 시행하옵소서. 중상에 이르지 않은 사람들은 약문을 주어 충분히 구호하도록 각별히 엄하게 지시하였거니와 왜군의 물품 중에 쌀·포목·의복 등은 군사들에게 상품으로 나누어 주고 왜적의 병기 등의 물품은 아울러서 아래에 열기하옵니다. 태인현에 사는 업무 교생 송여종宋汝悰은 낙안 군수 신호申浩의 대변 군관으로 네 번이나 적을 무찌를 때, 언제나 충성심을 분발하여 남들보다 앞서서 돌진하고 목숨을 걸고 힘껏 싸워서 왜군 병사의 머리를 베었을 뿐 아니라 전후의 전공이 모두 1등에 해당하는 자이므로 이 계본을 모시고 가게 하였습니다."[17]

송여종宋汝悰은 낙안 군수 신호의 군관이었지만 이순신은 그의 충성심과 자신을 돌보지 않고 앞장서 싸우는 용기를 높이 평가하였다. 그리고 그런 내용을 장계에 적고 그 장계를 조정에 전달하는 역할을 송여종에게 맡겼던 것이다. 송여종은 이 임무를 훌륭히 수행했으며, 이 공로로 녹도 만호에 임명되었다. 부산포 해전 때 정운이 전사하여 녹도 만호 자리가 공석으로 있었기 때문이었다. 이와 같은 이순신의 포상과 논공행상에 대한 공평하고도 합리적인 조치는 부하 장수 및 병사들에게 믿음을 주었으며 자신들의 전투 역량을 십분 발휘하게 하였다.

한번은 부하 장수인 광양 현감 어영담魚泳潭이 감찰에 적발되어 파직 당하게 되자 이순신은 장계를 올려 그 무고함을 밝히고 강력히 유임을 청하였다.[18] 그러나 이러한 건의가 조정에서 즉각적으로 조치되지 않자 이순신은 다시 장계를 올려 어영담을 수군의 조방장助幇將으로 임명해 줄 것을 건의하여 그를 자신의 휘하에 두었다. 어영담은 바닷가에 자라나 배에 익숙하고 영남과 호남의 물길 사정과 섬들의 지리 형세에 대하여 상세히 알고 있으며 임진년 첫 해전인 옥포 해전부터 중부장中部將으로서 매번 선봉에 서서 뱃길을 인도하였고 여러 번 공을 세운 유능한 장수였다. 이순신은 어영담의 사람됨에 대하여 누구보다도 잘 알고 있었는데 그가 무고하게 벼슬이 파직되자 이처럼 최선을 다해 그를 돌보아 주었던 것이다.

이렇게 거둔 사람은 비단 어영담뿐만이 아니었다. 전라좌수영 소속 부하 지휘관이었던 순천 부사 권준權俊, 낙안 군수 신호申浩, 흥양 현감 배흥립裵興立, 사도 첨사 김완金浣이 파직되었을 때 이순신은 그들을 거두어 조방장助防將으로 삼았다. 이순신의 부하 관리를 엿볼 수 있는 좋은 사례가 아닐 수 없다.

위기 상황에서 더욱 빛나는 신의信義

이순신은 정읍 현감이 되기 전 태인현泰仁縣의 행정을 잠깐 본 적이 있었다. 이때 그 도道의 도사都事로 있던 조대중曺大中이란 사람과 편지로 안부를 묻기도 하는 등 교류가 있었다. 친한 사이는 아니었지만 행정과 관련이 있었기 때문이었다. 얼마 후 조대중이 역적의 죄목에 걸리어 그 집 서적들을 압수하였는데 그 속에 이순신이 보낸 편지가 있었다. 그런데 마침 이순신이 한양에 갈 일이 있어 상경하는 중에 수색 물품을 가지고 가는 의금부義禁府의 금오랑金吾郞과 만났다. 금오랑은 이순신을 걱정하여 "공의 편지가 수색물 가운데 들었소. 공을 위해서 뽑아 버릴까 하는데 어떻소" 하자 이순신이 다음과 같이 대답하였다. "아니오. 지난날 도사가 내게 편지를 보냈기에 답장을 했고, 또 그건 다만 서로 안부를 묻는 것뿐이었소. 또 이미 수색물 속에 들어 있는 것을 사사로이 뽑아 버리는 것은 온당한 일이 아니오."[19]

이순신은 조대중이 역적의 죄를 지었고, 또한 자신이 보낸 편지가 있어 잘못하면 오해나 누명을 쓸 수도 있는 상황이었지만 하늘을 우러러 아무런 거리낌이 없다는 태도를 보였다. 지금은 역적의 죄를 지었는지 모르지만 그 당시 자신과 편지 안부를 주고받을 때는 전혀 그런 조짐을 보지 못했으며 단지 행정을 처리하면서 맺은 인연으로 자신은 예의를 다한 것뿐이라는 것이 이순신의 주장이다. 보통 사람 같았으면 자칫 역적과 연루될 수 있는 상황에서 조대중을 원망하거나 좌불안석이 되어 가슴을 졸이고 있을 상황이었다. 이순신은 한 단계 더 나아가 편지를 뽑아 버리는 행위 자체가 사리에 합당하지 않다는 지적을 하며 금오랑의 호의적 제의를 거절하였다. 비록 지금은 역적이 되었지만 그간 조대중과 나눈 교분에 대해 이순신은 최소한의 신의를 지킨 것이다. 호의적 제의를 한 금오랑과도 관계도 마찬가지이다. 평소 교분을 나누고 있었던 금오랑에게도 그 제의를 거절하는 것이 그동안 알고 지냈던 그에 대한 신의라고 이순신은 생각했던 것 같다.

이와 같은 신의의 사례는 그와 평소 관계가 깊었던 우의정 정언신鄭彦信과의 사례에서도 보인다. 이순신이 상경하여 평소에 존경하기도 하고 교분을 나누었던 우의정 정언신을 인사차 방문하려는데 마침 죄에 연루되어 옥에 있게 되었다. 죄인의 신분으로 옥에 갇혀 있는 관료를 찾아가 인사하는 일은 오늘의 관점에서 보았을 때도 그리 좋은 일은 아니다. 옥문을 지키고 있는 관리들에게 눈치가 보이는 일이기도 할뿐더러 옥에 갇혀 있는 사람과의 친분 관계가 자연스레 노출되기 때문이다. 이순신이 옥을 방문했을 때 옥문을 지키고 있는 의금부義禁府 관리인 금오랑金吾郞들이 모여 앉아 술을 마시며 노래를 부르고 있었다. 이순신은 이들에게 정중히 항의하였다. "죄가 있고 없는 것을 막론하고 한 나라의 대신이 옥중에 있는데 이렇게 당상에서 풍류를 잡히고 논다는 것은 미안한 일이 아니오." 이 말을 들은 금오랑들은 얼굴빛을 고치고 사과하였다고 한다.[20] 옥중에 있는 우의정 정언신을 만나러 간 것은 그에 대한 이순신의 신의의 표현이었다. 아울러 술을 마시며 노래를 부르는 금오랑들을 질책한 것 또한 정언신에 대한 신의에서 우러나온 것이다. 이순신의 인품을 느낄 수 있는 좋은 사례가 아닐 수 없다.

WINNING LEADERSHIP 03

사람을 사랑하고 배려하고 아껴라

_ 인애仁愛

사람은 누구나 타인의 어려운 상황을 보면 측은해하고 불쌍해하는 마음이 저절로 우러나온다는 것이 유학의 인간관이다. 사랑은 사람의 선한 본성에 기초한 행위이다. 유학에서 강조하는 사랑의 으뜸은 부모에 대한 사랑 이른바 효孝이다. 자신을 낳았을 뿐만 아니라 혈연으로 맺어진 부모를 사랑하지 못하는 사람은 결코 이웃이나 나라를 사랑할 수 없다는 것이 유학의 입장이다. 부모를 사랑하고 가족을 사랑하며, 나아가 타인을 사랑하는 방식이 유학에서 제기하는 사랑의 논리적 순서이다. 이순신은 사람을 사랑하고 아꼈던 휴머니스트였다.

어버이에 대한 사랑

부모에 대한 이순신의 효심은 남달랐다. 함경도에서 군관으로 근무하고 있던 시절 이순신은 아버지 이정李貞의 부고를 듣자 곧바로 모든 것을 제쳐 두고 단숨에 말을 달려 아산으로 향하였다. 당시 북방을 순시하던 병조판서 정언신鄭彦信이 몸이 상할 것을 우려하여 상주 복장을 갖추어 입고 가라고 충고할 정도였다.

홀로 남은 어머니에 대한 이순신의 효도는 특히 극진하였다. 그가 전라좌수사로 부임한 임진년(1592년) 1월부터 어머니가 세상을 떠난 정유년(1597년) 4월까지 쓴 일기에는 어머니에 대한 효심과 사랑이 아주 상세히 기록되어 있다. 심지어 그의 어머니가 언제 무슨 병에 걸려 고생을 했다는 것까지 자세히 알 수 있을 정도이다. 해전이 있거나 해전 준비에 바쁜 날을 제외하고 이순신의 마음은 언제나 어머니에게로 향해 있었다.

다음은 임진년(1592년) 1월부터 계사년(1593년) 5월 4일까지 쓴 어머니 관련 일기의 일부이다.

"새벽에 아우 여필汝弼과 조카 봉菶과 아들 회薈가 와서 이야기했다. 다만 어머님을 떠나서 두 번이나 남도南道에서 설을 쇠니 간절한 회포를 이길 길이 없었다."[21]

"아산(어머님) 문안차 나장羅將 2명을 내어 보냈다."[22]

"아산으로 문안 갔던 나장羅將이 들어왔다. 어머님께서 평안하시다는 소식을 들으니 다행, 다행이다."[23]

"아산으로 문안 보냈던 나장羅將이 돌아왔다. 어머님이 평안하시다는 소식을 들으니 다행, 다행이다."[24]

"아침에 어머님께 보내는 물건을 봉했다. 늦게 여필汝弼이 떠나가고 홀로 객창 아래 앉았으니 온갖 회포가 끝이 없었다."[25]

"이 날은 어머님 생신이건만, 적을 토벌하는 일 때문에 가서 축수祝壽의 술잔을 드리지 못하게 되니 평생 유감이다."[26]

이를 분석해 보면 이순신은 어머니의 안부를 묻기 위해 주기적으로 나장羅將이나 가족들을 어머니가 계신 아산에 보냈으며 때로는 어머니에게 필요한 물품을 보내 드렸다는 것을 알 수 있다. 음력 5월 4일은 이순신의 어머니 초계 변씨卞氏의 생일인데, 임진년(1592년)과 계사년(1593년)의 생신을 어머니와 함께 하지 못했으며, 첫 인용문을 보면 임진년(1592년) 전 해인 신묘년(15921년) 생신도 함께 하지 못했음이 확인된다. 어머니 생신날 축하 술 한잔 못 올리는 것에 대해 무척이나 죄송하고 아쉬워하는 이순신의 모습이 참 인상적이다.

전라좌수영에 부임한 지 2년 4개월이 되는 계사년(1593년) 6월, 이순신은 아산에 있는 어머니를 여수 본영 근처인 고음내〔古音川〕에 모실 수 있었다. 그런데 한산도 통제영 까지는 바다를 사이에 두고 거리가 꽤 멀리 떨어져 있었으므로 이순신은 주기적으로 사람을 보내거나 탐후선探候船 편에 어머니의 안부를 여쭈었다.

"봉奉과 변유헌卞有憲 두 조카를 본영으로 보내어 어머님의 안부를 알고 오게 하였다."[27]

"아침에 아들 회薈가 들어왔다. 그래서 어머님이 평안하시다는 소식을 들으니 다행이다."[28]

"윤간尹侃과 조카 이뇌李蕾와 해荄가 와서 어머님의 평안하시다는 소식을 전했다."[29]

탐후선 편에 어머니 안부 소식을 듣고, 가끔은 한 번씩 잠깐 찾아뵙고 하는 생활이 병신년(1596년)까지 지속되었다. 비록 전시 상태였지만 나름대로 행복한 나날이었다. 병신년(1596년) 설날은 새벽 2시에 고음내에 도착하여 어머님과 함께 보낼 수 있었다. 어머니를 여수 본영 근처인 고음내에 모신 뒤 거의 2년 만의 일이었다.

이순신은 병신년(1596년) 9월 27일부터 10월 10일까지 2주 동안 여수 좌수영에 머무르면서 공무를 처결하고 또한 어머니도 자주 찾아뵈면서 효도를 다하였다. 임진왜란 발발 이후 이순신과 그의 어머니가 함께 보낸 가장 행복했던 시기가 아니었나 생각된다. 이순신은 전라좌수사가 된 뒤 한 번도 여수 본영으로 어머니를 모신 적이 없었는데, 이때 처음으로 어머니를 본영으로 초대하여 잔치를 벌인 것이다. 그동안 전쟁 중이라 한 번도 생신을 제대로 챙기지 못한 송구스러움 때문이었으리라. 일기의 전문을 인용해 본다.

"새벽에 어머님을 모시고 일행을 데리고 배에 올라 본영으로 돌아와서 종일토록 즐거이 모시니 다행, 다행이다."[30]

"비바람이 크게 일어나서 이 날은 잔치를 차리지 못하고 이튿날로 미루었다."[31]

"맑고 따스했다. 일찍이 어머님을 위한 수연壽宴을 베풀고 종일토록 즐기니 다행, 다행이다."[32]

"어머님께서 평안하시니 다행, 다행이다."[33]

"종일토록 어머님을 모셨다. 내일 진중으로 돌아가는 것을 어머님이 퍽 서운해하시는 기색이었다."[34]

"정오에 어머님을 하직하고 오후 2시께 배를 탔다. 바람을 따라 돛을 달고서 밤새도록 노를 재촉해 왔다."[35]

《난중일기》의 기록에 의하면 이후 이순신은 어머니를 직접 뵙지 못했다. 아마도 이때의 만남이 이순신과 어머니의 마지막 해후邂逅가 아닌가 생각된다.

이순신은 그다음 해인 정유년(1597년) 2월 통제사에서 파직되고, 서울에 끌려가 3월 4일 하옥되었다가 28일 만인 4월 1일에야 특사로 방면되어 옥문을 나올 수 있었다. 이순신은 도원수都元帥 권율權慄 장군 밑에서 백의종군白衣從軍을 하기 위해 경상도로 가는 도중 아산 근방에서 여수로부터 배를 타고 고향인 아산으로 오시다 선상에서 돌아가신 어머니의 부고訃告를 접한다. 이순신은 뒤에 적은 일기에서 그 날의 슬픔을 다음과 같이 적고 있다.

"종 순화順花가 배에서 와서 어머님의 부고訃告를 전한다. 뛰쳐나가 뛰며 뒹그니 하늘의 해조차 캄캄하다. 곧 해암蟹岩(충남 서산군 근홍면)으로 달려가니 배가 벌써 와 있었다. 길에서 바라보는 가슴이 미어지는 슬픔이야 이루 다 어찌 적으랴."[36]

이순신은 백의종군의 신세라 장례를 모두 치를 수가 없었다. 어서 빨리 남쪽으로 길을 떠나자고 재촉하는 금부도사禁府都事의 성화에 따라 이순신은 어머니의 빈소를 떠날 수밖에 없었다. 죄 지은 몸으로 어머니의 장례조차 모시지 못하는 불효不孝를 행할 수밖에 없는 처지를 한탄하며 이순신은 절규하였다.

> "일찍 길을 떠나며 어머님 영전 앞에 하직을 고하고 울며 부르짖었다. 어찌하랴, 어찌하랴. 천지간에 나 같은 사정이 또 어디 있을 것이랴. 어서 죽는 것만 같지 못하구나."[37]

그가 인생의 최고의 가치로 여기고 지향했던 목표의 한 축이었던 어버이에 대한 효孝가 좌절되는 순간이었다. 임금으로부터도 버림을 받고 어머니의 장례조차 치를 수 없게 된 일생일대의 불효 앞에 이순신은 좌절하고 또 좌절하였던 것이다.

이순신으로부터 지극한 섬김을 받았던 그의 어머니가 아들과 헤어지면서 "잘 가거라, 나라의 치욕을 크게 씻어라"라고 당부한 가르침은 바로 조선이라는 나라가 가족 윤리의 핵심인 효孝와 국가 공동체 윤리의 핵심인 충忠을 어떻게 조화시켰는지를 잘 보여 준다. 어버이에게 진정으로 효도할 수 있는 자만이 임금과 나라를 위해 충성을 다할 수 있다는 유교의 도덕 이론은 위대한 수군 장수, 민족의 성웅인 이순신을 통해 그 진가가 확인되었던 것이다. 효孝는 백행百行의 근본임을 이순신은 그의 전 생애를 통해 보여 준다.

아들 면葂에 대한 사랑

면葂은 이순신의 셋째 아들이자 막내아들이다. 그래서 그런지 면에 대한 이순신의 특별한 애정은 일기 여러 곳에서 확인된다. 다음은 갑오년(1594년)에 이순신의 어머니를 모시고 있던 면이 아프다는 이야기를 듣고 적은 일기이다.

"아침에 들으니 면의 병세가 다시 악화되었고 토혈하는 증세까지 있다 하여 울蔚과 심약審藥 신경황, 정사립, 배응록 등을 함께 내보내었다."[38]

"저녁에 탐선探船이 들어와 어머님께서 평안하신 것은 살폈으나 면의 병세는 여전히 중하다는 것이었다. 애타는 마음이건만 어찌하랴."[39]

당시 이순신은 한산도의 통제영에 머무르고 있었고, 여수의 전라좌수영 근처인 고음내에는 어머니가 집을 얻어 기거하고 있었는데, 어머니에 대한 안부와 아들 면의 병세에 대한 소식을 매일 오고 가는 탐선이 전해 주었다. 어머니는 평안하시다 하니 다행인데, 아들 면의 병세가 계속 중하다는 소식에 가슴 아파하는 장면이다. 그다음 날인 7월 13일은 하루 종일 비가 내렸다. 싸움터에 나와 있어 여수로 갈 수도 없는 상황에서 답답한 심정에 이순신은 점을 쳤다.

"홀로 앉아 면의 병세가 어떤가를 생각하고 글자를 짚어 점을 쳐보니, '군왕을 만나보는 것 같다'는 괘가 나왔다. 아주 좋았다. 다시 짚으니 '밤에 등불을 얻은 것과 같다' 는 괘가 나왔으니 둘 다 좋은 것이었다. 조금 마음이 놓였다."[40]

점괘가 매우 좋아 조금 마음이 놓였다는 고백에서 아들의 쾌차를 기원하는 아버지의 사랑을 느낄 수 있다. 7월 14일에는 충청 수사 이순신李純信과 순천 부사 권준을 불러 장기를 두게 하고 그것을 구경하면서 하루를 보냈는데, "근심 속에 있으니 어찌 조금인들 편할 것이랴"[41]라고 적은 것처럼 병중에 있는 아들 면의 형상이 머리에서 떠나지 않았다. 이순신의 기원이 하늘에 닿았던지 7월 15일에는 아들 면의 병세가 호전되었고 이를 들은 이순신은 일기에 "면의 병세가 나아간다는 소식을 들으니 기쁘기 그지없다"[42]라고 적었다.

그러나 그렇게 애지중지하던 막내아들 면은 정유년(1597년)의 난리 중에 아산의 집 근처에서 일본군과 싸우다 전사하였다. 명량 해전을 승리로 이끈 지 약 한 달 뒤인 정유년(1597년) 10월 14일, 이순신은 면의 전사 소식을 듣는다. 자식을 잃은 아비의 애절한 심정이 그날의 일기에 쓰여 있다.

"면의 전사를 알고, 간담이 떨어져 목 놓아 통곡하였다. 하늘이 어찌 이다지도 인자하지 못하시는고. 간담이 타고 찢어지는 것 같다. 내가 죽고 네가 사는 것이 이치에 마땅한데, 네가 죽고 내가 살았으니 이런 어긋난 일이 어디 있을 것이냐. 천지가 깜깜하고 해조차도 빛이 변했구나. 슬프다 내 아들아, 나를 버리고 어디로 갔느냐. 남달리 영특하여 하늘이 이 세상에 머물러 두지 않는 것이냐. 내가 지은 죄 때문에 앙화가 네 몸에

미친 것이냐. 나 이제 세상에 살아 있은들 누구에게 의지할 것이냐. 너를 따라 죽어 지하에서 같이 지내고 같이 울고 싶건만, 네 형, 네 누이, 네 어머니가 의지할 곳이 없으므로 아직은 참고 연명이야 하지만 마음은 죽고 형상만 남아 울부짖을 따름이다. 하룻밤 지내기가 1년 같구나."[43]

당시의 슬프고 안타까운 심정이 여과 없이 투영된 글이다. 이순신은 마음이 따뜻한 한 사람의 평범한 아버지이자 가장이었던 것이다.

부인 사랑

이순신의 아내 방씨는 보성寶城 군수를 지낸 방진方震의 딸이다. 어릴 적부터 영민한 품이 어른과 같았다고 전해지는 여인이다.

앞에서 보았듯이 갑오년(1594년) 7월에 셋째 아들 면이 중병에 걸렸다. 그런데 한 달 뒤인 8월에는 부인인 방씨方氏가 중병에 걸리는 우환이 생겼다. 불행은 겹쳐 온다더니 이순신이 딱 그런 형국이었다.

"아침에 울蔚의 편지를 보니 아내의 병이 중하다 했기로 회薈를 내어 보냈다."[44]

울蔚은 이순신의 둘째아들이다. 장남인 회薈는 한산도 진영에서 아버지인 통제사 이순신을 모시고, 둘째인 울은 고음내에서 할머니와 어머니를 모시며 살고 있었는데 어머니가 중병에 걸려 눕자 아버지인 이순신에게 편지를 보냈던 것이다. 이순신은 3일 후인 갑오년(1594년) 8월 30일에 다시 아내에 대한 소식을 들었는데, 그 내용은 병세가 아주 위중하다는 것이었다.

> "이날 아침 탐선이 들어왔는데, 아내의 병세가 아주 위중하다고 하니 벌써 생사 간에 결말이 났을지도 모른다. 나랏일이 이에 이르렀으니 다른 일에 생각이 미칠 수 있으랴마는 세 아들 딸 하나가 어떻게 살아갈꼬. 아프고 괴롭구나."[45]

방씨方氏의 병의 상태를 보았을 때 거의 죽을 수도 있는 위중한 상태였던 것 같다. 이 무렵 이순신은 조정으로부터 문책하는 글을 받고 마음이 상해 있었다. 경상우수사 원균이 조정에 '통제사 이순신이 머뭇거리고 부산포를 공격하기 위해 나아가지 않는다'고 장계한 것이 빌미가 되었다. 이순신은 괴로웠다. 조정에 나랏일을 올바르게 꾸려갈 믿을 만한 관료가 없어, 모함을 사실로 받아들여 문책당하는 일을 빈번히 겪었기 때문이었다. 이런 상황에서 조선 수군의 최전방을 지키고 있는 통제사의 몸으로 한산도의 진영을 떠나기는 사실상 어려웠던 것 같다. 부인에게 가보고 싶은 생각이야 얼마나 간절했을까. 그 안타까운 심정을 이순신은 "세 아들, 딸 하나가 어떻게 살아갈꼬. 아프고 괴롭구나"라고 우회적으로 표현하였다.

이순신의 아내 방씨方氏는 아플 때를 제외하곤 일기에 등장하지 않는다. 아내에 대한 사랑을 표현하거나 행적에 대해 언급하기를 꺼린 것은 아마도 조선 사대부들의 일상적 관행이었던 것 같다. 그러나 우

리는 이순신의 언행을 통해 그의 아내에 대한 지극한 사랑을 엿볼 수 있다. 아내의 병세가 아주 중하다는 말을 들은 이순신은 하루 종일 안절부절 못하였다. 밤에는 잠을 이루지 못하고 촛불을 켠 채 뒤척이며 밤을 지새웠다.

"앉았다 누웠다 잠을 못 이루고 촛불을 켠 채 뒤척이며 지새웠다. 이른 아침 세수하고 고요히 앉아 아내의 병세에 대해 점을 쳤더니, '중이 환속하는 것 같다'는 괘를 얻었다. 다시 쳤더니 '의심이 기쁨을 얻은 것과 같다'는 괘를 얻었다. 아주 좋다. 또 병세가 나아질 것인지 쳐보니, '귀양 땅에서 친척을 만난 것 같다'는 괘였다. 이 역시 오늘 중에 좋은 소식을 받을 징조였다."[46]

이순신은 아침에 얼굴을 씻고, 의관을 갖추고, 고요히 앉아 온 정성을 다하여 아내의 병세에 대해 점을 쳤다. 그 결과는 위에서 보이는 것처럼 매우 좋았다. 지극한 정성에는 하늘도 감동한다는 말처럼 아내 방씨方氏의 병은 점차 나아졌다.

"저녁에 탐선이 들어왔는데, 아내의 병이 덜해지기는 하나 원기가 몹시 약하다 하니 걱정스럽다."[47]

병세가 덜해진다는 소식을 들은 갑오년(1594년) 9월 2일 이후로 방씨는 일기에 등장하지 않는다. 이때 중병에 걸렸던 방씨는 자신을 사랑했던 남편의 몫까지 살아야 한다고 생각했던지 이순신 사후 정경부인貞敬夫人의 첩지를 받고 80살이 넘도록 오래 살았다.

부하 사랑

사랑의 마음은 나의 입장이 아니라 상대편의 입장에 서서 생각할 수 있는 데에서 시작된다. 유학에서는 그것을 '추기급인推己及人' 이라고 한다. 직역하면 '나를 미루어 타인에게 미친다' 는 뜻이다. '내가 이것을 하고 싶은데, 다른 사람 또한 이것을 얼마나 하고 싶을까. 내가 이것을 먹고 싶은데, 다른 사람 또한 이것이 얼마나 먹고 싶을까' 를 생각하여 타인의 욕구를 배려하는 마음이 곧 어짐〔仁〕이요, 사랑이라는 말이다. 어짐 또는 사랑의 실천은 혈연으로 맺어진 부모와 자식, 평생을 함께 하는 부부의 사이인 경우는 비교적 쉽게 실천할 수가 있다. 그래서 유학에서는 부모에 대한 사랑인 효孝를 강조하는 것이다. 부모에 대한 사랑의 경험이 누적되면 국가나 임금, 또는 타인을 사랑할 수 있는 힘이 생겨난다는 것이다.

이순신은 부하 병사들의 어려운 함상 생활에 대해서 자세히 파악하고 있었다. 추운 겨울날 난방도 할 수 없는 배 안에서 바람이 숭숭 들어오는 상황을 상상해 보라. 조선 수군 병사들이 얼마나 추위에 떨었겠는가. 다음은 갑오년(1594년) 1월 20일자 일기의 내용이다.

> "살을 에듯 추워 여러 배에 옷 없는 사람들이 목을 움추리고 추워 떠는 소리는 차마 듣기 어려웠다."[48]

"바람이 몹시 차가와 뱃사람들이 얼고 떨 것을 염려하여 마음을 안정할 수 없었다."[49]

첫 번째 인용문은 계사년(1593년) 여름에 진을 한산도로 옮기고 난 뒤 처음으로 겨울을 나는 어려움을 적은 것이다. 전시의 상황에서 병사들이 배 안에서 잠을 자야 하는데, 추위를 막을 옷도 변변하게 지급하지 못한 채 병사들이 추위에 떨고 신음하는 소리를 듣고 이순신이 괴로워하는 모습이다. 두 번째 인용문은 명량 해전을 승리로 이끌고 돌아와 겨울을 보낼 새로운 진영 터를 물색하는 도중의 상황이다. 추위를 막을 옷이나 이불이 제대로 준비된 상태가 아니었다. 병사들이 괴로운 것은 추운 겨울만이 아니었다.

"흐리고 가는 비가 오더니 저녁에 큰비가 시작하여 밤새도록 내려 집이 새어 마른 데가 없었다. 여러 사람들의 거처가 괴로울 것이 무척 염려스러웠다."[50]

"비가 조금도 그치지 않으니 싸움하는 군사들이 오죽 답답하랴."[51]

첫 번째 인용문은 비가 많이 오는 초여름의 어려움을 묘사한 것이다. 큰비가 오자 통제사가 거처하는 집도 비가 새어 마른 데가 없을 정도이니 부하 장수나 병사들은 그 고통이 어떠하였겠는가? 두 번째 인용문은 비가 그치지 않고 계속 오는 것을 보고 밖에 나가 활동하고 싶을 군사들의 답답한 심정을 헤아려 일기에 적은 것이다. 우리는 여기서 부하들의 고통을 자신의 고통처럼 여기는 이순신의 진심 어린 사랑과 배려의 마음을 볼 수 있다. 이순신은 틈만 나면 부하 장병들과 어울리고, 술과 음식을 마련하여 그들의 노고를 위로하려고 노력하였다.

"삼도 군사들에게 술 1천80동이를 먹였다. 우수사, 충청 수사가 함께 앉아 먹었다."[52]

"이날 삼도 사사와 본도 잡색군을 먹이고 종일토록 여러 장수들과 같이 취했다."[53]

"군사 5천4백80명에게 음식을 먹였다."[54]

"이 날은 9일이라(중양절) 1년 중 명절이므로 나는 상제의 몸이지만 여러 장병들이야 먹이지 않을 수 없어 제주에서 온 소 다섯 마리를 녹도와 안골포 두 만호에게 주어 장사들을 풀어 먹이도록 지시하였다."[55]

"여러 장수들이 모여 회의를 하고 그대로 들어가 앉아 위로하는 술잔을 네 순배 돌렸다. 몇 순배 돌아간 뒤 경상수사가 씨름을 붙인 결과 낙안 임계형이 일등이었다. 밤이 깊도록 즐거이 뛰놀게 했는데 그것은 나 스스로 즐겁기 위해서가 아니라 다만 오랫동안 고생하는 장수들의 수고를 풀어 주자는 생각에서였다."[56]

이순신은 부하 장병들의 애로 사항을 해결해 주기 위해 언제나 적극적으로 노력하였다. 그는 추위에 떨고 있는 병사들의 의복, 식량 문제를 해결하고 전염병에 걸린 병사들을 구호하기 위해 동분서주하였으며, 전쟁에 지친 병사들을 위무하기 위해 교대로 휴가를 실시하기도 하였다.[57] 동궁인 광해군이 전주에서 과거 시험장을 개설하였으나 휘하의 무사들이 적과 대적해 있는 상황이고 또한 거리가 멀어 참여할 수 없음을 안타깝게 생각하자 조정에 건의하여 진중에서 과거를 볼 수 있도록 조치하기도 하였다.[58] 을미년(1595년)에는 부하 장수의 생일을 챙기며 함께 즐거워하는 모습도 일기에 보인다.

"경상 수사 권준이 와서 보았다. 오늘은 권 수사의 생일이라 하므로 국수를 만들어 먹고, 술에 취하고, 거문고도 듣고 저笛도 불다가 저물어서야 헤어졌다."[59]

경상 수사 권준은 임진년(1592년)에 순천 부사로서 이순신을 보좌하던 의형제와 같은 장수였다. 이순신 평생에 즐겁고 행복했던 순간을 꼽으라고 한다면 필자는 이 날을 그중 하나로 추천하고 싶다. 생일을 맞이한 경상 수사 권준을 위해 국수를 만들어 먹고, 함께 술도 마시며, 음악도 감상하고 피리도 불면서 행복하게 보낸 날이었기 때문이다. 을미년(1595년)은 명나라와 일본 사이에 강화회담이 지리멸렬하게 지속되던 때라 바다의 최전방에서 일본군과 대치하고 있던 이순신과 그의 부하들에게도 잠시나마 휴식을 즐길 수 있는 시간이 있었던 것이다.

더 나아가 이순신 밑에는 '항복한 일본인[降倭]' 들이 상당수 종사하였다. 일본인들이 투항해 올 때마다 이순신은 그들이 마음 놓고 살 수 있도록 환대하였다.

"늦게 대청에 나가서 서류를 처결한 다음 투항한 왜인들에게 술과 음식을 먹였다."[60]

심지어 남여문南汝文 같은 항왜降倭는 이순신에게 충성을 다하여 매우 큰 신임을 받기도 하였다. 그런 항복한 일본인들이 놀기를 청하자 그것을 허락하였다는 기록이 일기에 보인다.

"해진 뒤에 항복한 왜인들이 광대놀이를 차렸다. 장수된 사람으로서는 그대로 둘 것이 못 되지만 항복한 왜인들이 놀음 한 번 하기를 간절히 바라기에 금하지 않았다."[61]

비록 일본인이기는 했지만 타국에 와서 항복을 하고 타국의 장수에게 충성을 다하며 목숨을 연명하는 그들의 모습이 가련하기도 했을 터, 이순신은 가족을 떠나 타국에서 살아가야 하는 그들의 처량하고 안타까운 심정을 배려하였다. 이들은 성을 쌓는 데 동원되거나, 노를 젓는 격군으로 보충되는 등 조선 수군의 전투력을 증강시키는 데 일정한 기여를 하였다. 그리고 이순신을 위하여 충성을 다하였다.

이순신의 전승무패 승리 신화의 배후에는 이처럼 부하 장병들뿐 아니라 심지어 항복한 일본인들과도 고통을 함께하고 즐거움을 나누었던 그의 따뜻한 사랑의 마음이 있었음을 기억해야 할 것이다.

백성 사랑

임진왜란이 장기전으로 돌입하자 이순신은 전쟁뿐만 아니라 민생 문제까지도 책임져야 했다. 그는 둔전屯田을 개발하여 식량을 해결하는

등 목민관牧民官으로서의 책무도 성실히 수행하였다. 정유년(1597년), 이순신이 모함을 받아 파직되어 서울로 압송 길에 올랐을 때 남녀노소의 백성들이 그를 에워싸고 소리치기를 "대감 어디로 가시오. 이제 우리들은 다 죽었습니다"라고 하였는데[62], 평소 그가 얼마나 백성들을 아끼고 사랑하였는지를 엿볼 수 있는 대목이다.

전쟁은 백성들에게 더욱 큰 고통과 시련을 안겨 준다. 안전이 위협받는다는 점에서 군에 있는 병사들보다 위험하고, 전쟁의 와중에 농사를 지어 자신과 가족의 식량뿐만 아니라 전쟁에 동원된 병사들의 군량까지도 일정 부분 담당해야 하기 때문이다. 이런 사정을 누구보다 잘 알고 있던 이순신은 이 문제를 해결하기 위한 묘책을 조정에 장계하면서 식량 문제로 고통받고 있는 백성들의 어려운 사정을 자세히 피력한다.

> "영남의 피란민들이 본영 경내에 들어와서 살고 있는 자들이 200여 명이나 되는데, 각각 임시로 살 수 있도록 하여 겨울을 지내게 하였으나 지금은 구호할 물자를 마련할 길이 없습니다. 비록 사변이 평정된 뒤에는 제 고장으로 돌아간다 하더라도 당장 눈앞에서 굶어 죽는 모습은 차마 볼 수 없을 뿐 아니라……."[63]

이순신은 조정에서 보낸 공문 중에 "이번에 여러 섬 중에서 피란하여 농사지을 만한 땅이 있으면 피란민을 들여보내어 살게 하되, 형편을 참작하여 시행하라"[64]는 지시를 근거로 여수 전라좌수영 근처에 있는 돌산도에서 피란민들이 농사를 지을 수 있도록 건의하였다.

"신이 피란민들이 들어가 살 곳을 생각한 바, 돌산도만 한 곳이 없습니다. 그런데 이 섬은 본영과 방답 사이에 놓여 있고, 겹산으로 둘러싸여 적이 들어올 길이 사방으로 막혔으며, 지세가 넓고 편편하고 토질이 비옥하기에 피란민들을 타일러 들어가서 살게 하여 방금 봄갈이를 시켰습니다. (중략) 지금은 국사가 어지럽고 백성이 살 길을 잃었으므로, 의지할 곳 없는 백성들이 들어가 농사를 짓더라도 말 먹이는 일에 해로움이 별로 없을 것인 즉, 말을 먹이고 백성도 구제하니 양편으로 다 편리할 것이라 망령되이 생각됩니다."[65]

돌산도는 원래 말을 기르는 곳이었다. 그래서 한때 병조에서는 말을 기르는 데 방해가 된다는 이유로 돌산도에 둔전을 개간하는 것을 허락하지 않은 사례도 있었다. 그러나 이순신은 백성들의 어려운 처지를 해결하고 말을 기르는 데도 해가 없다는 논리를 내세워 피란민들이 농사지을 수 있기를 건의하였던 것이다. 그러나 200여 명의 피란민 가지고는 돌산도를 대대적으로 개간할 수가 없었던 것 같다. 같은 해인 계사년(1593년) 윤11월, 이순신은 둔전을 설치할 것을 건의하는 장계를 다시 올린다.

"신의 생각에는 각 도에 떠도는 피난민이 한군데 모여 살 곳도 없고, 먹고 살 생업도 없어 보기에 측은하오니 이 섬으로 불러들여 살게 하고, 그들이 합력하여 경작하게 하여 절반씩 가지게 한다면 공사公私간에 양쪽으로 편리할 것입니다."[66]

돌산도에 피난민들을 불러 모아 경작하게 하여 나온 곡식을 50대 50으로 나누면 백성들의 식량 문제도 해결되고 군량미 확보에도 도움이 되니 일석이조의 효과가 있다는 것이 이순신의 주장이었다. 이순신은 전쟁 기간 내내 백성들의 식량과 군량을 이런 방식으로 조달하였다. 백성들에게는 수군의 보호 속에 농사를 지으니 안전도 확보되고 식량 문제도 해결되는 이중 효과가 있었다. 이런 까닭에 이순신이 주둔하는 진영陣營 근처에는 언제나 백성들로 넘쳐 났다.

"무술년(1598년) 2월에 이순신이 진영을 고금도로 옮겼다. 섬은 강진 앞바다에 있는데 형세가 기이하게 험한 곳이다. 순신이 군사를 옮겨 진을 치고 백성을 모아 둔전을 경작하니 장사들이 다시금 구름같이 모여들고, 찾아오는 남쪽 백성들이 수만 가구가 되니 진영의 웅장함이 한산도에 있을 때보다 열 배나 되었다."[67]

조선 수군은 정유년(1597년) 9월, 명량 해전을 승리로 이끌고 그해 겨울을 목포의 고하도에서 지냈다. 그다음 해인 무술년(1598년) 봄에는 통제영을 고금도로 옮겼는데, 이처럼 짧은 시간 내에 백성들이 수만 가구나 모여든 것이다. 이 모두가 백성들을 생각하는 이순신의 따뜻한 사랑과 배려가 있었기에 가능한 것이었다. 이것이 바로 맹자가 말한 '인자무적仁者無敵(어진 자는 대적할 자가 없다)'의 참된 의미가 아닐까.

WINNING LEADERSHIP 04

옳은 일은 과감하게 하고, 어려운 때일수록 선두에 서라

_ 용기勇氣

용기勇氣에 대해 손자병법을 주석한 두목杜牧은 "승리를 결단하고 기세에 편승하여 머뭇거리지 않는 것"[68]이라고 하였고 왕석王晳은 "의義를 드러내는 것을 두려워하지 않고 과감하고 굳세게 행동에 옮기는 것"[69]이라고 하였다. 왕석의 주석은 유학의 가치관에 기초한 것으로 그것은 『논어』의 공자 말씀에 연유하는 것이다. 공자는 "의義를 보고 행하지 않는다면 용기가 없는 것이다"[70]라고 하여 참된 용기의 기준을 의義의 실천 여부에 두었다. 또한 공자는 "군자君子가 용기만 있고 의義가 없으면 반란의 수괴가 되고, 소인小人이 용기만 있고 의義가 없으면 도적이 된다"[71]고 하여 용기와 의義의 관계를 설명하기도 하였다. 의義와 불의不義, 옳음과 그름에 대한 정확한 인식이 선행된 행위만이 참된 용기이며 반란을 도모하는 행위나 남의 집 담장을 넘어가는 행위에도 많

은 용기가 필요하지만 그것에는 의義가 결여되어 있기 때문에 진정한 용기가 아니라는 것이 공자의 진단이다.

이렇게 본다면 용기는 어떤 상황에서든 의로운 것, 옳은 것을 과감하게 행동으로 옮기는 것을 지칭하는 것이라고 볼 수 있다. 한마디로 옳은 것을 옳다고 하고, 그른 것을 그르다고 말할 수 있으며 더 나아가 과감하게 행동으로 표현할 수 있는 것이 용기라는 것이다. 이와 같은 용기의 정의를 수용한다면 용기는 군의 장수에게만 필요한 것이 아니라 모든 분야의 리더들이 지녀야 하는 삶의 보편적 덕목이다.

임금의 명령이라도 이치理致에 어긋나면 따르지 않는다

이 세상을 살아가면서 옳은 것을 옳다고 하고 그른 것을 그르다고 하면서 사는 것은 그리 쉬운 일이 아니다. 이렇게 살다 보면 '모난 돌이 정을 맞는다'는 속담이 말해 주듯이 불이익도 수반되기 때문이다. 이런 면에서 용기는 정의감과 상당 부분 중첩된다. 진정한 용기 속에는 반드시 의로움이 포함되어 있기 때문이다.

올곧은 성격의 이순신은 옳은 소리를 하다 보니 상관들과 부딪히는 일이 빈번하였다. 훈련원 시절 병조정랑 서익이 인사 청탁을 하자 "아래 있는 자를 승진시키면 마땅히 승진해야 할 사람이 승진할 수 없으며, 법 또한 고칠 수 없다"고 한 사례나 발포 만호 시절 직속상관인 전라좌수사 성박이 관청의 뜰에 있는 오동나무를 베어 가려 하자 "관청의 물건이므로 사사로이 베어 가게 할 수 없다"고 거절한 일 등은 이순신의 삶의 단면을 상징적으로 보여 주는 사례이다.

나아가 이순신은 비록 임금의 명령이라 하더라도 이치에 어긋나면 따르지 않았다. 정유년(1597년) 1월 임금인 선조宣祖는 이중간첩으로 판명된 일본인 요시라要時羅가 제공한 정보에 기초하여 부산포 쪽으로 출동하여 가등청정을 잡으라는 명령을 이순신에게 내렸다. 그러나 이순신은 임금의 명령을 따르지 않았다. 그 이유는 다음과 같다.

> "바닷길이 험난하고 또한 적이 반드시 여러 곳에 복병을 숨겨 두고 기다릴 것이니, 배를 많이 거느리고 간다면 적이 알지 못할 리 없고, 배를 적게 거느리고 가다가는 도리어 습격을 당할 것입니다."72

정확하지 않은 정보에 기초하여 수군을 움직일 수 없다는 것이 이순신의 생각이었다. 임진년(1592년) 전쟁 발발 이후 수군이 한산도에서 길목을 차단해 줌으로써 서해를 통해 한강으로 가려던 일본군의 침략 의도를 좌절시켰을 뿐만 아니라 곡창인 호남을 보전함으로써 전쟁을 수행할 수 있는 경제적 기반을 마련할 수 있었다. 그런데 신뢰할 수 없는 정보를 믿고 함부로 출동했다가 조선 수군이 패배하게 되면 그것을 극복할 아무런 대책이 없다는 것이 당시 이순신의 판단이었다. 이순신은 통제사에서 파직되고 임금을 기만하였다는 죄로 죽을지언정 조선 수군을 패배할 수밖에 없는 죽음의 구렁텅이로 데리고 갈 수는 없다고 버텼다. 이와 달리 원균은 조정의 명령대로 부산포를 공격하다 칠천량에서 전멸에 가까운 치명적 패배를 당했다. 이순신이 우려했던 상황이 정확히 현실로 나타났던 것이다.

칠천량 해전의 패배 후 다시 통제사가 된 이순신에게 조정에서는 다시 명령을 내린다. 10여 척의 수군 세력으로는 어찌 해볼 도리가 없을 터이니 수군을 해체하고 육전에 참여하라는 것이 주요 내용이었다. 명량 해전 직전의 일이었다. 이순신은 즉시 이의를 제기한다. 조정에 수군의 역할과 전략적 가치를 역설하는 장계를 올린 것이다.

"임진년부터 5, 6년 동안 적이 감히 충청 · 전라도로 곧바로 돌격하지 못한 것은 우리 수군이 그 길목을 막고 있었기 때문입니다. 신臣에게는 아직도 전선 12척이 있사오니 죽을힘을 내어 항거해 싸우면 막아낼 수 있을 것 같습니다. 이제 수군을 전폐한다는 것은 적이 만 번 다행으로 여기는 일이고 (적은) 충청도를 거쳐 한강에까지 도달할 수 있을 것이니, 이것이 신臣이 걱정하는 바입니다."[73]

이 장계로 인해 조선 수군은 명맥을 잇게 된다. 그리고 이순신은 전열을 가다듬어 자신이 약속한 것처럼 13대 133척이라는 절대 열세의 상황에서 명량 해전을 승리로 이끌었다. 조정의 명령에 반대하여 조선 수군의 폐지를 강력하게 저지한 이순신의 용기 있는 행동이 없었다면 명량 해전의 승리도, 조선 수군의 재건도 없었을 것이다.

직언直言을 서슴지 않다

병자년(1596년) 겨울 이순신이 함경도 동구비보 권관으로 있을 때 이후백李後白이란 사람이 감사가 되어 각 진陣을 순시하였다. 그는 순시할 적에 변방 장수들에게 활쏘기 시험을 보아 실력이 미달되는 자들을 처벌하였는데, 처벌을 받지 않은 자가 매우 적어 공포의 대상이 되었다. 그런데 동구비보에 와서는 평소에 이순신의 명성을 들은 바가 있어 매우 친절히 대해 주었다. 그러자 이순신은 변방 장수들의 불편한 심정을 대변하는 내용의 직언을 한다. 이순신이 "사또의 형벌이 너무 엄해서 변방의 장수들이 어찌할 바를 모르고 있습니다" 하니 감사가 웃으며 "그대 말이 옳다. 그러나 나라고 어찌 옳고 그른 것을 가리지 않고 하겠는가?"라고 하였다.[74]

1582년(38세) 여름, 이순신은 다시 서울에 있는 훈련원에 근무하게 되었다. 정승 류전柳琠이 이순신에게 좋은 화살통이 있다는 말을 듣고 활 쏘는 기회에 그를 불러 그것을 달라고 하자, 이순신은 허리를 굽혀 "화살통을 드리는 것은 어렵지 않으나, 남들이 대감이 받는 것을 어떻다 하며, 소인이 바치는 것을 어떻다 하오리까. 화살통 하나 때문에 대감과 소인이 함께 이름을 더럽히는 것은 매우 미안한 일입니다"라고 하니 류 정승도 "그대 말이 옳다" 하였다.[75]

직언直言은 때로는 불이익을 감수해야 한다. 그 말은 듣는 상관이 앞의 사례에서처럼 이를 수용해 주고 이해해 주면 상관이 없지만, 만에 하나 불편하게 생각하거나 반대의 의견을 가지고 있다면 낭패를 보기가 쉽기 때문이다.

모두가 겁낼 때 앞장서 돌격하다

이순신은 매우 강인한 의지의 소유자였으며 감정에 따라 행동하지 않고 언제나 합리적으로 따져 보고 사리를 분별하여 행동을 결정하는 사람이었다. 그는 조선 수군의 최고 위치에 있는 장수로서 용기가 필요할 때 언제나 앞장서 돌격하여 부하 병사들의 귀감이 되었다. 이순신이 벌인 초기 임진년(1592년) 해전에서는 사전에 약속된 진형陣形에 따라 해전에 임하였으며 결코 선두에 서지 않았다. 옥포 해전에서 승리를 맛본 경험이 있고 항상 우세한 전투 형세를 조성해 놓고 싸웠던 이순신 휘하의 조선 수군은 그 누구보다도 용감히 전투에 임했으므로 앞에 나설 필요가 없었다. 그러나 이순신은 불리하다고 생각되는 해전 상황에서는 주저함 없이 솔선수범하여 적진 속으로 돌진해 들어가는 용맹성을 보여 주었다. 이러한 용장勇將으로서의 모습은 가장 열악한 상황인 칠천량 해전부터 명량 해전까지 자주 보인다.

정유년(1596년) 7월 칠천량 해전의 패배 이후 조선 수군 병사들은 공포에 질려 있었다. 회령포에서 전선 10여 척을 수습한 이순신은 곧 해남군 부평면의 이진梨津을 거쳐 어란포於蘭浦로 진陣을 옮겼다. 이때 일본 수군은 조선 수군의 함선이 몇 척되지 않는다는 것을 알고 정탐할 목적으로 8척이 공격하여 들어왔다. 그러자 경상 수사 배설을 비롯한 조선 수군의 여러 배들이 겁을 먹고 달아나려고 하였다. 그러나 이순신은 꿈쩍 않고 일본 함선이 가까이 오기를 기다리다가 몸소 적선을 뒤쫓아 퇴각시켰다.

이순신은 정유년(1596년) 9월 1일 다시 진陣을 진도의 벽파진으로 옮겼는데, 9월 2일 경상 수사 배설이 도망가는 사건이 있었다. 조선 수군의 서열 2위인 경상 수사가 도망갈 정도로 조선 수군은 일본 수군에 비해 절대 열세였으며 사기 또한 말이 아니었다. 조선 수군의 함선세력이 미약하다는 사실을 인식한 일본 수군은 어란포에 55척을 집결시키고 조선 수군을 압박하여 왔다. 9월 7일에는 일본 수군의 야간 기습이 있었다.

> "오후 10시께 적선이 포를 쏘면서 습격을 해오자 여러 배가 겁을 집어먹은 것 같으므로 다시 엄하게 영을 내리고 내가 탄 배가 곧바로 적선을 향해 달려들면서 포를 쏘니 적도는 능히 당해 내지 못하고 자정께 달아났다. 이들은 전에 한산도에서 승리를 얻은 자들이었다."[76]

이순신은 겁먹은 병사들 앞에 서서 적선을 향해 공격하였다. 정상적인 상황이었다면 최고 지휘관이 이런 행위를 하는 것은 상식 밖의 일이다. 그러나 칠천량 해전에서 일본 수군의 야간 기습에 의하여 패배한 조선 수군 병사들은 야간 전투에 특히 겁을 많이 내고 있었으므로 이순신은 앞장서 공격함으로써 병사들의 사기를 북돋았던 것이다.

일본 수군의 주력이 어란포에 집결하고 있고 결전의 순간이 왔음을 직감한 이순신은 명량 해전 하루 전날인 9월 15일 우수영으로 진을 옮겼다. 열세의 함선 세력으로 목이 좁은 명량을 등지고 싸울 수 없었기 때문이었다. 9월 16일 아침 130여 척의 일본 함선이 우수영으로 공격하여 들어왔다. 여러 장수들은 절대 열세의 상황에 낙심하여 모두 회피할 꾀만 내고 돌진하여 싸우려고 하지 않았다. 그러자 이순신은 선

두에 서서 적의 함선들 속으로 돌격하여 들어갔다.

"나는 노를 바삐 저어 앞으로 돌진하며 지자地字, 현자玄字 등 각종 총통을 마구 쏘니 탄환은 폭풍우같이 쏟아지고 군관들이 배 위에 총총히 들어서서 화살을 빗발처럼 쏘니 적의 무리가 감히 대들지 못하고 나왔다 물러갔다 하였다."[77]

이순신이 선두에 서서 적진 속에서 전투를 벌이고 또한 초요기를 세워 장수들에게 군령을 내리고 중군장 미조항 첨사 김응함, 거제 현령 안위를 불러 호령을 하니 모두들 죽을힘을 다해 싸워 마침내 적선 31척을 깨뜨리는 전과와 더불어 왜 수군을 퇴각시켰다.

지휘관에게 있어서 용기는 유리한 전투 형세를 조성하는 주요한 덕목이다. 특히 열세한 상황에서 '나를 따르라' 고 하는 지휘관의 용기에 찬 행위는 병사들의 전투력을 자극하여 극대화시킬 수 있다. 이순신은 명량 해전에 앞서 "죽기를 각오하고 싸우면 살고, 살려고 꾀를 내고 싸우면 죽는다"는 병법 구절을 인용하여 휘하 병사들의 분전을 촉구하였다. 그러나 절대 열세의 상황에서 공포에 질린 병사들의 전투력을 극대화시키는 것은 쉽지 않았다. 그때 이순신은 최고 지휘관으로서 몸소 적진에 뛰어들어 용전분투하는 모습을 보여 줌으로써 부하 병사들이 앞 다투어 돌진하도록 만들고, 그들 스스로 전투력을 십이분 발휘하도록 하였으며 결과적으로 승리를 쟁취해 냈다.

장수는 용기를 아무 때나 보여 주어서는 안 된다. 원균처럼 무모하게 출동하였다가 조선 수군의 전멸을 초래한 것이 진정한 용기인지,

아니면 임금의 명령을 거역하여 통제사에서 파직되고 나아가 죽음을 당할지언정 조선 수군을 파멸의 길로 이끌지 않은 것이 진정한 용기인지는 생각해 보지 않아도 알 수 있다. 장수의 용기는 우세한 형세를 조성하기 위한 방편으로 사용될 때 그 의미가 살아난다. 장수의 용기 또한 리더십의 한 부분인 것이다.

WINNING LEADERSHIP 02

위엄과 형벌로 부하를 단속하라

_ 위엄威嚴

다양한 병사들이 존재하는 군 사회에서 사랑만으로 부하를 지휘할 수는 없다. 제갈공명이 자식처럼 아끼던 마속馬謖이 군율을 어기자 눈물을 머금고 처형한 것처럼 리더는 때로 추상秋霜 같은 위엄을 통해 부하를 지휘해야 한다.

손자병법을 주석한 두목은 "엄嚴은 위엄과 형벌로써 삼군三軍을 엄숙하게 하는 것이다"[78]라고 하였다. 그러나 위엄은 단순히 형벌을 가지고 부하들로부터 타율적인 복종을 이끌어 내는 것만이 아니다. 진정한 위엄은 리더의 탁월한 군사 전문성, 공평무사한 상벌의 시행, 고결한 인품, 어려운 상황에서의 솔선수범 등에 대한 존경심이 형성되었을 때 확보될 수 있는 것이다. 맹목적인 형벌의 엄정한 집행은 자칫 부하 병사들에게 저항감을 불러일으킬 수 있다.

위엄 있는 풍모와 행실

《행록行錄》은 무인武人 리더 이순신에 대한 자질을 엿볼 수 있는 좋은 자료이다.

> "어려서 놀 때에도 매번 진 치는 형상을 만들었는데, 여러 아이들이 반드시 공公을 장수로 뽑았다. (중략) 병인년(22세) 겨울에 처음으로 무예를 배웠는데 팔 힘과 말 타고 활을 쏘기에 있어서 함께 있던 동료들 중 따를 자가 없었다. 공의 성품이 높고 늠름하여 함께 수련하던 무인들이 하루 종일 농담하는 말로 서로를 희롱하곤 했지만 유독 공에 대해서만큼은 감히 너, 나 하지 못하고 언제나 높이고 공경하였다."[79]

이순신은 어려서부터 통솔력이 있었으며, 무인武人으로 신체적 조건과 활쏘기 등의 무예 실력도 수준급이었다. 그리고 조용하고 말이 없는 성품을 지니고 있었다. 대개 젊은 사람들이 모이면 왁자지껄 떠들고, 농담을 주고받으며 부담 없이 노는 것이 일반적인 관례인데 이순신에게는 그렇게 하지 못했다. 아마도 주변 사람들에게 말과 행동에서 흐트러진 모습을 보여주지 않았기 때문이리라. 주변 사람들을 부드럽고 편하게 대하면서도 품격을 유지할 수 있는 이순신의 기품이야말로 내심 사람들을 두렵게 하고 조심하게 하는 위엄의 토대였던 것이다.

정해년(1587년) 가을에 이순신은 함경도 조산보 만호로 임명되었는데, 녹둔도 둔전관을 겸하게 되었다. 수비하는 군사가 적은 것이 걱정이 되어 상관인 함경도 북병사北兵使 이일李鎰에게 군사의 증원을 요청

하였으나 받아들여지지 않았다. 우려한 대로 오랑캐가 침범하여 피해가 있었으나 이순신의 활약으로 우리 군사 60여 명을 구출해 오는 등 나름의 전과를 올렸다. 그러자 병사兵使 이일은 이순신을 죽여 자신의 죄를 은폐하려 하였다. 이때 친한 친구이자 군관인 선거이宣居怡가 눈물을 흘리며 "술을 마시고 들어가는 것이 좋겠소"하니 이순신은 정색을 하고 "죽고 사는 것은 천명天命인데 술은 마셔 무엇 하겠소"하였다. 선거이가 다시 "그럼 술은 마시지 않더라도 물이라도 마시오"하자 이순신은 다시 "목이 마르지 않은데 물은 무엇 때문에 마시겠소"하였다.[80] 선거이는 자칫 죽을지도 모르는 상황에서 친구인 이순신이 얼마나 긴장되고 당혹스러울까를 염려하여 술을 권하고, 물을 권한 것이다. 그러나 이순신은 의외로 태연자약하였다. 특히 죽음이 오고가는 상황에서 이순신은 언제나 천명天命을 거론하곤 하였는데, 여기서도 이순신의 초연한 성품이 확인된다. 목숨은 사람이 어찌할 수 있는 것이 아니라는 동아시아적 운명관을 이순신은 지니고 있었던 것이다.

이순신은 자신의 흐트러진 모습을 부하 장병들에게 보여 주지 않으려고 노력하였다. 다음은 갑오년(1594년) 9월의 일기이다.

> "어제 취한 것이 아직 깨지 않아 방 밖으로 나가지 않았다."[81]

전날 밤 장흥 부사 황세득이 술을 가져와 우수사 이억기, 충청수사 이순신李純信과 함께 취하도록 술을 먹었는데, 아침이 되어도 술이 덜 깨자 이순신은 술이 다 깰 때까지 일부러 모습을 드러내지 않았다.

사천 해전에서 조총을 맞아 등에 박힌 철환을 칼로 빼낼 때도 이순

신은 평소와 다름없이 웃고 이야기하며 침착함을 유지했다. 이순신은 자신을 믿고 따르는 부하 장병들에게 고통스러워하는 자신의 모습을 차마 보여 줄 수가 없었던 것이다. 이순신은 자존심도 매우 강했다.

"아침에 종들이 고을 사람들의 밥을 얻어먹었다고 하기에 종에게 매를 때리고 밥쌀을 도로 갚아 주었다."[82]

정유년(1597년) 4월 1일 의금부에서 방면되어 도원수 권율 밑에서 백의종군하기 위해 가던 중에 생긴 일이었다. 비록 당시는 백의종군하는 신분이지만 종2품 삼도수군통제사를 지낸 자신의 종들이 마을 사람들로부터 밥을 얻어먹었다는 것에 대해 깊은 수치심을 느꼈기 때문이었던 것 같다. 자신뿐만 아니라 자신의 시중을 두는 종들에게까지도 자존심을 지닐 것을 요구하는 이가 바로 이순신이었다.

이순신 관련 자료를 보면 부하 장병들이 가지는 이순신에 대한 보편적 이미지는 '두려워하면서도 존경하였다'는 것인데, 이런 이미지는 바로 그가 지닌 위엄 있는 풍모와 행실에 기초한 것이 아닌가 생각된다.

온정주의는 지양하고, 형벌은 엄정하게

위엄의 두 번째 토대는 형벌의 엄정한 시행이다. 정읍 현감에서 전라좌수사로 발탁된 이순신이 부임 초부터 시작한 일은 예하 부대 및 병사들의 해이해진 군기를 잡고 성곽과 전선, 무기들을 보수하고 점검하는 일이었다. 다음은 《난중일기》를 쓰기 시작한 임진년(1592년) 1월 16일의 일기 내용이다.

"방답의 병선 군관과 색리들이 병선을 수선하지 않았기로 곤장을 때렸다. 우후虞侯 가수假守들도 역시 검칙檢飭하지 않기를 이렇게까지 했으니 해괴하기 이를 데 없었다. 제 한 몸 살찌울 일만 하고 이런 일을 돌아보지 않으니 앞날 일도 역시 짐작하겠다. 성 밑에 사는 토병 박몽세가 석수랍시고 돌 뜨는 데로 가서 이웃 집 개에게까지 폐해를 끼쳤기로 곤장 80대를 때렸다."[83]

해이해진 군 기강을 바로잡기 위해 이순신은 일종의 충격 요법을 쓴 셈이다. 이후 2월 19일부터 이순신은 예하 관할 부대를 순시하면서 전투 준비 태세와 전선, 무기 등을 점검하였다. 이순신의 주요 조치 내용은 다음과 같다.

"여러 가지 전쟁 방비에 결함이 많으므로 군관과 색리들에게 벌을 주고 첨사僉使를 잡아들이고 교수教授를 내어 보냈다."[84]

"아침 먹은 뒤에 나가 앉아 무기를 검열해 보니 활, 갑옷, 투구, 화살통, 환도 등도 깨지고 헐어서 볼꼴 없이 된 것이 많았으므로 색리色吏와 궁장弓匠, 감고監考들을 처벌했다."[85]

이같은 순시와 검열 그리고 그 결과에 대한 엄정한 문책과 형벌을 통해 전라좌수사 관할의 수군 부대들은 점차 전비 태세가 갖추어 나갔

다. 4월 12일 거북선에서 지자地字 · 현자玄字총통에 대한 시험 사격이 있었으며, 원균으로부터 일본군이 부산포에 대었다는 공문을 받은 것은 3일 후인 4월 15일이었다.

임진년(1592년) 4월 15일 이후부터 이순신이 순국할 때까지는 이른바 전시 상황이었다. 잇단 조선 육군의 패배 소식으로 민심은 흉흉하고 병사들의 마음도 예전 같지가 않았다. 임진년 제1차 출동을 앞둔 5월 3일 여도呂島 수군 황옥천黃玉千이 집으로 돌아간 것을 잡아다가 목을 베어 군중에 높이 매달았다. 일벌백계의 위엄을 보여 군기를 확립하기 위한 것이었다.

전쟁이 장기화되자 병사들은 수군에 소속되어 노역을 하는 것이 매우 큰 고통이었던 것 같다. 본영의 군사나 격군들이 도망가는 일과 양식을 도둑질해 가는 일이 빈번히 발생하였다. 이처럼 군기를 위반하는 병사들에 대해서 이순신은 극형에 처하여 부대의 기강을 확립하였다.[86] 예하 장수들에 대해서도 마찬가지였다. 제 기한에 오지 않은 해남 현감과 하동 현감에게 곤장 90대를 때리기도 하였다.

이순신이 엄한 군기를 확립하기 위해 형벌을 강화하기 시작하는 것은 칠천량 해전의 패배 이후 다시 삼도수군 통제사에 임명된 직후부터이다. 정유년(1597년) 8월 3일 삼도수군 통제사 임명서를 받았는데 이때는 수군 조직이 거의 와해된 상태였고 군기 또한 말이 아니었다. 이순신에게 가장 시급했던 일은 먼저 군기를 확립하는 일이었다. 이순신은 전라좌수영의 군기와 군량을 한낱도 옮겨 싣지 않은 일로 우후虞侯 이몽구李夢龜에게 곤장 80대를 쳤다. 당포의 어부가 피난민의 소를 훔치려고 일본군이 쳐들어왔다고 거짓말을 외쳐 대자 이순신은 거짓말을 한두 사람을 잡아다 목을 잘라 효시하기도 했다.

벽파정에서 우수영으로 진을 옮긴 후 이순신은 예하 장수들을 모아 놓고 훈시를 하였다. 그는 마지막에 "너희 여러 장수들이 조금이라도 명령을 어긴다면 군율대로 시행해서 작은 일일망정 용서치 않겠다"[87]고 엄격히 약속하였다. 절대 열세의 상황에서는 이순신도 어쩔 수 없이 형벌을 통한 타율적 복종을 유도할 수밖에 없었던 것이다.

실제로 명량 해전이 벌어지자 여러 장수들이 겁에 질려 물러나고 있었다. 초요기로 그들을 부른 이순신은 거제 현령 안위安衛가 가까이 오자 몸소 뱃전에 서서 "안위야 군법에 죽고 싶으냐, 도망간다고 어디가서 살 것이냐?" 질책하고 또 중군장中軍將 미조항 첨사 김응함金應諴에게는 "너는 중군中軍으로서 멀리 피하고 대장을 구원하지 않으니 죄를 어찌 면할 것이냐? 당장 처형할 것이로되 적세가 급하므로 우선 공을 세우게 한다"고 하자 안위와 김응함은 죽을힘을 다해 적진으로 돌진하여 싸웠다.[88] 연구 결과에 따르면 《난중일기》에 나타난 형벌과 관련된 기록은 처형이 26회, 처벌이 39회, 곤장이 38회, 구속 · 감금 · 신문이 14회 등 총 117회이다.[89]

생사가 달려 있는 급박한 전투 현장에서 병사들이 자발적으로 자신의 전투 역량을 최대한 발휘하기를 기대하기란 매우 어렵다. 적에 대해 불구대천不俱戴天의 원수라는 적개심이 있거나, 지휘관에 대한 강한 존경심이 있지 않는 한 병사들의 자발적 복종심을 유도해 내기가 쉽지 않다. 이때 지휘관은 군율이나 형벌의 엄정한 집행을 통해 타율적으로라도 최상의 전투력을 개개인으로부터 이끌어 내야 한다. 이것이 지휘관에게 냉혈한冷血漢 같은 형벌의 집행과 추상같은 위엄이 필요한 이유이다.

WINNING LEADERSHIP 06

창의적 사고로 미래를 대비하라

_창의創意

이순신이 위대한 것은 단지 그가 보여 준 살신성인殺身成仁, 위국헌신爲國獻身의 나라사랑 정신 때문만이 아니다. 그는 수군 장수로서 탁월한 군사전문성을 소유하고 있었다. 수군 장수에게 필요한 전문성으로는 함정운용, 무기체계, 전략전술, 리더십을 꼽을 수 있다. 이는 해전을 승리로 이끌기 위해 장수가 반드시 소유해야 할 필수 지식知識이다. 그중에서도 눈여겨보아야 할 부분이 바로 창의성創意性이다. 리더에게 창의성이 강조되는 이유는 이 세상이 고정되어 있지 않고 끊임없이 변화하기 때문이다. 변화하는 세계에서 경쟁력을 갖추고 살아남기 위해서는, 미래의 변화를 사전에 예측하고 이를 대비할 수 있는 창의적 사고가 필수이다.

거북선을 만들어 함포 포격전의 효과를 극대화하다

임진왜란이 벌어진 1592년은 바야흐로 세계 무기체계사에 있어 획기적인 변화의 시기였다. 활과 칼로 대표되는 재래식 무기에서 화약 무기로 주력 무기체계가 전환되는 시대였기 때문이다. 해전의 경우 접전接戰, boarding tactics[90]이라 불리는 재래식 해전 전술에서 함포를 이용한 함포포격 전술로 변화되고 있었다.

개인 휴대 병기의 경우 조선군이 활이나 칼 중심인데 비해 일본군은 이미 화약무기인 조총鳥銃 중심으로 변화되어 있었다. 그러나 천만 다행으로 조선 수군이 대형 화약무기인 천자 · 지자 · 현자 · 황자총통 중심의 함포로 무기체계를 전환하고 함포 포격전 중심의 해전 전술을 운용하고 있었던 반면 일본 수군은 적선에 계류하여 올라가 백병전을 벌이는 기존의 접전 이른바 등선육박전술登船肉薄戰術을 여전히 사용하고 있었다. 임진왜란 시기의 해전에서는 함포 포격전과 등선육박전술이 혼용되고 있었던 것이다.

이순신은 수군 병사들에게 원거리 함포 포격전술을 익히게 하는 한편 함포의 명중률을 높이고 공격의 효과를 높일 수 있는 방법을 창안해 내었다. 이 산물이 최신예 돌격선인 '거북선' 이다.

거북선은 시대의 변화를 이해하고 미래를 준비한 이순신의 창의성을 상징한다. 거북선의 건조는 일본 수군의 해전전술을 정확히 알지 못하면 생각해 낼 수 없는 것이었다. 임진년(1592년) 제2차 출동 후에 이순신이 조정에 올린 장계에 거북선에 관한 기록이 있다.

"신이 일찍이 왜적들의 침입이 있을 것을 염려하여 특별히 거북선을 만들었습니다. (거북선의) 앞에는 용머리를 붙여 그 입으로 대포를 쏘게 하고, 등에는 쇠못을 꽂았으며 안에서는 밖을 내다볼 수 있어도 밖에서는 안을 들여다볼 수 없도록 만들어 비록 수백 척의 적선이 있더라도 쉽게 돌입하여 포를 쏠 수 있으므로 이번 출전 때에 돌격장이 그것을 타고 나왔습니다."[91]

거북선은 판옥선만을 이용한 총통 중심의 단조로운 함포 포격전술을 보완하고 공격의 효과를 극대화시킬 목적으로 만든 돌격선이다. 거북선의 공격 방법은 해전 초기 적의 지휘선을 향해 총통을 쏘면서 돌격하다가, 근접하여서는 거북 머리 아래쪽에 있는 현자총통으로 일본 수군 장수가 위치해 있는 지휘소를 치쏘아 장수들을 살상하는 것이다. 이어서 좌우 현측에 있는 천자 · 지자총통으로 대장군전, 장군전을 쏘아 일본 함선을 격파시키는 것이다. 적선에 근접하여 함포를 쏘기 때문에 원거리에서 쏘는 판옥선에 비해 명중률이 현저히 증가한다. 그러나 이 과정에서 함선의 타력 때문에 자연스럽게 일본 배에 근접하게 되거나 서로 부딪히는 경우가 생기게 되는데, 이때가 조선 수군에게는 가장 불리한 때이고, 등선육박전술登船肉薄戰術을 주요 해전전술로 사용하는 일본 수군에게는 가장 유리한 때이다. 칼싸움에 능한 일본 병사들이 칼을 들고 배에 올라 백병전을 벌이면 조선 수군의 병사들은 속수무책으로 당할 수밖에 없기 때문이다. 거북선은 바로 백병전을 특기로 삼는 일본 병사들이 배로 뛰어드는 것을 막기 위해 거북 모양의 덮개를 씌우고 그 위에 쇠못을 꽂은 특수 돌격선이었던 것이다.

임진왜란 초기 해전에서 이순신은 신예 함선인 거북선의 효과를 톡톡히 보았다. 거북선에 의해 적의 지휘부가 해전 초기에 무력화되어 지휘계통이 마비되었을 뿐만 아니라 지휘부를 상실한 일본군은 사기가 크게 저하되어 싸울 의욕을 잃었기 때문이었다.

새로운 전술로 일본 수군을 무력화시키다

천자 · 지자 · 현자 · 황자총통 등 대형 화약무기로 주력 무기체계를 전환한 조선 수군은 일정한 거리를 두고 벌이는 함포 포격전이 주요 해전 전술이었다. 그러나 일본 수군은 여전히 재래식 해전 전술인 등선육박전술登船肉薄戰術을 고수하고 있었다. 한 · 중 · 일 삼국 가운데 칼싸움을 가잘 잘하는 나라가 일본이었기 때문이다. 그러나 이것은 일본의 착각이었다.

다음은 거북선과 판옥선을 활용한 임진년(1592년) 제2차 출동 때의 당포唐浦 해전에 대한 기록이다. 이순신이 구사한 해전 전술의 양상이 드러나 있다.

> "왜선은 크기가 판옥선만 한 것이 9척과 중 · 소선을 아울러 12척이 선창에 나뉘어 대어 있었는데…… 밖으로는 붉은 휘장을 두르고 휘장의 사면에는 '황黃' 자를 크게 써놓았습니다. 그 속에는 왜장이 있는데 앞에는 붉은 일산을 앞세우고 조금도 두려워하지 않는지라, 먼저 거북선으로 하여금 층루선 밑으로 곧바로 돌격하여 용龍의 입으로 현자 철환을 치쏘게 하고 또 천자 · 지자총통과 대장군전을 쏘아 그 배를 쳐부수자 뒤따르고 있던 여러 전선(판옥선)들도 철환과 화살을 번갈아 쏘았습니다. 중위장 권준이 돌진하여 왜장을 쏘아 맞히자, 활을 당기는 소리에 맞추어 거꾸로 떨어지므로 사도 첨사 김완과 군관 진무성陳武晟이 그 왜장의 머리를 베었습니다."[92]

● 일본의 함선 - 아다케부네와 세키부네 ●

아다케부네

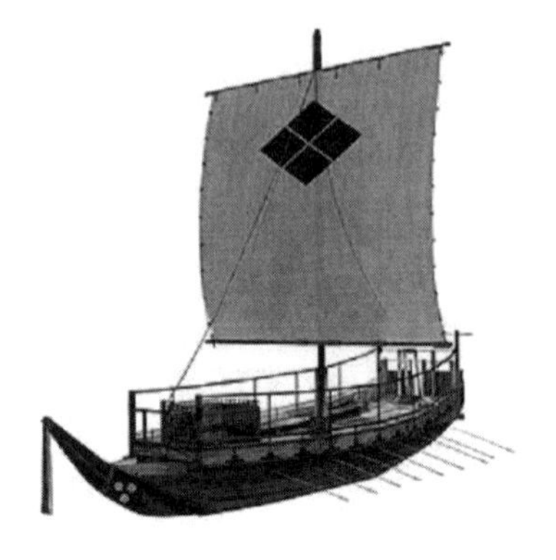

세키부네

이순신은 돌격선인 거북선을 이용하여 일본의 수군 지휘관이 타고 있는 층루선을 공격하였다. 이때 사용한 주 무기는 현자총통이며, 피사체는 철환이었다. 층루 위에 있던 일본 병사들은 이때 철환을 맞아 상당수가 사살된다. 그다음은 거북선에 설치된 천자 · 지자총통을 이용하여 대장군전 및 장군전을 일본 함선의 선체에 발사하여 격파한다. 일본의 지휘선이 격파될 즈음 뒤따르던 판옥선들이 일제히 전진, 공격에 합세하여 총통과 화살을 번갈아 쏘아 주변의 일본 함선을 각개 격파하는 동시에 갑판 위에서 갈팡질팡하는 적의 병사들을 활을 이용하여 사살한다. 그러고는 사살되어 바다에 빠진 일본 장수를 끌어내 효시梟示한다. 전투 초기에 지휘관을 잃은 일본 수군은 지휘체계가 마비되고, 전의를 상실하여 전멸에 가까운 패배를 당한다. 이것이 이순신이 창의적으로 개발한 해전 전술의 시나리오였다. 이를 위해 이순신은 돌격선인 거북선이 필요했던 것이다. 이런 해전 전술 시나리오는 당포 해전 승리 후 곧 바로 치러진 당항포 해전에서도 똑같이 확인된다.

"우리의 여러 전선은 사면으로 포위하면서 재빠르게 협력 공격을 하고 돌격장이 탄 거북선이 또 층각선 밑으로 달려가서 총통을 치쏘아 층각선을 쳐부수었습니다. 또 여러 함선이 불화살로 그 비단 장막과 베로 된 돛을 쏘아 맞추자 맹렬한 불길이 일고 층각 위에 앉았던 왜장이 화살에 맞아 바다로 떨어졌습니다."[93]

이순신은 일본 수군의 해전 전술을 정확히 꿰뚫고 있었다. 아울러 함포 포격전술을 위주로 하는 조선 수군의 강점과 약점을 누구보다도 잘 알고 있었다. 해전에서는 근거리까지 접근하여 화포를 쏠 수 있기 때문에 지상전에 비해 화포의 명중률이 높다고는 하지만 일정한 거리를 두고 공격을 해야 하기 때문에 한계가 있었다. 이를 보완하기 위해 만든 것이 바로 거북선이었다.

천만다행으로 일본 수군은 전쟁이 끝날 때까지 함포 중심의 화약무기체계로 전환하지 못했다. 첨단 화약무기체계와 신예 돌격선인 거북선으로 상징되는 혁신된 조선 수군 앞에 일본 수군은 무력할 수밖에 없었다. 그 중심에 세계 무기체계의 변화와 일본 수군의 해전 전술을 정확히 인식하고 대비한 조선 수군의 리더 이순신이 있었다. 변화를 꿰뚫고 미래를 준비한 이순신의 창의적 사유야 말로 임진왜란 해전에서 조선 수군이 주도권을 장악할 수 있었던 주요 원인이었던 것이다. 미래의 변화를 예측하고 준비하는 자가 승리한다는 사실을 이순신은 우리에게 분명히 보여 주고 있는 것이다.

정철正鐵 조총을 만들어 보급하다

임진년(1592년) 일본 수군과 10여 회의 해전을 치르면서 이순신은 일본군의 조총에 대해 많은 관심을 가지게 되었다. 조선의 승자勝字총통이나 쌍혈雙穴총통보다 파괴력이 컸기 때문이다. 그 이치를 규명해 보니 총신이 길기 때문인 것으로 판명이 났다. 이순신은 일본군의 조총과 맞먹는 위력을 지닌 조총을 만들고 싶어 연구에 연구를 거듭하였다. 아래의 인용문은 조총을 만들게 된 계기와 성과에 대해 이순신이 조정에 올린 장계이다. 여기서도 이순신의 창의적 사고를 엿볼 수 있다.

> "신이 여러 번 큰 싸움을 겪으면서 왜인의 조총을 얻은 것이 매우 많으므로 항상 눈앞에 두고 그 묘리를 실험한 즉, 총신이 길고 그 총구멍이 매우 깊기 때문에 쏘는 힘이 맹렬하여 맞기만 하면 반드시 부서집니다. 그런데 우리나라의 승자勝字나 쌍혈雙穴 등의 총통은 총신이 짧고 총구멍이 얕아서 그 맹렬한 힘이 왜의 총통만 같지 못하며 그 소리도 웅장하지 못하므로 그 조총을 언제나 만드려고 하였더니……."[94]

이순신은 일본인들로부터 노획한 조총을 곁에 두고 그것이 왜 조선의 승자총통보다 파괴력이 큰지에 대해 늘 탐구하였다. 일본 조총의 성능을 능가하는 새로운 조총을 구상하던 이순신은 그 임무를 군관인

정사준鄭思竣에게 맡겼다. 드디어 계사년(1593년) 9월 정철正鐵로 만든 조총이 만들어졌다.

"신의 군관 훈련 주부 정사준鄭思竣이 묘법을 생각해 내어 대장장이 낙안 수군 이필종李必從, 순천 사삿집 종 안성安成, 피란하여 본영에 와서 사는 김해 절 종 동지同之, 거제 절 종 언복彦福 등을 데리고 정철正鐵로써 두들겨 만들었는데, 총신도 잘 되었고 총알이 나가는 힘이 조총과 똑같습니다. (중략) 만들기도 그리 어렵지 않아서 수군 소속의 각 고을과 포구에서 우선 같은 모양으로 만들게 하였으며, 한 자루는 전 순찰사 권율에게 보내어 각 고을에서도 같은 모양으로 제조하도록 하였거니와…… 그러므로 정철로 만든 조총 5자루를 봉하여 올려 보내오니 조정에서도 각 도와 각 고을에 명령하여 모두 제조하도록 하되, 제조하는 것을 감독한 군관 정사준과 대장장이 이필종 등에게 각별히 상을 내리셔서 그들이 감격하여 열심히 일하고 모두들 다투어 본받아 만들도록 함이 좋을까 하옵니다."[95]

정철正鐵 조총을 만드는 것을 직접 감독한 사람은 군관 정사준이었다. 그러나 일본 조총의 성능에 대해 그 이치를 탐구하여 만들 구상을 한 사람은 통제사 이순신이었다. 정철 조총이 만들어지자 이순신은 수군 소속의 고을과 포구에서 제작하도록 지시하고, 전 순찰사 권율과 조정에 보내어 전국의 조선군이 그것을 활용하도록 하였다. 거북선 건조에 이어 정철 조총이 탄생하는 순간이었다.

새로운 조총의 개발과 관련한 내용은 비슷한 시기의 일기에도 보인다.

"쇠로 만든 총통은 전쟁에서 가장 긴요한 것인데, 우리나라 사람들은 만드는 법을 알지 못하더니, 이제 온갖 연구를 거듭하여 조총을 만들었는데, 왜인들의 총보다 더 잘되어 명나라 사람들이 진중에 와서 시험으로 쏘아 보고서는 좋다고 칭찬하지 않는 이가 없다."[96]

명나라 사람들이 시험 삼아 쏘아 보고 좋다고 할 정도로 이순신이 새로 개발한 조총은 성능을 인정받았다. 새로 개발된 조총이 이후 전투에서 어떤 역할을 했는지는 확인할 수 없다. 그러나 분명한 사실은 이순신의 끊임없는 창의적 발명 정신이 있었기에 전승무패의 승리 신화가 가능했다는 것이다.

WINNING LEADERSHIP 07

의리에 죽고 의리에 산다

_정의감正義感

정의正義와 불의不義, 옳은 것과 그른 것, 선과 악을 구별하는 것은 어렵지 않다. 그러나 정의와 옳은 것과 선을 실천하는 것은 어렵다. 왜냐하면 정의를 실천하면서 사는 사람에게는 곧잘 불이익이 수반되기 때문이다. 그래서 의리義理에 부합한 삶을 살기 위해선 용기가 필요하다. 유학에서는 의리를 생명보다 소중히 여긴다. 유학을 창시한 공자는 이상적인 인간의 행동 기준을 의義에다 두었으며[97] 공자를 계승한 맹자 또한 인간이 진정 금수禽獸와 구별되는 것은 인간의 마음속에 본래적으로 의義와 이理를 추구하는 특성이 있기 때문이라고 하였다. 이순신은 이와 같은 유학적 가치관을 현실적 삶 속에서 충실히 실천하고자 노력하였으며 그 결과 많은 시련을 겪게 되었다.

원칙 있는 인사를 고수하다

이순신의 올곧은 성격과 기질 그리고 의리義理에 죽고 의리義理에 사는 유학적 가치관의 원칙적 적용은 늘 주변의 상관들과 마찰을 초래하였다. 함경도 근무를 마치고 1579년(35세) 훈련원訓練院에 봉직할 때 병조兵曹 정랑正郎으로 있던 서익徐益이 와서 자신과 친분관계에 있는 자를 승진시키려 하자 담당관으로 있던 이순신은 이를 용납하지 않았다. "아래에 있는 자를 건너뛰어 올리면 당연히 승진해야 할 사람이 승진하지 못하게 되는 일이라 공평하지 않을 뿐더러 또한 법규도 고칠 수 없다"[98]는 것이 이순신의 생각이었기 때문이다. 이 사건으로 서익徐益은 이순신에 대해 깊은 악감정을 가지게 되었다.

발포 수군 만호가 된 이듬해인 1582년(38세) 1월 이순신은 군기軍器를 점고하러 온 경차관敬差官 서익徐益이 군기를 보수하지 않았다고 장계하여 파직된다. 서익徐益은 바로 훈련원 봉사奉事로 봉직할 때 있었던 인사 사건의 장본인으로서 그때의 일을 앙갚음한 것이다.

어찌 권세 있는 집에 함부로 발을 들여 놓겠는가!

이순신은 10여 년간 관리 생활을 하면서도 권세 있는 집안에 드나들지 않았으며 오해의 여지가 있는 행동은 결코 하지 않았다. 훈련원 봉사奉事 시절 이조판서吏曹判書로 있었던 일가친척인 이율곡이 서애西厓 유성룡柳成龍을 통하여 한 번 만나 보기를 희망하였다. 그러자 이순신은

"나와 율곡이 같은 성씨姓氏라 만나 볼 만도 하나 이조판서吏曹判書로 있는 동안에 만나는 것은 옳지 않다"[99]고 하여 끝내 가지 않았다. 이조판서는 관료들의 인사를 담당하는 주무장관이었기 때문에 이율곡을 만나면 자칫 인사 청탁의 구설수에 오를 수 있다는 생각에서였다.

또한 병조판서兵曹判書 김귀영金貴榮이 자신의 서녀庶女를 이순신에게 첩으로 시집보내기를 희망하여 중매인을 보냈다. 이순신은 "벼슬길에 갓 나온 내가 어찌 권세 있는 집에 발을 들여 놓을 수 있겠는가!"[100] 하고 중매인을 돌려보냈다. 자신의 능력이 아니라 일가친척이나 처가의 도움으로 관직이 승급하였다는 소리가 듣기 싫어서였다. 의리義理에 합당하지 않는 처신을 하는 것을 죽기보다 싫어하는 이순신의 기질과 자존심을 엿볼 수 있는 대목이다.

관청의 것을 어찌 하루아침에 베어 버리겠는가

1580년(36세) 발포 만호가 되었을 때 전라좌수사 성박成鎛이 사람을 보내어 객사 뜰에 있는 오동나무를 베어오게 하였다. 거문고를 만들기 위해서였다. 이순신은 "이것은 관청의 물건이요 또 여러 해 길러 온 것을 하루아침에 베어 버릴 수 있을 것이냐"라고 거절하면서 심부름 온 사람을 돌려보냈다.[101] 발포진은 전라좌수영 소속의 만호진이다. 이순신은 자신의 직속상관인 전라좌수사의 청탁을 정면으로 거절한 것이다. 전라좌수사 성박이 화를 내었으나 베어 가지는 못했다.

성박이 어떤 식으로 이순신에게 보복을 했는지는 전해지지 않는다.

아마도 감찰 임무를 지닌 경차관敬差官으로 왔던 서익徐益과 결탁하여 이순신이 파직되는 데 일조를 하지 않았을까 하는 추측을 해본다.

대장부가 나라에 쓰일진대 죽기로써 일할 것이요

1591년 2월 전라좌수사가 되어 1년 2개월 만에 임진왜란을 당한 이순신. 경상도로 출전할 것인가 말 것인가를 놓고 부하 장수들 사이에 갑론을박이 벌어졌다. 부하 장수들의 이런 저런 의견을 다 들은 이순신은 마지막으로 최종 결정을 한다. 그것은 명령이나 다름이 없었다.

> "적의 기세가 마구 뻗쳐서 국가가 위급하게 된 이때 어찌 다른 도의 장수라고 핑계하고서 물러나 제 경계만 지키고 있을 것이냐. 내가 시험 삼아 물어본 것은 우선 여러 장수들의 의견을 들어 보자는 것이었다. 오늘 우리가 할 일은 다만 나가서 싸우다가 죽는 것 밖에 없다. 감히 반대하는 자가 있다면 목을 베리라."[102]

이순신은 한 번 죽어 나라의 은혜를 갚는 일이야 말로 평소 나라의 국록을 먹은 신하들의 도리道理요, 임금에 대한 의리義理라고 생각하였다. 의리를 앞세우는 이순신의 정의로운 삶은 자연스럽게 그의 사생관死生觀과 연관된다. 이해관계가 만연되어 있는 현실 속에서 정의롭게 산다는 것은 자칫 목숨까지도 내놓아야 하는 고난과 불이익이 수반될 수밖에 없기 때문이다.

그는 평소에 늘 말하기를, "대장부가 세상에 나서 나라에 쓰일진대 죽기로써 일할 것이요, 쓰이지 못한다면 들판에서 농사짓는 것으로 만족할 것이다. 권세 있는 곳에 아첨하여 한 때의 영화榮華를 사는 것 같은 것은 내가 제일 부끄럽게 여기는 것이다"[103]라고 하였다. 그의 사생관이 함축적으로 표현된 말이다. 그는 말뿐만이 아니라 관료 생활 전 과정을 통해 이를 적극 실천하였다. 마지막 노량 해전을 앞두고 자정에 이순신은 배 위로 올라가 손을 씻고 무릎을 꿇어 하늘에 빌었다. "이 원수를 무찌를 수만 있다면, 죽는다 해도 여한이 없겠나이다."[104] 그는 평소의 말대로 임금과 나라를 위해, 백성을 위해, 인류의 정의로운 역사를 위해 목숨을 바쳤다. 이것이 그가 '유능한 리더'를 넘어 '위대한 리더'의 반열에 오른 까닭이다.

WINNING LEADERSHIP 08

지극한 **정성**에는 **하늘**도 감동한다

_ 정성精誠

정성精誠을 리더의 덕목에 추가한 것은 그것이 매우 동양적인 특성이기 때문이다. 정성은 생리적 욕구체로서의 사람이 개체 중심의 욕구에서 벗어나 타인을 사랑할 수 있는 도적적 힘의 원천이다.

『중용中庸』에 "성誠은 하늘의 도道요, '성誠을 다하는 것〔誠之者〕' 는 사람의 도道이다"[105]라고 하였다. 주희는 이 구절을 주석하여 "성誠은 진실되고 거짓됨이 없는 것을 이르는 것이니 천리天理 본연의 모습이요, '성誠하는 것〔誠之者〕' 은 아직 진실되고 거짓됨이 없는 상태에 도달하지 못했기 때문에 진실되고 거짓됨이 없고자 하는 것을 지칭하는 것이니 사람이 마땅히 해야 할 일이다"[106]라고 하였다.

이순신의 나라 사랑에 대한 정성은 그의 잠재의식 속에 내재되어 꿈으로 드러나곤 했다. 그는 유별나게도 많은 꿈을 꾸었다. 전투에 나갔

을 때는 전투에 관련된 꿈을, 나라 일을 근심할 때는 나라 일에 관련된 꿈을, 오랫동안 소식이 끊긴 어머니를 생각할 때는 어머니와 관련된 꿈을 꾸었다. 또한 어려운 일이 닥칠 때마다 그는 정성을 다하는 마음으로 점을 쳤다. 이순신에게 점은 복福을 구하기 위한 것이 아니라 일종의 염원이요 지극한 정성의 다른 표현이었다.

나라와 임금에 대한 충성

이순신의 일기에는 자신이 받은 임금의 총애와 영광에 보답하고자 하는 진실되고 정성 어린 감회를 적은 글이 자주 등장한다.

> "사직의 위엄과 영험을 힘입어 겨우 조그마한 공로를 세웠는데, 임금의 총애와 영광이 너무 커서 분에 넘치는 바가 있다. 장수의 직책을 띤 몸으로 티끌만 한 공로도 비치지 못했으며 입으로는 교서敎書를 외면서 얼굴에는 군인으로서의 부끄러움이 있음을 어찌하랴."[107]

임금에 대한 정성 어린 충정이 넘쳐 남을 느낄 수 있는 글이다. 이순신은 피난길 떠난 임금의 소식을 들을 때마다 절통한 심정을 억누르지 못했으며, 심지어는 꿈속에서조차 나랏일을 걱정했다.

> "새벽 꿈에 커다란 대궐에 이르렀는데, 마치 서울인 것 같고, 기이한 일이 많았다. 영의정이 와서 인사하기에 나도 답례를 하였다. 임금이 피

난가신 일에 대해 이야기를 하다가 눈물을 뿌리며 탄식할 적에 적의 형세는 벌써 종식되었다고 말하였다."[108]

당시 임금은 나라 자체였다. 임금과 나라에 대한 충성은 유학적 세계관으로 의식화된 이순신에게 있어 가치 있는 인생을 사는 중심축이었던 것이다. 나라의 앞일에 대한 근심과 걱정은 시詩로 표현되어 전해진다. 『이충무공전서』에 기록되어 있는 이순신의 시는 널리 알려진 '한산도가' 처럼 나라의 안위를 걱정하는 내용이 대부분이다.

승리에 대한 염원으로 정성을 다하다

이순신은 전투를 앞두고는 늘 하늘에 온 마음을 다하여 기도하였다. 《난중일기》에는 그가 길흉에 대해 점을 치는 광경이 자주 나오는데 그것은 요행을 바라는 마음에서가 아니라 최선을 다한 뒤 천명天命을 기다리는 이른바 '진인사대천명盡人事待天命' 의 숙연한 마음, 정성을 다하는 마음의 표시였다.

"새벽에 불을 밝히고 홀로 앉아 적을 칠 일로 길흉을 점쳐 보았다. 첫 점은 '활이 살을 얻은 것과 같다' 는 것이었고, 다시 치니 '산이 움직이지 않는 것과 같다' 는 것이었다."[109]

아마도 이때는 일본 수군을 공격하기로 정해 놓은 날 아침이었던 것

같다. 비록 전투를 위해 모든 준비가 완료된 상태였지만 승패의 불확실성 앞에서는 이순신도 초조할 수밖에 없었으리라. 길흉을 점친 점괘는 인용문에서 보이는 것처럼 매우 좋게 나왔다. 이순신 또한 점의 결과에 의존하여 조금이나마 마음의 위안을 찾고자 했던 평범한 인간이었던 것이다.

세계 해전사에 길이 남을 명량 해전을 앞두고 노심초사하고 있던 이순신의 꿈에 신인神人이 나타났다. 그리고 신인은 "이렇게 하면 크게 이기고 이렇게 하면 진다"고 일러 주었다.[110] '지성至誠이면 감천感天(지극한 정성에는 하늘도 감동한다)' 이란 말은 바로 이순신 같은 사람을 두고 한 말이 아닌가 생각된다. 마지막 해전인 노량 해전을 앞둔 그날 밤 자정에 이순신은 배 위로 올라가 손을 씻은 다음 무릎을 꿇고 하늘에 빌었다. '이 원수를 무찌른다면, 죽어도 한이 없겠나이다.'

매사에 정성을 다하는 이순신의 삶의 태도와 방식은 아무나 흉내 낼 수 있는 것이 아니다. 그것은 인간이 가지고 있는 무한한 개체 중심적 욕구를 극복하려는 노력이 끊임없이 수반되어야 하기 때문이다. 나라를 위해, 어머니를 위해, 승리를 위해 자신이 할 수 있는 모든 노력을 기울이고 그 결과를 겸허히 기다리는 '진인사 대천명盡人事, 待天命'의 자세, 이것이 정성精誠의 본질이다. 따라서 정성에는 사적인 욕구가 없다. 이순신이 모든 해전에서 승리하고, 꿈의 내용이 현실과 일치하고, 꿈에 신인神人이 나타나 이렇게 저렇게 승리의 비결을 알려 준 것은 이순신의 진실되고 거짓됨이 없는 정성된 마음에 하늘이 감동했기 때문이리라. 위대한 리더가 되기를 꿈꾸는 사람이라면 반드시 숙고해 보아야 할 부분이 아닐 수 없다.

WINNING LEADERSHIP 09

정의가 승리하는 **역사**를 만들어라

_ 역사의식歷史意識

필자는 역사의식을 '인류의 보편적 가치에 대한 인식과 실천 의지'라고 정의한다. 역사는 정의, 의리와 같은 인류의 보편적 가치가 구현되는 장場이다. 따라서 진정한 리더는 역사를 관통하는 보편적 가치에 대한 통찰력이 있어야 할 뿐만 아니라 그것이 실현되도록 노력해야 한다. 그런 면에서 역사의식은 단순한 앎의 차원을 넘어 어떤 방식으로든 실천과 연계되지 않으면 안 되는 것이다.

역사의식은 정의감正義感과도 일맥상통한다. 그러나 정의감이 개인 차원의 삶의 태도와 관계가 있다면 역사의식은 인류 전체의 삶과 관련이 있다. 위대한 리더는 개인 차원의 정의감을 넘어 역사 속에서 정의가 구현되도록 하는 사람이다. 그래서 인류 사회의 수준과 품격을 한 단계 높이는 데 기여하는 사람이다.

『삼국지三國志』를 읽어 본 사람이라면 누구나 병법의 대가이자 정치가인 제갈공명諸葛孔明을 존경한다. 유비劉備를 도와 촉蜀나라의 중흥을 꾀하고 때로는 위魏나라의 조조曹操를 위기에 몰아넣기도 했지만 결국에는 삼국통일의 위업에 실패했는데도 말이다. 그렇다면 제갈공명이 존경받는 이유는 과연 무엇일까? 그 당시 유비의 촉나라는 조조의 위나라나 손권孫權의 오吳나라에 비해 형편없이 약했으며 삼국을 통일할 가능성이 가장 낮은 나라였다. 그런 상황에서 제갈공명이 유비의 삼고초려三顧草廬에 응하여 그와 의기투합한 이유는 유비의 촉나라가 한나라 황실을 계승한 정통성을 지니고 있으며 촉나라가 삼국을 통일하는 일이야말로 역사의 정기精氣를 바로 세우는 일이라고 생각하였기 때문이다. 후대 사람들이 제갈공명을 존경하는 까닭도 바로 이러한 그의 역사의식에서 유래한다.

이순신이 유능한 리더를 넘어, 위대한 리더로 추앙받는 이유 중의 하나 또한 그가 지닌 역사의식 때문이다. 아래에서는 이순신의 역사의식이 반영된 사례들을 살펴보기로 한다.

'답담도사금토패문答譚都司禁討牌文'에 나타난 역사의식

임진년壬辰年(1592년), 계사년癸巳年(1593년)을 지나 갑오년甲午年(1594년)에 이르러 전쟁은 소강상태로 접어들었다. 한산도 길목 차단 작전을 전개하고 있던 이순신은 갑오년(1594년) 3월 6일 남해 현령 기효근奇孝謹으로부터 명나라 선유 도사부 담종인譚宗仁이 보낸 '왜적을 무찌르지 말라는 패문禁討倭賊事牌文’을 접수하였다. 이 패문을 읽고 이순신은 매우 분개하였다. 그리고 곧 바로 답서答書를 지어 보냈다. 이순신은 답서에서 사실 규명을 토대로 조선의 수군 최고 지휘관으로서 어떤 태도로 이 전쟁에 임하고 있는지를 밝히고 있다.

"왜적이 스스로 흔단釁端을 일으켜 군사를 이끌고 바다를 건너와 죄 없는 우리 백성들을 죽이고, 또 서울로 쳐들어가 흉악한 짓들을 저지른 것이 이루 말할 수 없으므로 온 나라의 신하와 백성들의 통분함이 뼛속에 맺혀 이들 왜적과는 같은 하늘 아래서 살지 않기로 맹세하고 있습니다."[111]

위의 인용문에 나타난 이충무공의 임진왜란 발발에 대한 시각을 정리하면 다음과 같다. 첫째, 왜적들은 아무 이유 없이 군사를 이끌고 바다를 건너와 무고한 조선의 백성을 죽였다. 둘째, 왜적들은 그것도 모자라 임금이 살고 계시는 서울을 침범하여 온갖 흉악한 짓을 저질렀다. 셋째, 이러한 불의不義한 왜적의 행위에 대해 온 조선의 신하와 백성들의 각오는 "통분이 뼛속에 사무쳐 적들과는 같은 하늘 아래 살지 않기로 맹세하였다"는 것이다.

그리고 맹세를 실천하는 구체적인 방법으로 "각 도의 전선들을 정비하여 곳곳에 주둔하고 동서東西에서 호응하는 한편 육지에 있는 장수들과도 의논하여 수륙으로 합동 공격해서, 남아 있는 왜적들을 한 척의 배도 못 돌아가게 함으로써 나라의 원수를 갚고자 한다"[112]라고 하여 자신의 각오와 견해를 제시하고 있다.

아울러 그는 담도사譚都司의 패문 중에 이치에 어긋나는 내용이 있음을 지적하고 그것을 논리적으로 반박하는 방법으로 준열히 비판하였다. 먼저 이순신은 "왜의 장수들이 마음을 돌려 귀화하지 않는 자 없고 모두 병기를 거두어 자기네 나라로 돌아가려고 하니 너희들 여러 병선들은 속히 각각 제 고장으로 돌아가고 일본 진영에 가까이 하여 트집을 일으키지 말도록 하라"[113]고 한 대목을 문제 삼았다. 이순신의 반박 논리는 다음과 같다.

"왜인들이 거제巨濟, 웅천熊川, 김해金海, 동래東來 등지에 진을 치고 있는바, 거기가 모두 다 우리 땅이거늘 우리더러 왜군 진영에 가까이가지 말라 함은 무슨 말씀이며, 또 우리더러 속히 제 고장으로 돌아가라니 제 고장이란 또한 어디 있는 것인지 알 길이 없고, 또 트집을 일으킨 자는 우리가 아니요 왜적들입니다."[114]

일본군이 침략하여 현재 점유하고 있는 땅은 모두 조선 땅인데 왜군 진영에 가까이 가지 말라는 것은 그것을 일본인의 땅이라고 인정하라는 것과 다름이 없으며, 또한 제 고장으로 돌아가라는 것은 우리 수군에게 본래 있던 부대로 돌아가라는 것인데 사실 웅천, 김해, 동래 등은 본래 우리 수군이 배치되어 있었던 곳을 일본군이 침략하여 점유하고 있는 것이니 이 또한 앞뒤가 맞지 않는다는 논리이다. 나아가 이순신은 "왜의 장수들이 마음을 돌려 돌아가려고 한다"[115]는 말에 대해서도 사례를 들어 논박을 하는데 여기서 이순신의 일본인들에 대한 관점과 평가를 엿볼 수 있다.

"왜인들이란 간사스럽기 짝이 없어 예로부터 신의信義를 지켰다는 말을 들은 적이 없습니다. 흉악하고 교활한 적의 무리들이 아직도 그 포악한 행동을 그치지 아니하고, 바닷가에 진陳을 친 채 해가 지나도 물러가지 아니하고, 여러 곳에 쳐들어와 살인하고 약탈하기를 전일보다 갑절이나 더 하오니, 병기를 거두어 바다를 건너 돌아가려는 뜻이 과연 어디 있다 하오리까?"116

"이제 강화한다는 것은 실로 속임과 거짓이옵니다. 그러나 대인大人의 뜻을 감히 어기기 어려워 잠깐 얼마쯤 두고 보려 하옵니다. 또 그대로 우리 임금께 아뢰려 하오니, 대인大人은 이 뜻을 널리 타이르시어 놈들에게 역천逆天과 순천順天의 도리가 무엇인지를 알게 하시면 천만다행이겠습니다."117

이순신은 먼저 비록 왜인의 말이 거짓임이 분명하지만 대인大人의 지시를 또한 함부로 묵살할 수 없으니 얼마 동안 참고 공격을 하지 않겠으며, 이러한 내용을 임금인 선조에게도 알릴 것임을 밝혔다. 아울러 담도사에게 이와 같은 조선 수군 장수의 뜻과 무엇이 정의正義이고 무엇이 불의不義인지를 왜인들에게 분명하게 알려 주기를 요청하였다.

'답담도사금토패문答譚都司禁討牌文'에 나타난 이순신의 역사의식을 요약하면 다음과 같다. 첫째, 왜인들은 무고한 이웃나라를 침략하여 죄 없는 백성을 도륙屠戮하였다. 둘째, 그럼에도 불구하고 왜인들은 계속해서 속임수를 통해 자신들의 침략의 목적을 달성하려고 한다. 본래 왜인들은 옛날부터 신의信義를 중시하였던 사람들이 아니다. 셋째, 따라서 역사를 바로잡기 위해서는 왜인들의 반역사적, 패륜적 행위에 대

해 정의正義의 심판을 내려야 한다. 그래서 무엇이 정의正義이고, 무엇이 선善인지를 바로 보여 주어야 한다. 넷째, 원수를 갚고 역천逆天과 순천順天의 도리를 보여 주기 위해서는 단 한 척의 왜의 함선도 돌려보내선 안 된다. 왜냐하면 적당히 응징할 경우 이와 같은 반역사적, 패륜적 행위가 언제든지 되풀이될 수 있기 때문이다.

이것이 마지막 노량 해전에서 이순신이 진린陳璘과 협력하여 일본으로 철수하려는 소서행장의 부대를 끝까지 봉쇄하고 나아가 이를 구원하러 왔던 일본군을 필사적으로 격파하고자 했던 이유이다. 일본군에 대한 이순신의 엄청난 적개심은 바로 '정의가 승리해야 한다'는 그의 역사의식에 기초하고 있었던 것이다.

진린陳璘 도독都督과의 일화에 나타난 역사의식

명량 해전을 승리로 이끈 다음 해인 무술년(1598년) 초 명나라에서는 육군과 수군을 파병하였다. 육군 장수 유정劉綎은 묘병苗兵 1만 5천을 거느리고 소서행장 부대가 머물러 있는 여천麗天 예교曳橋의 동쪽에 진을 치고, 수군 장수 진린陳璘은 5천의 수군을 이끌고 이순신이 지휘하는 조선 수군과 연합하여 고금도古今島에 머물고 있었다.

무술년(1598년) 8월 임진왜란을 일으킨 장본인인 풍신수길이 죽고 철수 명령이 내려지자 소서행장을 비롯한 일본군의 장수들은 마음이 바빠졌다. 육지 쪽에는 명나라 장수 유정이 압박을 하고 있고, 바다 쪽에는 조 · 명 수군 연합 함대가 수시로 공격하면서 해상 봉쇄를 단행하고 있었기 때문이다. 그해 11월 소서행장은 이순신과 진린에게 화친을 청하는 한편 사람을 보내 뇌물을 바치면서 철군할 수 있도록 해상 봉쇄를 풀어 줄 것을 요청하였다. 이순신은 일언지하에 거절하였지만 명나라 수군 장수 진린 도독은 마음이 흔들렸다. 전쟁을 하지 않고 보내주면 뇌물도 받고 명나라 수군 병사들도 희생시키지 않고 온전히 데리고 돌아갈 수 있는 일거양득의 이점이 있었기 때문이었다.

이미 순천의 예교 외곽에서 대치 중이던 명나라 육군 장수 유정劉綎은 진작부터 소서행장의 뇌물을 받고 싸움을 회피하고 있었다. 뇌물을 받은 진린 도독도 마음이 흔들리고 있었다. 이순신은 진린 도독에게 싸워야 할 당위성을 논리적으로 설파하면서 그를 설득하였다.

> "'이 적들은 우리나라에 있어서는 이미 한 하늘 밑에서 살 수 없는 원수요, 또 명나라에 있어서도 역시 죽여야 할 죄를 지었는데 도독은 도리어 뇌물을 받고 화의를 하려 합니까' 하니 도독이 부끄러워하며 심부름꾼을 달래어 돌려보냈다."[118]

조선의 국토를 유린하여 임금과 사직社稷을 욕보인 일본군은 조선의 원수일 뿐만 아니라 명나라 황제에 대해서도 대역무도大逆無道한 죄를 지었는데, 뇌물을 받고 이를 화의를 하려는 것은 의리義理에 어긋난다는 것이 이순신의 지적이었다. 지적을 받은 진린은 부끄러워하며 생각을 다시 가다듬었다. 진린 또한 '의리에 죽고 의리에 살라'는 유학의 가르침으로 의식화된 명나라의 지식인이요, 고위관리였던 것이다.

그러자 소서행장은 이순신을 매수하는 것은 불가능하다고 판단, 진

린 도독을 대상으로 집중적으로 뇌물 공세를 펼쳤다. 소서행장이 진린 도독에게 칼과 말을 보내며 길을 열어 달라고 간청하자 진린 도독은 또 마음이 흔들려 "나는 우선 소서행장을 그대로 내버려 두고 먼저 남해에 있는 적을 치러 가야겠다" 하면서 해상 봉쇄를 풀어 주려고 하였다. 그러자 이순신은 "남해의 적은 모두 왜적에게 붙잡혀 가서 붙어 있는 자들이지 진짜 적이 아니오. 천자天子가 적을 토벌하라고 한 것은 우리나라 사람의 목숨을 구원하라는 것인데 그들을 되찾아올 꾀는 내지 않고 도리어 죽여 버리려 함은 무슨 일이오" 하니 도독이 비록 화를 내긴 했지만 어떻게 하지는 못했다.[119] 논리와 명분에서 이순신을 당해 낼 수가 없었던 것이다.

이순신의 위대함을 알아본 진린도 훌륭한 수군 장수였다. 결국 이순신의 설득을 받아들인 진린은 명나라 육군 장수 유정이 소서행장의 뇌물에 넘어가 싸우기를 포기하자 배를 타고 육지 가까이 가서 "나는 차라리 순천 귀신이 될망정 의리상 적을 보낼 수는 없다"[120]라고 크게 외쳤다. 이순신의 역사의식은 조 · 명 수군 연합 함대의 실질적 최고 지휘관이었던 진린陳璘을 감동시킴으로써 조 · 명 수군 연합 함대가 한마음 한뜻이 되어 노량 해전을 승리로 이끄는 데 결정적 역할을 하였다.

노량 해전은 이순신의 역사의식이 투영된 해전이다. 대부분의 접적 지역에서는 이렇다 할 전투 없이 일본군이 본토로 돌아갈 수 있었다. 반면에 조 · 명 수군 연합 함대에 의해 해상봉쇄를 당하고 있던 소서행장의 부대는 절체절명의 위기에 봉착하였다. '정의가 궁극적으로 승리해야 한다'는 역사의식을 지닌 이순신이 이들을 결코 온전히 놓아 보내 주지 않았기 때문이다. '단 한 척도, 단 한 명도 일본으로 돌려보내

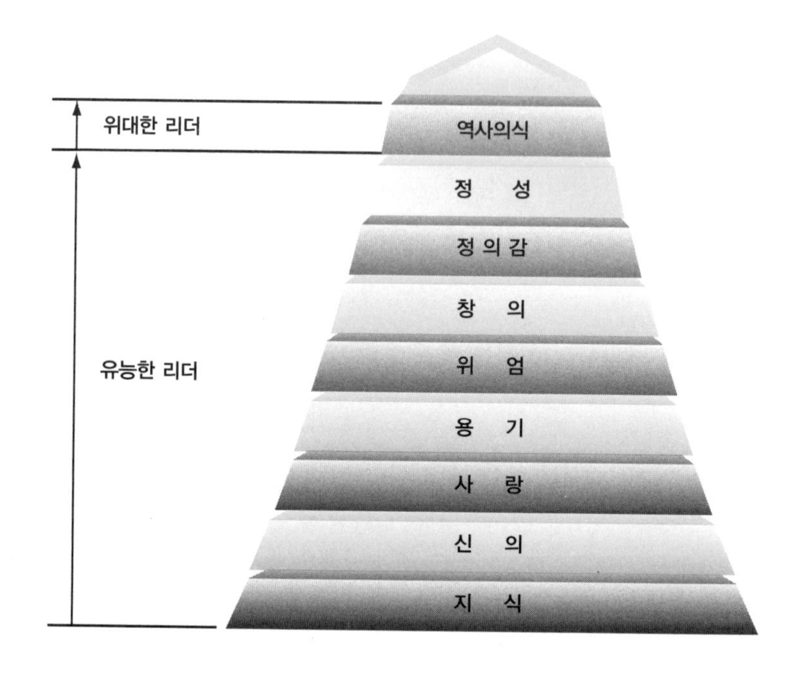

선 안 된다' 는 이순신의 결연한 전투의지는 바로 그의 역사의식에서 발로된 것이다.

전쟁에서 단순한 승리를 넘어 '정의가 승리해야 한다' 는 역사의식을 품고 있던 이순신에게 임진왜란은 동아시아의 평화를 지키고 역사의 정기精氣를 바로 세우기 위한 '정의正義의 전쟁' 이었던 것이다.

WINNIN

'한마음', 승리를 낳는 리더십

1. 처벌을 통해서라도 '한마음'이 되게 하라 | 필벌형必罰形 리더십
2. 위험에 처하면 '한마음'이 된다 | 투지망지형投之亡地形 리더십
3. 이익이 있는 곳에 '한마음'도 있다 | 이익유도형利益誘導形 리더십
4. 상賞에 신뢰감을 주면 '한마음'이 된다 | 신상형信賞形 리더십
5. 유리한 형세에서는 오합지졸도 '한마음'이 되어 싸운다 | 임세형任勢形 리더십
6. 합리적 의사소통은 '한마음'의 지름길이다 | 이성공감형理性共感形 리더십
7. 감동하면 저절로 '한마음'이 된다 | 감성공감형感性共感形 리더십
8. 리더의 솔선수범이 '한마음'의 원천이다 | 솔선수범형率先垂範形 리더십
9. 리더의 고결한 인격이 '한마음'의 주체이다 | 인격감화형人格感化形 리더십

EADERSHIP

03

리더의 고결한 인격으로부터 비롯된 병사들의 감성적 공감,
이성적 공감 경험은 리더에 대한 무한한 신뢰와 감동으로 이어진다.
리더의 인격에 감화된 병사들은 지속적으로 리더를 존경하고 추종하여
자신의 능력을 십이분 발휘할 수 있게 된다.

앞 장에서 필자는 리더십의 정의를 다음과 같이 내린 바 있다. "리더십은 리더가 구성원들에게 어떤 방식으로든 영향을 주어 자신과 '한마음 한뜻'으로 조직의 임무를 완수 – 군의 경우 승리 – 하도록 하는 원리요, 이 원리를 구현하기 위해 리더가 지녀야 하는 덕목이요, 취해야 하는 행동방식이다."

그렇다면 리더는 어떻게 부하 병사들이 자신과 '한마음, 한뜻'이 되도록 만들 수 있을까. 어떻게 부하 병사 개개인의 전투력을 극대화시켜 전쟁에서 승리할 수 있을까.

1장에서 필자는 리더십과 관련한 인간 이해를 4가지로 나누어 살펴보았다. 첫째 인간은 '이익을 좋아하는 존재'라는 것이요, 둘째 인간은 '해로운 것을 싫어하는 존재'라는 것이요, 셋째는 인간은 '이성적 존재'라는 것이요, 넷째는 인간은 '감성적 존재'라는 것이다.

이번 장에서는 이러한 인간관을 토대로 이순신이 어떻게 부하 병사들을 '한마음, 한뜻'이 되게 하여 궁극적으로 해전에서 승리하였는지를 9가지 리더십 유형을 중심으로 단계별로 살펴보기로 하겠다.

- 제1단계 처벌을 통해서라도 한마음이 되게 하라 | 필벌형 리더십
- 제2단계 위험에 처하면 한마음이 된다 | 투지망지형 리더십
- 제3단계 이익이 있는 곳에 한마음도 있다 | 이익유도형 리더십
- 제4단계 상에 신뢰감을 주면 한마음이 된다 | 신상형 리더십

- 제5단계 유리한 형세에서는 오합지졸도 한마음이 된다 | 임세형 리더십
- 제6단계 합리적 의사소통은 한마음의 지름길이다 | 이성공감형 리더십
- 제7단계 감동하면 저절로 한마음이 된다 | 감성공감형 리더십
- 제8단계 리더의 솔선수범은 한마음의 원천이다 | 솔선수범형 리더십
- 제9단계 리더의 고결한 인격은 '한마음'의 핵심주체이다 | 인격감화형 리더십

제1, 2단계는 해로운 것을 싫어하는 인간의 속성을 활용한 것으로 이 단계는 강압적이고 강제적인 방법으로 병사들의 전투력을 십분 발휘하도록 유도하는 리더십이다. 제3, 4, 5단계는 이익을 좋아하는 인간의 속성을 활용한 것으로, 이익이라는 동기부여를 통해 최상의 전투력을 발휘하도록 유도하는 것이다. 제6단계는 인간은 이성적 존재라는 인식을 전제로 한다. 제7, 8단계는 인간은 감성적 존재라는 특성을 활용하여 자발적으로 최상의 전투력을 발휘하도록 유도하는 리더십이다. 제9단계는 리더의 고결한 인격에 기초하여 모든 인간관에 걸쳐 발휘되는 리더십이다. 제9단계는 리더의 말과 행동, 능력에 대한 무한한 존경심과 신뢰감으로부터 유발되는 리더십으로, 최고 단계의 리더십이다.

제1단계부터 5단계 까지는 해로운 것을 싫어하고, 이익을 좋아하는 인간관에 기초하여 타율적, 조건적으로 전투력을 이끌어 내는 리더십 유형이며, 제6단계부터 제9단계까지는 감성적, 이성적 공감 등에 기초

하여 자율적, 무조건적으로 전투력을 이끌어 내는 리더십 유형이다. 리더십의 9가지 단계는 강제에서 자율로, 조건에서 무조건으로, 저차원에서 고차원의 방향으로 그 순서를 배정하였다.

● 4가지 인간관에 기초한 9단계 리더십 유형 ●

단계	인간관	리더십 유형	비고
1	해로운 것을 싫어하는 존재	처벌을 통해서라도 한마음이 되게 하라	타율적 조건적 행위 유발
2		위험에 처하면 한마음이 된다	
3	이익을 좋아하는 존재	상에 신뢰감을 주면 한마음이 된다	
4		이익이 있는 곳에 한마음도 있다	
5		유리한 형세에서는 오합지졸도 한마음이 된다.	
6	이성적 존재	합리적 의사소통은 한마음의 지름길이다	자율적 무조건적 행위 유발
7	감성적 존재	감동하면 저절로 한마음이 된다	
8		리더의 솔선수범은 한마음의 원천이다	
9	인간관 종합	리더의 고결한 인격은 한마음의 핵심주체이다	

WINNING LEADERSHIP **01**

처벌을 통해서라도 '한마음'이 되게 하라

_ 제1단계 필벌형必罰形 리더십

제갈공명이 아들처럼 아꼈던 젊은 장수 마속馬謖이 명령을 이행하지 못하자 눈물을 흘리며 그를 처형했다는 데서 유래한 '읍참마속泣斬馬謖'의 이야기는, 처벌은 사전 약속에 따라 반드시 시행되어야[必罰] [1] 효과가 있음을 잘 설명해 준다. 처벌에 대한 두려움은 때로 명령의 온전한 수행을 위해서 최상의 전투력을 발휘하는 힘이 되기도 한다.

앞서 『사기열전』에서 소개된 손자孫子의 사례에서 본 것처럼 처벌에 대한 두려움은 연약한 궁녀조차도 단시간 내에 리더의 명령을 철저히 따르는 정예 병사로 만든다. 병사들의 생명과 국가의 존망이 달려 있는 전쟁터에서 리더는 승리를 위해, 부대의 임무를 달성하기 위해 강제로라도 병사들의 전투력을 최상으로 만들어야 하는 상황에 직면한다. 군대사회에서 명령과 복종 사이에 강제성을 허용하는 것은 군의 임무가 개인의 이익 추구나 기업의 이윤 창출과는 달리 국가를 보위하고 국민의 생명 및 재산을 보호한다는 대의명분을 지니고 있기 때문이다.

철저한 전쟁 준비를 위해 처벌도 불사하다

임진왜란 발발 1년 2개월 전인 1591년辛卯年 2월 정읍 현감에서 전라좌수사로 발탁된 이순신에게는, 결과론적 이야기지만, 주어진 시간이 그리 많지 않았다. 그러나 종6품인 정읍 현감에서 정3품인 전라좌수사로 발탁된 이순신의 마음속에는 전쟁 준비를 철저히 해야 한다는 생각 밖에 없었다. 임금인 선조가 자신을 왜 전라좌수사로 임명했는지를 잘 알고 있었기 때문이었다.

부임하자마자 이순신은 전라좌수영 소속의 고을 및 포구에 대하여 병사들의 해이해진 군기를 바로 잡았다. 다음은 《난중일기》를 쓰기 시작한 임진년(1592년) 1월의 일기 내용이다.

"방답의 병선 군관과 색리들이 병선을 수선하지 않았기로 곤장을 때렸다. 우후虞侯 가수假守들도 역시 검칙檢飭하지 않기를 이렇게까지 했으니 해괴하기 이를 데 없었다. 제 한 몸 살찌울 일만 하고 이런 일을 돌아보지 않으니 앞날의 일도 역시 짐작하겠다. 성 밑에 사는 토병 박몽세가 석수랍시고 돌 뜨는 데로 가서 이웃 집 개에게까지 폐해를 끼쳤기에 곤장 80대를 때렸다."[2]

"여러 가지 전쟁 방비에 결함이 많으므로 군관과 색리들에게 벌을 주

고 첨사僉使를 잡아들이고 교수를 내어 보냈다."[3]

"아침 먹은 뒤에 나가 무기를 검열해 보니 활, 갑옷, 투구, 화살통, 환도 등도 깨지고 헐어서 볼품없이 된 것이 많았으므로 색리色吏와 궁장弓匠, 감고監考들을 처벌했다."[4]

단시일 내 전라좌수영 관할 소속 부대의 전투 준비 태세 수준을 올려 일본군의 침략에 대비하기 위해서는 순시와 검열, 그리고 결과에 대한 엄정한 문책과 처벌밖에 다른 방도가 없었다. 불멸의 명장名將 이순신도 이런 상황에선 어쩔 수 없이 엄격한 처벌을 단행하였던 것이다.

도망자, 식량을 훔친 자는 반드시 처형한다

임진년(1592년) 4월 15일 이후 이순신이 순국할 때까지는 전시 상황이었다. 조선 육군의 연이은 패배 소식으로 민심은 흉흉하고 병사들의 마음도 한결같지 않자 이순신은 일벌백계一罰百戒를 통해 명령 위반이나 군무 이탈에 대해 경종을 울린다.

전쟁이 장기화되자 전라좌수영의 군사나 격군들이 도망가는 일과 양식을 도둑질해 가는 일 등이 빈번히 발생하였다. 이순신은 도망간 병사나 격군들에 대해서는 특히 엄정하게 군율을 적용하여 반드시 처형함으로써 요행이 목숨을 건져 보려는 마음을 아예 갖지 못하도록 하였다. 도망가다 잡혀 죽느니 어렵지만 차라리 열심히 근무하는 편이 낫다는 생각이 들도록 하기 위함이었다.

"이 날 경상도에서 옮겨 온 공문에 포로가 되었다가 돌아온 김호걸과 나장 김수남 등 명부에 올린 해군 80여 명이 도망갔다고 하며, 또 뇌물을 많이 받고 잡아 오지 않았다고 하므로, 군관 이봉수와 정사립 들을 비밀히 보내 70여 명을 찾아서 잡아다가 각 배에 나눠 주고, 김호걸과 김수남은 그날로 처형했다."[5]

"늦게 녹도 만호(송여종)가 도망간 군사 8명을 잡아 왔는데, 그중 괴수 3명은 처형하고 나머지는 곤장을 때렸다."[6]

"흥양 보자기 막동이란 자가 장흥長興 군사 30명을 그의 배에 싣고 도망간 죄로 사형에 처하여 효시梟示했다."[7]

군량을 여러 번 훔친 자에 대한 처벌도 예외 없이 매우 엄격하게 집행되었다. 전쟁을 수행하는 데 있어서 군량은 곧 생명줄과 같은 것이다. 이순신은 식량을 훔치는 자에 대해서는 거의 도망자에 준하는 수준의 강한 처벌을 단행하였다.

"각 배에서 여러 번 양식을 도둑질해 간 자를 처형하였다."[8]

"일찍 수루에 나가 남평南平의 색리色吏와 순천의 격군으로 세 번이나 군량을 훔친 자를 처형했다."[9]

뿐만 아니라 약속을 지키지 않는 고을의 지휘관에 대해서는 예외 없이 곤장을 때렸다. 두 번씩이나 제 기일에 도달하지 못한 하동 현감에 대해 죄를 물어 곤장 90대를 때리고, 해남 원의 경우 10대를 때렸다[10]는 기록 등으로 보아, 명령을 어길 경우 부하 장수들에 대해서도 어김

없이 엄격한 처벌이 뒤따랐다. 심지어 군법을 두 번 어겨 처형했다는 기록도 있다.[11]

형벌을 강화하여 와해된 군기를 확립하다

전쟁이 발발한 임진년(1592년) 이후 이순신이 형벌을 강화하기 시작하는 것은 칠천량 해전의 패배 이후 다시 삼도 수군통제사에 임명된 직후부터이다. 정유년(1597년) 8월 3일 이순신은 삼도 수군 통제사 임명서를 받았는데 이때는 수군 조직이 거의 와해된 상태였다. 사실 경상우수사 배설이 이끌고 온 10여 척의 전선에 타고 있는 조선 수군의 장수와 병사들은 칠천량 해전에서 살아남은 탈출자들이다. 그러나 또 한편으로는 통제사 원균까지도 전사한 해전에서 최선을 다해 싸우지 않고 회피해 온 도망자들이기도 하다. 따라서 군기軍紀가 말이 아니었다. 명량 해전이 있기 14일 전인 9월 2일 이들을 이끌고 온 경상우수사 배설裵楔이 도망갔다는 것은 이를 반증해 준다. 그는 통제사 다음인 조선 수군 서열 2위에 있는 자였다.

통제사에 재임명된 이순신이 정유년(1597년) 8월 13일 보성에 도착하자 거제 현령 안위, 발포 만호 소계남 등은 보러 왔는데, 정작 경상우수영의 참모장 격인 우후 이몽구李夢龜는 얼굴을 보이지 않았다. 다음 날인 8월 14일 아침 이순신은 이몽구를 잡아다 곤장 80대를 때렸다. 8월 17일에는 회령포에 도착하여 군량을 도둑질해 가는 하급 관리를 잡아다 호되게 곤장을 쳤다. 8월 19일에는 배멀미를 핑계로 영접하지도 않고, 탈 배도 보내지 않은 경상우수사 배설을 대신하여 그를 보좌하는 관리를 불러다 곤장을 쳤다. 또한 회령포 만호 민정붕閔廷鵬이 사사로이 피난민에게 수군의 물건을 준 죄로 곤장 20대를 때렸다.

8월 24일 이순신의 조선 수군 함대는 해남의 이진梨津으로부터 어란포 앞바다로 옮겨 정박하고 있었다. 일본 수군이 계속해서 이순신 함대를 뒤쫓고 있는 아주 절박한 상황이었다. 그다음 날인 8월 25일 이런 상황을 틈타 백성들 중에 소를 훔치는 일이 있었다. 《난중일기》에 다음과 같이 적혀 있다.

> "아침을 먹을 때, 당포의 보자기가 놓아 먹이던 소를 훔쳐 끌고 가면서 왜적이 왔다고 헛소문을 퍼뜨렸다. 나는 이미 그것이 거짓임을 알고 헛소문을 퍼뜨린 두 명을 잡아 곧 목을 효시하게 하니 군중의 인심이 크게 안정되었다."[12]

칠천량 해전에서 패배한 이후 수습한 조선 수군의 잔여 병력으로 해전을 준비하는 이순신의 심정은 매우 곤혹스럽고 절박하였으리라. 이런 절체절명의 상황에서는 군심軍心과 민심民心을 안정시키는 일이 무엇보다도 중요한 일이였기 때문에 이순신은 처형이라는 극단적인 방법을 단행함으로써 백성들과 병사들의 정신적 해이를 극복하였던 것이다.

WINNING LEADERSHIP 02

위험에 처하면 '한마음'이 된다

_제2단계 투지망지형投之亡地形 리더십

손자병법에 "병사들은 위험한 곳에 투입한 연후에야 보존할 수 있으며, 사지死地에 빠지게 한 연후에야 살릴 수가 있다"[13]라고 한 구절이 있다. 제2단계인 '투지망지형投之亡地形 리더십'은 '병사들을 살아나기 어려운 망지亡地에 던져 놓아' 병사들이 살기 위해 어쩔 수 없이 죽기를 각오하고 열심히 싸우도록 유도하는 방법이다. 죽음이라는 가장 큰 해로움을 피하려는 인간의 속성을 응용한 것이다.

명량 해전이 있기 하루 전인 정유년(1597년) 9월 15일 《난중일기》에 보면 '죽기를 각오하고 싸우면 살 수 있다'는 구절이 보인다. 이순신이 부하 장수들을 모아 놓고 한 훈시의 내용이다. 그런데 하나 밖에 없는 목숨을 바쳐 가며 죽기를 각오하고 싸운다는 것은 말처럼 그렇게 쉬운 일이 아니다. 중요한 것은 어떻게 해야 부하 병사들이 죽기를 각오하고 싸우느냐 하는 것이다. 과연 어떻게 해야 생을 좋아하고 죽음을 싫어하는 속성을 지닌 병사들이 죽음을 무릅쓰고 싸울까.

한 배를 탄 공동운명체

임진왜란 당시 수군은 일종의 천역賤役이었다. 따라서 그들에게 나라에 대한 충성이나 임금에 대한 자발적 사랑을 요구하는 것은 무리였다. 이순신은 당시 조선 수군 병사들의 군기軍紀나 사기士氣에 대해 다음과 같이 평가하였다.

> "우리나라 사람들은 10명 중에 8, 9명이 겁쟁이이고, 용감한 자는 10명 중에 1, 2명에 불과합니다. (이들이) 평시에는 구별되지 않고 서로 섞여 있다가 무슨 소리가 나면 문득 도망쳐 흩어질 생각만 하여 놀라 엎어지고 자빠지며 다투어 달아납니다. 비록 그 안에 용감한 자가 있더라도 홀로 흰 칼날을 무릅쓰고 죽기를 각오하고 돌격하여 싸울 수 있겠습니까."[14]

우리나라 사람 대부분을 겁쟁이라고 본 이순신의 평가가 자못 흥미롭다. 그러나 엄밀히 말하면 하나밖에 없는 목숨이 위태로운 상황에서 어떤 동기부여가 되지 않을 경우 죽음을 무릅쓰고 용감히 싸울 병사는 그 어느 나라에도 없을 것이다.

그런데 해전海戰에서는 육전陸戰과 다른 전투 환경이 조성된다. 육전

에서는 겁이 나고 불리할 경우 도망갈 곳이라도 있지만 배를 타고 싸우는 해전에서는 회피하거나 숨을 곳이 없다. 해전의 전장 환경적 특성에 대해 이순신은 과연 어떻게 생각하고 있었을까.

> "해전에서는 많은 군졸들이 모두 배 안에 있으므로 적선을 바라보고 비록 달아나려 해도 도리가 없는 것입니다. 하물며 노를 재촉하는 북소리가 급하게 울릴 때, 만약 명령을 위반하는 자가 있으면 군법이 뒤를 따르는데, 어찌 마음과 힘을 다하여 싸우지 아니하겠습니까."[15]

함정은 그 자체가 배수진이요, 승리하지 못할 때는 모두가 함께 죽어야 하는 사지死地이자 망지亡地라는 것이 이순신의 생각이다. 따라서 같은 배를 타고 있는 수군 병사들은 생사生死를 함께할 수밖에 없는 공동운명체이기 때문에 살기 위해서는 죽기를 각오하고 싸울 수밖에 없다는 것이다. 육군이나 공군과는 다른 해군 전장의 환경적 특성을 이순신은 정확히 이해하고 있었던 것이다.

당시 조선 수군의 격군格軍이나 사부射夫들은 강제로 징발된 오합지졸이었다. 이런 병사를 데리고 육전을 치르는 것은 효율성이 떨어지지만 해전에서는 장수가 병사들의 소질과 능력에 따라 잘만 지도하면 오합지졸도 정예 병사처럼 한마음이 되어 싸울 수 있다는 것이 이순신의 수군 옹호 논리였다.

임진년(1592년) 다음해인 계사년(1593년)에 윤11월에 이르러 조선의 조정에서는 육군의 병사 징발을 부대별로 할당하였다. 전라좌수영에는 4천 명이 배당되었는데 이는 전라좌수영 수군 전체에 해당하는 인원이었다. 이순신은 조정에 "수군소속 정예 병사 1명은 100명을 대적할 수 있다"[16]는 논리를 내세워 수군 소속 고을에서는 육전을 위한 병사 징발을 하지 말도록 요청하는 장계를 올렸다. 임진년(1592년)의 4차례에 걸친 출동을 통해 이순신은 이미 이와 같은 사실을 입증한 바 있었기 때문에, 조정에서는 이런 건의를 받아들이지 않을 수 없었다.

안위야, 네가 군법에 죽고 싶으냐?

이순신이 벌인 해전 가운데 가장 어려운 해전이 명량 해전이었다. 절대 열세의 상황에서 해전을 치를 수밖에 없었던 조선 수군 병사들에게 울돌목 주변은 이미 망지亡地요 사지死地였다. 여러 겹으로 둘러싸며 공격해 오는 일본의 함선을 보는 조선의 수군 병사들의 얼굴빛은 까맣게 질렸다. 이순신은 이미 하루 전에 여러 장수들을 불러 놓고 "죽기를 각오하고 싸우면 살고, 살려고 꾀를 내고 싸우면 죽는다"[17]는 병법을 인용하면서 죽기를 각오하고 싸울 것을 약속하였다. 아울러 "너희 여러 장수들이 조금이라도 명령을 어긴다면 군율대로 시행해서 작은 일일망정 용서치 않겠다"[18]고 엄히 영令을 내린 터였다. 그러나 장수들은 절대 열세의 해전이라는 것을 스스로 알고 낙심하여 회피할 꾀만 내고 있었다.

이순신은 다급했다. 부하 장수들을 질책하기 위해서는 후퇴하여 그들이 탄 함선에 가까이 가야 하는데 그렇게 되면 적들이 기세를 타고 몰려들 것이기 때문이었다. 이순신은 기旗를 이용한 신호를 통해 중군

장 김응함과 거제 현령 안위를 불렀으며 그들이 가까이 오자 직접 뱃전에 서서 꾸짖기를 "안위야, 네가 군법에 죽고 싶으냐? 네가 군법에 죽고 싶으냐? 도망간다고 어디 가서 살 것이냐"[19] "너는 중군中軍으로서 멀리 피하고 대장을 구하지 않으니 죄를 어찌 면할 것이냐? 당장 처형할 것이로되 적세가 급하므로 우선 공을 세우게 한다"[20]고 하여 그들 스스로 사지死地에 처해 있음을 상기시켰다. 그들이 군법에 의해 처형되는 것을 모면하는 길은 죽기를 다해 싸워 전공을 세우는 길밖에 없었다.

중군장 김응함과 거제 현령 안위는 이후 죽음을 무릅쓰고 적의 함선으로 돌격하여 공격하게 되는데 결국 이들의 용전분투가 명량 해전을 승리로 이끄는 데 결정적 역할을 하였다. 거제 현령 안위는 이 공로로 통정대부通政大夫를 제수받았다.

그들은 군율을 어긴 죄로 처형되느니 차라리 왜적과 싸우다 죽는 것이 명예롭다는 판단을 즉각적으로 내리고 적진 속으로 돌진해 들어갔다. 이순신의 평소의 엄격한 군율 집행이 명량 해전과 같은 급박한 전투 상황 속에서 진가를 발휘하였던 것이다.

WINNING LEADERSHIP 03

이익이 있는 곳에 '한마음'도 있다

_제3단계 이익유도형利益誘導形 리더십

손자병법에 "이익으로써 병사들이 전투력을 발휘하도록 유도한다〔以利動之〕"는 말이 있다. 앞에서 살펴본 제1, 2단계가 해로운 것을 싫어하는 인간의 속성을 응용한 것이라면 제3단계는 이익을 좋아하는 인간의 속성을 응용한 것이라고 볼 수 있다. 인간은 이익을 위해서라면 하나밖에 없는 목숨이 위태로워지는 것도 마다하지 않을 정도로 강력한 이기적 욕망을 가지고 있다고 한다. 인간의 무한한 이기적 욕망은 종종 불을 너무나 좋아하여 자신이 타 죽을 줄도 모르고 뛰어드는 불나방의 속성에 비유되곤 한다.

노획한 전리품을 나누다

손자병법에 "병사들이 적의 재물을 취하는 것은 재화 때문이다"[21]라고 하였다. 그러므로 "전투 중에 전차 10대 이상을 노획한 병사에게는 포상을 하여야 한다"[22]고 하였다. 왜냐하면 "적에게서 재화를 얻을 경우 반드시 그 병사에게 포상을 내린다면 병사들이 모두 욕심이 생겨 열심히 싸울 것"[23]이기 때문이다.

이순신은 손자병법에서 제시하고 있는 리더십의 원리를 십분 활용하였다. 그는 매 해전마다 노획한 전리품 목록을 상세히 기록하여 조정에 보고하였으며 사소한 것들은 현장에서 부하 장병들에게 나누어 주었다. 이순신은 어떻게 해야 부하 장병들이 한마음, 한뜻으로 열심히 싸우는지를 정확히 알고 있었다. 장계에서 이를 확인해 본다.

> "왜선에 실렸던 왜의 물건은 모두 찾아내 다섯 칸 창고에 가득히 채우고도 남았으며, (중략) 왜선에 실려 있던 물건 중에 우리가 먹을 만한 쌀 300여 석은 여러 전선의 굶주린 격군과 사부들의 양식으로 적당히 나누어 주고, 의복과 목면 등의 물건도 군사들에게 나누어 주어서 적을 무찔러 이익을 얻으려는 마음을 일으키게 할까 하오나, 먼저 조정의 조치를 기다립니다."[24]

이순신은 노획한 전리품들을 부하 장병들에게 나누어 주면 병사들이 이익을 얻으려는 마음에 차후 전투에서 더욱 열심히 싸운다는 사실을 들어, 그렇게 할 수 있도록 허락해 달라는 건의를 조정에 올렸다.

아마도 조정으로부터 허락을 받았던지, 그다음에 벌어진 당포 해전의 승리를 보고하는 장계에서는 이를 이미 실행에 옮기고 있음을 확인할 수 있다.

> "왜적들의 물품 중에 별 관계없는 왜인의 의복, 미곡, 포목 등 물품은 군사들에게 나누어 주기도 하고, 혹은 군사들에게 먹이고, 왜적의 군용 물품 중에 가장 중요한 것은 뽑아내어 별지에 기록하오며……."[25]

또한 전투가 없을 때는 해전에서 노획한 적의 물품을 활쏘기 시합에서 우수한 성적을 올린 부하 병사들에게 나누어 주기도 하였다.[26] 전투 의욕을 고취시켜 병사 개개인의 전투력을 극대화시키기 위한 방편에서였다.

공功이 있는 자는 반드시 후사하라

《난중일기》에 적의 정황에 대해 보고해 준 백성들에게 이순신이 선물을 주는 기록이 보인다.

> "웅천 사람으로 잡혔던 박녹수, 김희수가 와서 얼굴을 보이며, 적의 정황에 대해 말해 주었으므로 각각 무명 1필씩 주어 보냈다."[27]

정보는 승리할 수 있는 작전 계획을 세우는 데 필요한 1차적 요소이

다. 이순신은 적의 소굴에 있다 빠져나온 백성들이나 항복한 일본인들로부터 작전에 매우 중요한 정보를 얻곤 했는데, 정보 제공자에게는 반드시 대가를 지불하였다. 그러자 이순신의 주변에는 일본인들의 정세에 대해 보고하는 백성들이 줄을 이었다.

"부산에서 빠져 나온 4명이 '심유경沈惟敬이 소서행장小西行長, 현소玄蘇 사택정성寺澤正成, 소서비小西飛와 함께 이 달 16일에 새벽 바다를 건너갔다'는 정보를 제공하기에 양식 3말을 주어 보냈다."[28]

정보를 제공한 백성들에게 포상하는 것은 그들이 자진해서 정보를 제공하도록 유도하기 위한 것이었다. 이순신은 정보 획득과 분석에 탁월한 재능을 지니고 있었다. 그가 일본군의 정보를 획득하여 주기적으로 조정에 보고할 수 있었던 것은 이와 같이 이익을 좋아하는 백성들의 속성을 이용한 리더십 덕분이었다.

이순신의 진영에는 항복한 일본인들이 꽤 많이 있었던 것 같다. 이순신은 일본인이라 하더라도 잘못을 뉘우치고 항복해 오면 조선 사람처럼 잘 대우해 주었다.

"늦게 대청에 나가서 서류를 처결한 다음 투항한 왜인들에게 술과 음식을 먹였다."[29]

"항복한 왜인 8명과 그들을 인솔해 온 김탁 등 2명이 같이 오므로 술을 먹였다. 그리고 김탁 등에게는 각각 무명 1필씩을 주어 보냈다."[30]

이순신은 항복한 일본인들을 인솔한 사람들에게까지 포상함으로써 병사들과 백성들의 사기를 북돋았다.

이익을 추구하는 병사들과 백성들의 속성을 활용한 '이익유도형 리더십'은 동서고금을 막론하고 리더십의 보편적 방법으로 채용되었다. 다음에 살펴볼 '신상형信賞形 리더십'도 따지고 보면 넓은 의미의 '이익유도형 리더십'에 포함된다. 만물의 영장인 사람도 자신의 이익을 중심으로 행동하는 일반적 특성을 지닌다. 비록 무한한 이기적 욕망을 극복할 수 있는 잠재적 역량이 있다손 치더라도 그것의 구현은 사람마다 다르다. 또한 목숨이 오가는 전장의 상황에 직면한 병사들의 경우 생명에 대한 애착을 극복하기란 매우 어렵다. 따라서 리더십을 잘 발휘하기 위해선 인간을 살신성인殺身成仁할 수 있는 위대한 존재가 아닌 무한한 이기욕구체로도 보는 시각을 지녀야 한다.

WINNING LEADERSHIP 04

상賞에 신뢰감을 주면 '한마음'이 된다

_제4단계 신상형信賞形 리더십

'신상형信賞形 리더십'은 이익을 좋아하는 '이익유도형 리더십'을 응용한 것으로 이익의 표상인 상賞에 신뢰감을 주어 동기부여를 극대화하는 방법이다.

죽을 각오로 힘껏 싸운 자를 제1의 공로자로 삼겠다

임진년(1592년) 제1차 출동을 모두 승리로 이끈 이순신은 부하 장수들 및 병사들에게 "공로와 이익을 탐내어 서로 다투어 먼저 적의 머리를 베려 하다가는 도리어 해를 입는 사상자가 많아지는 정례가 있으므로 사살한 뒤에 비록 목을 베지 못하더라도 힘써 싸운 자를 제일의 공로자로 논하겠다"[31]고 약속하였다.

실제로 임진년(1592년) 초기 해전에서 조선 수군은 왜적의 머리를 베는 데 많은 시간과 힘을 소비하였다. 심지어는 이순신 휘하의 전라좌수영 수군과 원균 휘하의 경상우수영 수군이 왜적의 머리 베는 일로 다투는 일도 있었다. 그 이유는 조정에서 논공행상論功行賞의 과정에서 전과戰果에 대한 증거주의가 채택되고 있었기 때문이다.

다음의 '제2차 당포 · 당항포 등 네 곳의 승첩을 알리는 계본'과 '제3차 한산도 승첩을 알리는 계본'의 내용은 이순신이 포상에 대한 신뢰성 정립을 위해 얼마나 노력하였는지를 잘 보여 준다.

> "당초 약속할 때 비록 목을 베지 못해도 죽기를 각오하고 힘껏 싸운 자를 제1의 공로자로 정한다고 하였으므로 힘껏 싸운 여러 사람들은 신臣이 직접 등급을 결정하여 1등으로 기록하였습니다."[32]
>
> "여러 장수와 군사들이 분연히 몸을 돌보지 않고 처음부터 끝까지 힘껏 싸워 여러 번 승첩하였습니다만 조정이 멀리 떨어져 있고 길이 막혔습니다. 군사들의 공훈 등급을 만약 조정의 명령을 기다린 뒤에 결정한다면 군사들의 심정을 감동하게 할 수 없으므로 우선 공로를 참작하여 1, 2, 3등으로 별지에 기록하였사옵니다. 당초의 약속과 같이 비록 머리를 베지 않았다 하여도 죽을힘을 다해 싸운 사람들은 신이 직접 본 것으로써 등급을 나누어 결정하고 함께 기록하였습니다."[33]

이순신은 논공행상에 대한 기준을 분명히 부하 병사들에게 숙지시켰다. 그것은 목을 베는 것이 중요한 것이 아니라 얼마나 최선을 다해

서 적선을 격파했고 그래서 전쟁 승리에 기여했는지가 기준이었다. 그리고 자신이 제시한 기준대로 포상이 이루어질 수 있도록 조정에 장계하였다. 그것은 부하 장수들과의 약속에 대한 실천을 통해 포상에 대한 믿음을 주기 위한 것이었다.

방답 첨사 이순신의 포상을 청하다

이순신은 사전 약속에 따라 자신이 직접 보고 정한 1, 2, 3등급대로 포상해 주기를 조정에 장계하였다. 그러나 사전 약속에 따라 비록 적의 목을 베지는 않았지만 적을 사살하는 데 주력한 방답 첨사 이순신李純信이 포상에서 제외되었다. 증거주의를 채택하고 있는 조정에서 그의 공을 인정하지 않았던 것이다. 아마도 방답 첨사 이순신의 전공을 기록한 장계 내용에 그가 사살한 일본군의 숫자가 없었거나 다른 장수들보다 적었기 때문이리라. 이렇게 되자 이순신은 즉시 장계를 다시 올려 방답 첨사 이순신에게 포상해 줄 것을 조정에 건의한다.

> "방답 첨사 이순신은 변방 수비에 온갖 힘을 다하고 사변이 일어난 뒤에는 더욱 부지런히 힘써 네 번 적을 무찌를 적에 반드시 앞장서서 공격하였으며, 당항포 접전 시에는 왜장을 쏘아 목을 베어 그 공로가 월등할 뿐만 아니라, 다만 사살하는 데만 전력하고 목 베는 일에는 힘쓰지 않았으므로 그 연유를 들어 별도로 장계하였는데, 이번 포상의 문서에 홀로 순신의 이름이 들어 있지 않은 바, …… 권준 이하 여러 장수들은

당상으로 승진되었으나, 오직 이순신만이 임금의 은혜를 입지 못하였으므로, 이제 조정에서 포상하라는 명령을 내리시기를 엎드려 기다리오니, 사실대로 잘 아뢰어 주소서."[34]

결과적으로 방답 첨사 이순신李純信의 경우 목 베는 일보다는 적선을 격파하고 사살하는 데 주력하라는 직속상관 이순신李舜臣의 명령을 가장 충실히 이행한 장수였다. 그런 그가 목을 벤 수가 다른 장수보다 적다는 이유로 포상에서 누락되자 이순신은 다시 장계를 올려 이를 바로잡고자 한 것이다. 지휘관이 부하 장수들과 한 약속이 지켜지지 않을 경우 그것은 상賞에 대한 믿음뿐만이 아니라 지휘권에 막대한 타격을 준다는 것은 상식에 속하는 일이다.

이러한 노력을 통해 이순신은 수사水使로서의 권위를 확보하였으며, 포상에 대한 믿음을 통해 부하 장수들의 전투의욕을 고취시켰다. 포상에 대한 신뢰감이야말로 부하 장졸들이 리더와 '한마음, 한뜻'이 되어 자신의 전투력을 극대화할 수 있는 리더십의 중요한 방법임을 보여 주는 대목이다.

여도 만호 김인영의 포상을 청하다

여도 만호 김인영은 임진년(1592년)부터 이순신과 함께 해전에 참여하여 공을 세운 장수이다. 비록 순천 부사 권준, 방답 첨사 이순신李純信, 흥양 현감 배흥립, 녹도 만호 정운, 광양 현감 어영담 등 의형제 같은 5

인의 부하 장수들을 제외하고는 이순신과 가장 많은 시간을 함께한 장수이다. 첫 해전인 옥포 해전에서 척후장의 임무를 맡아 옥포에 왜적선이 있음을 신기전神機箭을 쏘아 맨 처음 알린 장수가 김인영이다. 그런 김인영이 공을 세운 것에 비해 조정의 포상이 미흡하다고 생각했던지 갑오년(1594년) 3월 조정에 포상해 줄 것을 건의하는 장계를 올린다.

"전라 좌도에 소속된 여도 만호 김인영은 사변이 일어난 초기부터 분발하여 제 몸을 돌보지 아니하고 여러 번 큰 싸움을 겪을 때마다 언제나 앞장서서 적의 목을 벤 것도 많건만, 훈련부장에 승진되었을 뿐이니 다른 사람의 예와는 같지 않은 것입니다. 전후의 전공을 상고하시어 발포 만호 황정록의 예에 의하여 표창을 내리셔서 다른 사람들을 격려해 주시기를 아뢰옵니다."[35]

임진년(1592년) 네 차례의 출동에 모두 참여하여 공을 세웠는데도 불구하고 김인영이 훈련부장에 승진하는 것으로 그친 것은 형평성에 맞지 않는다는 것이 이순신의 논리이다. 김인영은 이 장계 직후에 벌어진 당항포 해전에서 일본의 대선 1척과 중선 1척을 분멸하는 공을 세운다. 전라좌수군에서 조방장을 맡고 있던 전 광양 현감 어영담에 이어 두 번째에 해당하는 전과였다. 통제사 이순신의 포상에 대한 신뢰감이 김인영을 그토록 열심히 싸우게 한 것이다. '상賞에 신뢰감이 있으면 한마음이 된다'는 것을 반증하는 좋은 사례가 아닐 수 없다.

의병장, 승장들의 포상을 청하다

임진왜란이 발발한 이후인 임진년(1592년) 8월경 이순신은 절에 숨어 있는 스님들을 적발하여 부족한 병력에 충당할 것을 각 고을에 지시하였다. 이런 소문을 듣고 오히려 자진해서 스님들이 모여들기 시작하여 임진년(1592년) 9월경에는 400여 명이나 되었다. 승장僧將에 임명된 스님들만 해도 순천의 삼혜三慧 스님, 흥양의 의능義能 스님, 광양의 성휘性輝 스님, 광주의 신해信海 스님, 곡성의 지원智元 스님 등 5명이나 되었다. 또한 이때 스님들과 함께 스스로 모여든 의병에는 구례에 사는 방처인, 광양에 사는 강희열, 순천에 사는 성응지 등이 있었다.

이순신은 처음에는 이들을 육지의 주요 방어진지나 성에 파견하여 육전에 종사하게 할 작정이었는데, 조정에서 돌아가려는 적을 해전을 통해 한 척도 남김 없이 격파하라는 지시가 있자 수군에 소속시켜 해전에 투입시켰다. 의병장 성응지와 승장 삼혜, 의능 등에게는 전선을 나누어 주었다. 해상 의병, 해상 승병이 탄생하는 순간이었다.

다음은 임진왜란 발발 3년째 되는 해인 갑오년(1594년) 3월에 이순신이 조정에 보낸 장계이다.

"수군을 자진해서 모집하여 들어온 의병장 순천 교생 성응지成應祉와 승장 수인守仁, 의능義能 등이 이번 전란에 제 몸의 편안을 생각하지 않고 의기義氣를 발휘하여 군병들을 모집하여 각각 300여 명을 거느리고 나라의 치욕을 씻으려 하였는 바, 참으로 칭찬할 만한 일입니다. 뿐만 아니라, 수군의 진중에서 2년 동안 스스로 군량을 준비하여 이곳저곳에

나누어 주면서 간신히 양식을 이어 대는데, 그 부지런함과 고생스런 모습은 군관들보다 배나 더하였으되, 조금도 수고로움을 마다하지 않고 지금까지 부지런할 따름입니다. 일찍이 싸움터에서 적을 무찌를 때에도 뛰어난 공로가 현저하였으며, 그들의 나라를 위한 분발심은 시종 변하지 않으니 더욱 칭찬할 만한 일입니다. 위에 적은 성응지性應祉, 승장僧將 수인, 의능 등을 조정에서 각별히 표창하여 뒷사람들을 격려하여야겠습니다."[36]

의병과 승병들은 어떤 보상을 바라고 지원한 것이 아니고 나라의 치욕을 씻자는 의로운 의도로 자진해서 모여든 사람들이다. 그렇더라도 이순신은 나라를 위해 애쓰고, 고생한 사람은 국가에서 반드시 보상해야 한다는 생각을 가지고 있었다. 그래야만 후세 사람들에게 격려가 되어 나라가 어려움에 처하였을 때 많은 사람들이 적극적으로 참여할 수 있는 동기부여가 된다는 생각에서였다.

이순신은 나라를 위해 열심히 일한 승장 의능義能에 대해 면천免賤시켜 준다는 공문을 봉해 올리기도 하였다.[37] 수군 의병장 가운데 가장 큰 활약을 했던 성응지가 갑오년(1594년) 8월 세상을 떠났을 때 일기에 "의병장 성응지가 세상을 떠났다. 슬프다. 참으로 슬프다"[38]라고 적었다.

WINNING LEADERSHIP **05**

유리한 형세에서는 오합지졸도 '한마음'이 된다

_제5단계 임세형任勢形 리더십

'임세형任勢形'은 "유능한 장수는 전투 형세에서 승리를 구하며 결코 병사들에게 책임을 묻지 않는다. 그러므로 사람을 가려서 뽑는 데 능하고 형세에 맡긴다[故善戰者, 求之於勢, 不責於人. 故能擇人而任勢]"[39]는 손자병법의 구절에서 차용한 용어이다. 좀 더 설명하면 제7단계 '임세형 리더십'은 이길 수 있는 유리한 전투 형세를 미리 만들어 부하 병사들이 최선을 다해 싸우도록 유도하는 리더십이다. 절대 우세의 상황 속에 승리를 확신하는 부하 병사들은 다른 사람에 비해 공이 뒤질 것을 우려하며 열심히 싸운다. 전투 뒤의 논공행상論功行賞 때문이다.

이순신은 40여 회의 해전 가운데 단 두 차례 명량 해전과 최후의 해전인 노량 해전에서만 하늘에 승리를 맡기는 심정으로 전투를 했을 뿐 그 이외에는 절대 우위의 형세形勢 속에서 해전을 벌여 완전한 승리를 거두었다. 절대 우위의 형세 속에서는 오합지졸도 정예 병사처럼 한마음이 되어 싸웠기 때문이다. 아래에서는 임진년1592년에 벌인 4차례 출동 총 16회의 전투 상황을 중심으로 이를 확인해 보기로 한다.

임진년(1592년) 제1차 출동

제1차 출동(임진년, 5월 4일~9일)에서 조우한 일본 수군의 세력은 총 병력에 있어서는 조선 수군과 비슷한 수준이었다.[40] 문제는 조선 수군은 철저한 해전 준비와 아울러 총병력을 집중하여 운영한데 반해 일본 수군은 전혀 해전의 준비가 되어 있지 않았으며 설상가상으로 옥포, 합포, 적진포 등지에 병력이 분산되어 있었다는 사실이다. 아래는 임진년 제1차 출동 '임세형 리더십' 상황도이다.

단순히 함선의 수만 비교해 보더라도 옥포 해전이 91대 30여 척, 합포 해전이 91대 5척, 적진포 해전이 91대 13척으로 조선 수군이 절대 우세의 상황을 보이고 있다. 해전 결과 조선 수군은 함선 피해가 전혀 없었던 반면 일본 수군은 총 68척 가운데 42척이 격파되었다. 임진년

● 임진년 제1차 출동 '임세형任勢形 리더십' 상황도 ●

구분 / 해전명	조선 수군 함선 세력	일본 수군 함선 세력	조선 수군 전과戰果	비고
옥포 해전	91척(판옥선 28, 협선 17, 포작선 46)	30여 척 (대, 중, 소선)	26척 격파	조선 수군 함선 피해 전무
합포 해전	상동	5척(대4, 소1)	5척 격파	상동
적진포 해전	상동	13척(대 · 중선)	11척 격파	상동

제1차 출동에서 거둔 전과戰果는 개별 함선이 지니고 있는 전투력 측면에서도 조선 수군이 일본 수군에 비해 질적 우위를 점유하고 있음을 확인하게 해 준다.

임진년(1592년) 제2차 출동

해전에서 우세를 점하는 양상은 제2차 출동(임진년, 5월 29일-6월 10일)에서도 똑같이 보인다. 제2차 출동에서는 이순신의 전라좌수영과 원균의 경상우수영 함대 세력에 이억기의 전라우수영의 함대 세력까지 가세하여 명실상부한 통합 함대가 구성되는데 함선 세력은 판옥선을 기준으로 총 51척에 달했다. 아래 표는 임진년 제2차 출동 '임세형 리더십' 상황도이다.

사천 해전이 26대 13척, 당포 해전이 26대 21척, 당항포 해전이 51대 30척, 율포 해전이 51대 7척의 상황이었다. 마찬가지로 단순히 함

● 임진년 제2차 출동 '임세형任勢形 리더십' 상황도 ●

구분 / 해전명	조선 수군 함선 세력	일본 수군 함선 세력	조선 수군 전과戰果	비고
사천 해전	26척(판옥선)	13척(대선)	13척 격파	조선 수군 함선 피해 전무
당포 해전	상동	21척(대선 9,중선 10, 소선 2)	21척 격파	상동
당항포 해전	51척(판옥선)	30척(대선 13,중선 4, 소선 13)	30척 격파	상동
율포 해전	상동	7척(대선 5, 중선 2)	7척 격파	상동

선 수만을 비교해도 이순신의 조선 수군이 크게 우세한 상황이었으며, 해전 결과 조선 수군은 단 한 척의 함선 피해도 없었던 반면에 일본 수군은 71척 모두가 격파, 분멸되었다. 제2차 출동은 조선 수군의 함선 1척이 지니는 전투력이 일본 수군에 비해 질적으로 우위에 있음을 또 한 번 확인시켜 주었다.

임진년(1592년) 제3차 출동

임진년(1592년)의 해전 중 그야말로 해전다운 해전은 임진왜란 3대 승첩의 하나로 꼽히는 한산 해전이다. 이제까지 많은 연구자들은 한산 해전을 설명할 때 열세한 조선 수군이 상대적으로 우세한 함선 세력을 가진 일본 수군을 격파하였다는 점을 강조하였다. 그리고 이를 통해 이순신의 위대하고도 영웅적인 면모를 부각시켜 왔다.[41] 그러나 제1, 2차 출동의 해전에서 그러했던 것처럼 제3차 출동의 한산 해전에서도 이순신은 열세한 상황이 아니었다. 다음은 한산 해전이 포함된 제3차 출동 때의 '임세형 리더십' 상황도이다.

● 임진년 제3차 출동 '임세형任勢形 리더십' 상황도 ●

구분 / 해전명	조선 수군 함선 세력	일본 수군 함선 세력	조선 수군 전과戰果	비고
한산 해전	59척	73척(대선 36, 중선 24, 소선 13)	59척 격파(대선 35, 중선 17, 소선 7)	조선 수군 함선 피해 전무
안골포 해전	상 동	42척(대선 21, 중선 15, 소선 6)	약 30여 척 격파(대, 중, 소선)	상 동

위의 상황도에서 한산 해전 때의 적과 아군의 함선 세력을 비교해 보면 개전開戰 이래 처음으로 조선 수군의 함선이 59대 73척으로 수적인 면에서 열세를 보인다. 그러나 실제 전투력을 살펴보면 일본 수군의 중선中船 이하는 조선 수군의 주력 전투함인 판옥선과 비교할 때 배의 크기 면에서 비교가 되지 못한다. 또한 판옥선과 크기가 비슷한 일본의 대선은 73척 중 36척으로 조선의 판옥선 수(59척)에 미치지 못한다. 해전의 결과 일본 수군은 대선을 비롯한 중 · 소선이 거의 모두 격파, 분멸된데 반해 조선의 함선은 단 한 척도 손상되지 않았다는 사실은 조선 수군의 전투력이 결코 열세가 아니었음을 잘 보여 준다.

이순신이 제3차 출동 후에 조정에 보낸 장계를 분석해 보면 이런 사실은 확연히 드러난다. 이순신은 한산 해전을 앞에 두고도 승리를 의심하지 않았다. 그는 견내량의 좁은 물목에서 싸울 경우 일본군들이 배를 버리고 육지로 도망갈 수 있음을 우려하였다. 그래서 한산도 앞의 넓은 바다로 유인하여 결전을 펼쳤던 것이다. 안골포 해전의 경우는 59대 42척으로 조선 수군이 우세의 상황이었고 전투 결과도 제1, 2차 출동과 마찬가지로 일방적 승리였다. 안골포의 일본 수군들은 한산도 앞바다에서 협판안치의 일본 수군이 대패했다는 소식을 전해 듣고는 포구에 배를 대고 상황이 불리할 경우 육지로 상륙할 태세였다. 조선 수군은 교대로 포구에 출입하면서 여러 가지 총통과 활을 쏘아 공격하여 지휘선을 2척을 집중 공격하여 대파시키는 등 30여 척을 격파하였다.

임진년(1592년) 제4차 출동

제4차 출동 시 동원된 함선 세력은 임진왜란 발발 이후 최대 규모였다. 조선 수군의 전라좌우수영, 경상우수영의 통합된 함대는 남해, 거제, 가덕도를 지나 부산포로 향하면서 조우한 일본 수군 함선을 차례로 격파하였다. 아래의 표는 임진년 제4차 출동 '임세형 리더십' 상황도이다.

단순하게 함선의 척수 면에서 살펴보면 장림포 해전 166대 6척, 화준구미 해전 166대 5척, 다대포 해전 166대 8척 등 이순신의 조선 수군은 절대 우세의 상황에서 토끼몰이식 해전을 벌여 조우한 일본 수군의 함선을 전멸시켰다.

부산포 해전은 명실상부한 해전은 아니었다. 사천 해전이나 안골포

● 임진년 제4차 출동 '임세형任勢形 리더십' 상황도 ●

구분 / 해전명	조선 수군 함선 세력	일본 수군 함선 세력	조선 수군 전과戰果	비고
장림포 해전	166척 (판옥선, 거북선 등 전선 74척, 협선 92척)	6척(대선 4, 소선 2)	6척 격파	피해 전무
화준구미 해전	상동	5척(대선)	5척 격파	상 동
다대포 해전	상동	8척(대선)	8척 격파	상동
서평포 해전	상동	9척(대선)	9척 격파	상동
절영도 해전	상동	2척(대선)	2척 격파	상동
초량목 해전	상동	4척(대선)	4척 격파	상동
부산포 해전	상동	500여 척 (각종 선박)	100여 척 격파	척수 미상 선박 파손(6명 전사)

해전처럼 포구에 배를 정박해 놓은 상태의 일본 수군과 포구로 종열진 형태로 출입하면서 공격하는 조선 수군과의 해전이었기 때문이다. 또한 부산포 해전의 경우는 배와 포구 주변에 있던 일본군들이 거의 대부분 총통과 활을 가지고 산으로 올라가 6개 장소에 나뉘어 결진하여 철환과 화살을 빗발치듯 쏘아 대었기 때문에 매우 불리하고 위험한 상황이었다. 그러나 여러 장수들이 하루 종일 죽음을 무릅쓰고 용감히 싸워 왜선 100여 척을 격파하는 전과를 얻었다. 조선 수군이 단독으로 벌인 해전 가운데 가장 많은 적선을 격파한 해전이 부산포 해전이었다. 이때 녹도 만호 정운이 일본군이 쏜 철환에 이마를 맞아 전사하는 등 사상자가 나고, 몇 척의 함선이 손상을 입었지만 격침될 정도는 아니었다. 앞서 벌어진 6차례의 작은 해전은 마치 사자와 토끼의 싸움과 같은 절대 우세의 해전이었다. 조선 수군 장병들의 머릿속에는 어느새 '이순신과 함께 하는 해전은 무조건 승리한다' 는 자만심이 생겨나고 있었다.

조선 수군의 리더인 이순신에 의해 조성된 절대 우세의 해전이 계속되자 조선 수군의 장병들은 신바람이 났다. 해전이 끝날 때마다 조정에 전공이 보고되고 또한 전공에 따른 특별 진급과 포상이 이어졌기 때문이다. 이쯤 되자 조선 수군 장병들에게 해전은 생사가 오고가는 두려움과 공포의 대상이 아니라 특별 진급과 포상이 주어지는 기회의 장場이라는 인식이 퍼졌다.

급기야 조선 수군 장병들이 일본 수군을 낮추어 보고 교만해지는 폐단까지 생기게 되었으며 결국 사고로 이어졌다. 다음의 계사년(1593년) 장계는 조선의 수군 병사들이 어떠한 마음으로 해전에 임했는지를

상징적으로 보여 준다.

"여러 장수들이 이 말(왜적이 근래 조선 수군에 패해 사기가 떨어졌다는 말)을 듣고서는 기운이 더욱 나서 이 날 수륙으로 승리를 거둘 기세가 있었습니다. 좌도의 발포 통선장이며 그 포구의 군관인 이응개李應漑와 우도의 가리포 통선장 이경집李慶集 등이 이긴 기세를 타고 서로 다투어 돌진하여 적선을 쳐부수고, 돌아나올 무렵에 두 배가 서로 부닥쳐 방패가 떨어져 흩어졌습니다. 그러자 병사들이 적의 철환을 피하려고 한쪽으로 몰리게 되어 그만 배가 뒤집혔습니다. 배 안에 있던 사람들은 서서히 헤엄쳐서 육지로 올라갔고 혹은 자기네 집으로 도망간 자도 있었으므로 방금 이들을 색출하게 하고 곧 장계를 올리는 것입니다. 여러 번의 승첩으로 군사들의 마음이 매우 교만해져서 앞을 다투어 적진에 돌입하여 오직 죽을까 봐 겁을 내다가 기어코 배를 뒤집어 버리는 탈이 생겼으니, 더욱 통분합니다."[42]

조선 수군의 장병들이 일본의 함선과 조우하면 전공에서 뒤질세라 서로 다투어 적을 공격하는 진풍경이 일어났다. 그러다 결국 전라좌도 소속인 발포 군관 이응개와 전라우도 소속인 가리포 통선장 이경집의 배가 부딪쳐 방패가 떨어지는 사고가 생기게 된 것이다. 이순신은 이 장계에 이어 부하들을 잘못 지휘한 죄로 자신을 처벌해 줄 것을 요청하는 장계를 다시 올린다.

"작년 여름과 가을에 흉적들이 독을 방자히 피워 수륙으로 침범할 때에, 다행스럽게도 하늘의 도우심에 힘입어 여러 번 승첩하였는데, 거느린 군사들이 이긴 기세를 타고 교만한 기운이 날로 더하여 앞을 다투어 돌진하며 오직 뒤질 것을 두려워하였습니다. 신臣이 '적을 가벼이 여기면 반드시 진다'는 이치로 재삼 타일렀어도 오히려 경계하지 않아서 마침내 통선 1척을 전복시켜 사망자가 많이 생겼습니다. 이것은 신臣이 군사를 지휘하는 방법이 잘못되었기 때문입니다. 지극히 황공하여 거적에 엎드려 죄 주기를 기다리옵니다."[43]

이렇게 조선 수군의 장병들이 교만하게 된 원인은 임진년(1592년)의 4차례에 걸친 출동과 수많은 해전 경험에 의한 자신감에서 비롯된 것이지만 더욱 큰 원인은 앞서 '임세任勢'의 상황도에서 본 것처럼 절대 우위의 전투 형세에 기인한 것이다. 다시 말해 조선 수군이 죽음을 무릅쓰고 용감히 싸우는 것은 본래부터 정예 병사들로 구성되었기 때문이 아니라 이순신의 탁월한 군사전문성에 의해 조성된 절대 우위의 전투 형세 때문이었다. 절대 우위의 유리한 전투 형세가 조성된 상황에서는 비록 겁 많은 오합지졸이라 하더라도 자신의 전투 역량을 최대한 발휘하여 정예 병사처럼 용감히 싸울 수 있다는 것이 '임세형任勢形 리더십'의 궁극의 효과이다.

'임세형 리더십'은 공을 세워 포상받기를 원하는 병사들의 '이기적 욕망'과 리더의 '탁월한 군사전문성'이 결합되었을 때 발휘되는 것으로 장병들의 전투력을 극대화시키는 리더십이다.

WINNING LEADERSHIP **06**

합리적 의사소통이 '한마음'의 지름길이다

_ 제6단계 이성공감형理性共感形 리더십

'이성공감형 리더십'은 대화나 논리적 설득을 통해 의사를 소통시킴으로써 상하가 한마음, 한뜻이 되도록 하는 방법으로, 사람은 천성적으로 의리義理, 명분, 이치, 진리에 부합하는 것을 좋아한다는 인간관에 기초한 리더십이다. '이성공감형 리더십'은 어느 정도의 지식이나 지위를 가진 장수나 군관들에게 효과가 있었다.

열린 마음으로 끊임없이 대화하다

이순신은 모든 일을 독단적으로 처리하지 않고 항상 부하 장수들과 논의하였다. 그리고 논의된 결과를 토대로 가장 합리적인 방안을 도출하였다. 이순신은 부하 장수들과 원활한 의사소통이 생활화된, 당시로서는 파격적으로 열린 마음을 지닌 리더였다.

"식후에는 충청 수사 정걸과 이홍명과 광양 현감 어영담이 와서 종일토록 군사 일을 이야기하였다."[44]

"아침 후에 우수사(이억기)와 함께 적을 토벌할 것을 의논하는 참에 가리포도 오고 경상도 우수사도 와서 의논했다."[45]

이순신의 《난중일기》에는 수많은 사람들이 등장한다. 일상적인 이야기, 나라의 안위를 걱정하는 이야기, 피난 가신 임금님 관련된 이야기, 군사 작전에 관한 일 등 이순신은 주변 사람들과 대화하는 것을 매우 좋아하였다. 심지어는 하루 종일 이야기하였다는 기록도 보인다.

"순천과 광양이 오고, 우수사와 충청 수사도 오고, 이홍명도 와서 함께 종일 이야기하였다."[46]

"늦게 우수사, 경상 수사 및 두 조방장, 충청 우후, 경상 우후, 가리포, 평산포 등 열아홉 장수들과 함께 모여 이야기했다."[47]

대화는 감성보다는 이성에 호소하여 공감을 불러일으키는 소통의 방법이다. 사람은 이치적으로 납득이 되거나 논리적으로 설득이 되면 마음과 행동이 움직이는 속성을 지니고 있다. 특히 어느 정도의 지식을 지닌 사람들에게 대화를 통한 설득은 큰 효과가 있다.

논리적인 설득으로 이성적 호소를 하다

이순신이 부하 장수들과 토론하는 장면이나 논리적으로 설득하는 장면들이 자료에 자주 등장한다. 아래에서는 이순신이 어떤 방식으로 진중陣中의 중요한 일들을 처리하고 의사결정을 하였는지를 사례를 통해 살펴보기로 한다.

임진왜란(1592년)이 발발하자 경상우수사 원균은 4월 14일 저녁 전라좌수사인 이순신에게 도움을 요청하였다. 이순신은 고민하였다. 전황 파악도 어렵거니와 예하 각 포구에 있는 함선 세력을 집결시키는 데도 시간이 필요했기 때문이다. 또한 관할 구역이 다른 경상우수영으로 함대를 이동하기 위해서는 조정의 명령이 필요한 상황이었다.

이순신은 부하 장수들을 모아 놓고 이 문제를 토론하도록 하였다. 많은 장수들이 전라좌수영의 수군들은 전라도를 지키는 것이 책임이므로 영남으로 들어온 적을 친다는 것은 옳지 않다고 하였다. 이때 군관 송희립宋希立은 "큰 적들이 국경을 치고 들어와서 그 형세가 마구 뻗쳤는데 가만히 앉아서 외로운 성城만 지킨다고 혼자 보전되어질 리도 없으니 나가 싸우는 것만 같지 못합니다. 그래서 다행히 이기면 적들의 기운이 꺾일 것이고 또 불행히 싸우다 죽는다 해도 신하된 도리에 부끄러움이 없을 것입니다"라고 하였다. 또한 녹도 만호 정운鄭運은 "신하로서 평소에 국은國恩을 입고 국록國祿을 먹다가 이런 때에 죽지 않고 어떻게 감히 앉아서 보고만 있을 것이요"라고 전쟁에 나갈 것을 주장하였다.

부하 장수들의 토론 내용을 묵묵히 듣고 있던 이순신은 크게 기뻐하며 소리 높여 말하기를, "국가가 위급하게 된 이때 어찌 다른 도의 장수라고 핑계하고서 물러나 제 경계만 지키고 있을 것이냐. 내가 시험삼아 물어 본 것은 우선 여러 장수들의 의견을 들어 보자는 것이었다. 오늘 우리가 할 일은 다만 나가서 싸우다가 죽는 것밖에 없다. 감히 반대하는 자가 있다면 목을 베리라" 하니 온 군중이 모두 떨고 무서워하며 그 뒤로는 죽기를 맹세하면서 분격해하는 자가 많았다고 한다.[48]

이순신은 여러 부하 장수들의 의견을 묻고 현재의 상황에서 최선의 선택이 과연 무엇인지를 도출하였다. 결국 현 상황에서는 나가서 싸우다가 죽는 것이 장수된 자의 도리라는 결론에 도달한 것이다. 의견을 달리하던 부하 장수들도 이순신의 대의명분大義名分에 기초한 최종적인 판단과 명령 앞에서 다른 선택을 할 수 없었다. 이순신의 논리적 설득과 대의명분에 기초한 이성적 호소가 주효했던 것이다.

한 번 죽어 나라의 은혜에 보답하자

삼도 수군통제사에 재임명된 이순신은 정유년(1597년) 9월 18일 회령포에 도착했는데 남은 전선은 10여 척에 불과했다. 칠천량 해전에서 살아 돌아 온 여러 장수들은 회피할 꾀를 내고 있었다. 그러자 이순신은 전라 우수사 김억추에게 병선兵船과 여러 장수들을 불러 모으라고 지시하였다. 그리고 그들에게 말하기를, "우리들이 임금의 명령을 같이 받들었으니 의리상 죽는 것이 마땅하다. 그런데 사태가 여기까지 이른 다음에야 한 번 죽음으로써 나라의 은혜에 보답하는 것이 무엇이

그리 아까울 것이냐. 오직 죽은 뒤에야 보답하는 일을 그만둘 것이다" 하자 감동하지 않는 이가 없었다고 한다.[49]

그리고 명량 해전 당일 겁에 질려 있는 장수들보다 앞서 적진으로 돌격하였다. 명량의 협수로를 이용하면 싸워 볼 만하다는 논리적 설득을 한 뒤 솔선수범하여 죽음을 무릅쓰고 앞장서 돌격하는 최고 지휘관 이순신의 행위는 모든 장수와 병사들의 마음을 하나로 하고 힘을 합쳐 싸울 수 있도록 하는 결정적 계기가 되었다.

소통의 달인 이순신 vs 독선주의자 원균

리더의 리더십 역량의 차이는 어떤 경우 승패에 결정적 영향을 끼친다. 똑같은 판옥선과 총통으로 무장한 혁신된 조선 수군을 지휘했음에도 불구하고 이순신은 모든 해전을 승리로 이끈 반면 원균은 칠천량에서 전멸에 가까운 패배를 당했다. 무엇 때문이었을까? 다음의 자료는 그 이유를 매우 분명하게 보여 준다.

> "순신舜臣이 진영에 있을 때 운주당運籌堂을 짓고 여러 장수와 더불어 그 속에 모여 일을 의논했는데, 원균은 기생첩을 두고 울타리를 둘러치고 술에 취하여 일을 살피지 않으니 모든 군심軍心이 이반되어 모두들 '적이 오면 달아날 따름이다' 하였다."[50]

아마도 이것은 원균이 이순신을 대신하여 삼도수군통제사가 된 이후의 상황에 대한 기록인 것 같다. 전임 통제사 이순신은 언제나 운주당運籌堂에서 부하 장수들과 더불어 나라 일을 걱정하고 작전 계획과 전술을 토의하곤 하는데 반해 새로 부임한 통제사 원균은 부하 장수들과 대화는커녕 술에 취해 기생첩과 놀기에 바빴음이 대조적으로 묘사되어 있다. 글쓴이는 칠천량 해전에서 원균이 지휘한 조선 수군이 패한 이유를 이순신과 원균의 리더십의 차이에서 찾는다. 이순신은 작전 계획을 수립하는 데 있어서 부하 장수들과의 허심탄회한 대화와 논의를 통해 최적의 대안을 마련했기 때문에 언제나 장수들이 '한마음, 한뜻'으로 해전에 임할 수 있었던데 반해 원균은 그렇지 못했다. 부하 장수들과 의사소통 없이 독단과 독선으로 일을 처리하였기 때문에 부하 장병들의 마음을 얻을 수 없었던 것이다. 《선묘중흥지》에는 이렇게 적혀 있다.

> "원균이 부임해서는 군중의 규례를 모두 뒤집어 형벌만 혹독하게 하므로 온 군중이 분개하고 원망하여 모두들 '적이 오면 달아나는 수밖에 없다' 고들 하였다."[51]

원균은 부하들과 허심탄회한 대화는 둘째 치고 기존의 제도나 규칙들을 모두 무시하였으며 감성적 공감이나 이성적 설득이 아닌 '무조건 나를 따르라' 는 식의 독선적, 강제적 방법으로 부대를 지휘했다.

당시 이순신의 일기에는 이때의 상황을 어떻게 적고 있을까. 이순신이 백의종군 차 아산으로부터 남해안 가까이 이르자 한산도 통제영에 있던 옛 부하 장수들이 하루가 멀다 하고 이순신을 찾아와 원균에 관

한 일을 이야기하는 것이 일기에 보인다.

"정사준도 보러 와서 원균의 망령되고 패악한 짓을 많이 말하였다."[52]

"병사 이복남이 식전에 보러 와서 원균의 일을 많이 말하였다."[53]

"부사(순천 우치적)도 보러 왔었다. 진흥국이 좌수영으로부터 와서 눈물을 흘리며 원균의 일을 이야기하였다."[54]

"늦게 충청 우후 원유남이 한산에서 와서 원균이 한 못된 짓을 전하고, 또 진중의 장졸들이 모두 다 배반하므로 앞으로 일이 어찌 될지 알 수 없다고 하였다."[55]

"하동현에 이르니 그 고을의 원(신진)이 서로 만나 보기를 반가이 여기며, 성 안 별사로 맞아들여 간곡한 정을 베풀었다. 그리고 원균의 미친 짓을 많이 말했다. 날이 저물도록 이야기하였다."[56]

위의 내용은 정유년 4월 27일부터 5월 28일까지 약 한 달 동안 원균에 관해 전해 들은 이야기를 적은 것이다. 한산도 통제영에 있는 조선 수군의 지휘관, 참모들뿐만 아니라 육지의 관리들까지 통제사 원균의 리더십에 문제가 있음을 알고 매우 우려하고 있었음이 확인된다. 최고 지휘관과 예하 지휘관, 참모 사이에 소통이 안 되는 이런 상황에서 적을 맞이한다면 싸워 이길 수 없으며, 도망갈 수밖에 없다는 생각이 조선 수군 장병들 사이에는 널리 퍼져 있었던 것이다.

원균은 예하 지휘관, 참모와의 소통에만 문제가 있던 것이 아니었다. 정유년(1597년) 6월 19일 이순신은 초계에 있는 도원수 진영에 이르러 권율을 만났는데, 권율 또한 원균에 대해 화가 머리끝까지 나 있었다.

"진에 이르니 도원수 권율과 황 종사관(여일)이 함께 나와 앉았다. 도원수가 내게 원균의 일을 말하되, '통제의 일은 말할 수가 없소. 조정에 청하여 안골, 가덕을 모조리 무찌른 뒤에 수군이 나가 토벌해야 한다 하니, 그게 무슨 심사겠소. 밀고 나가지 않으려는 뜻에 불과하기 때문에 사천으로 가서 세 수사를 독촉하여 진격하도록 할 예정이오. 통제사는 내가 지휘할 것도 없소' 하였다."57

원균은 조선의 군대를 총 지휘하는 도원수 권율과도 의사소통이 되지 않았으며 일본군을 공격하는 방법에 있어서 심한 갈등을 빚고 있었다. 이순신이 통제사로 있을 때 원균은 "이순신이 머뭇거리고 나아가지 않는다"고 조정에 보고하여 이순신에 대한 조정의 불신을 키웠던 장본인이 아니던가. 그런 원균이 같은 이유로 도리어 권율에게 질책을 받고 있는 상황이 된 것이다. 조선 수군의 최고 지휘관인 통제사 원균은 자신의 부하 지휘관, 참모의 지지를 받지 못했을 뿐만 아니라 직속 상관인 도원수 권율의 신뢰 또한 받지 못하고 있었다.

이렇게 볼 때 칠천량 해전에서의 조선 수군의 패배는 이미 당시에 충분히 예견된 결과였다. 많은 지휘관, 참모들이 평소 우려했던 것처럼 칠천량 해전에서 조선 수군은 해전다운 해전 한 번 해보지 못하고 치명적인 패배를 당했다. 상하가 분열된 조선 수군은 일본 수군의 야간 기습이 시작되자 통제사 원균을 포함해 모든 장병들이 도망하기에 바빴기 때문이다. 소통의 달인 이순신과 독단과 독선주의자 원균의 리더십의 차이는 결과적으로 임진왜란 발발 이후 가장 막강한 전투력을 자랑하고 있던 조선 수군의 궤멸로 이어졌던 것이다.

감동하면 저절로 '한마음'이 된다

_ 제7단계 감성공감형感性共感形 리더십

제7단계 '감성공감형感性共感形 리더십'은 리더의 행동이 구성원들의 마음을 감동시킴으로써 자발적이고도 무조건적으로 한마음이 되어 임무를 완수하게 하는 리더십이다. 그 영향력이 대화나 논리적 설득을 통한 의사소통보다 훨씬 크다.

'인간은 해로운 것을 싫어하는 존재'라는 인간관에 기초한 제1단계 '필벌형必罰形 리더십'이나 제2단계 '투지망지형投之亡地形 리더십'도 '감성공감형 리더십'이 전제될 경우 더 큰 효력을 발휘하게 된다. 평소 장수가 베푼 어진 행위와 사랑을 통해 감동한 경험이 있는 경우 엄격한 처벌이라 할지라도 병사들은 긍정적으로 수용하게 마련이다. 부모가 자식에게 간혹 매질을 해도 자식이 그것을 참고 견디는 것은 부모가 자신을 사랑하고 있다는 사실을 알고 있기 때문인 것과 마찬가지 이치이다.

이순신은 누구보다도 부하 병사들의 마음을 잘 헤아렸으며 그들의 애로와 고충을 해결하기 위해 노력하였다. 그는 위엄이 있고 엄격히 형벌을 시행했지만 부하들과 동고동락同苦同樂하는 과정에서 무수히 많은 감동을 주었기 때문에 부하 장병들은 이순신을 두려워하면서도 존경하였다.

부하들과 동고동락하다

감동은 꼭 거창한 일에서만 나오는 것이 아니다. 아주 사소하고 작은 일에서 사람들은 감동을 받는다. 특히 일상생활 속에서 리더와 구성원이 스스럼없이 어울리는 것은 감동이 일어나는 토대이다. 이순신은 많은 시간을 부하 장수 및 병사들과 함께하였다. 바둑이나 장기를 같이 두기도 하고, 어울려 음식과 술을 나누어 먹기도 하였다. 명절날에는 부하들을 불러 모아 함께 술과 음식을 먹으며 즐거운 시간을 보내기도 하였다.

> "식후에 우수사 이억기의 사저 방에서 바둑을 두었다."[58]
>
> "우수사 이억기와 장기를 두어 이겼다."[59]
>
> "우수사, 충청수사, 순천, 낙안, 방답들을 초청해서 함께 햇과일을 먹고 놀다가 날이 저물어서 헤어졌다."[60]

"이 날은 명절이라 방답, 여도, 녹도와 남도 만호들을 불러 술과 떡을 먹였다."[61]

이순신이 부하 장수나 군관들과 함께 활을 쏘고 술을 마시는 일은 거의 일상화되어 있었다. 또한 이순신은 부하 장수들과 만나 함께 이야기하는 것을 매우 즐겼다.

"우수사와 군관들과 함께 진해루鎭海樓에서 활을 쏘았다."[62]

"늦게 우수사, 순천, 광양, 낙안과 함께 모여 앉아 술을 마시면서 이야기했으며, 군관들을 시켜 편을 갈라 활을 쏘게 했다."[63]

이순신은 때로는 대량으로 술을 담가 모든 군사들이 마실 수 있도록 조치하였으며, 가끔은 씨름판을 벌여 그들이 마음껏 놀도록 하였다. 고생하는 부하 장병들의 마음을 위로해 주기 위해서였다.

"일찍이 아침 식사를 마치고 나가 공무를 보았다. 회령會寧 만호가 교서教書에 숙배한 뒤에 여러 장수들이 모여 회의를 하고 그대로 들어가 앉아 위로하는 술잔을 네 순배 돌렸다. 몇 순배 돌아간 뒤 경상 수사가 씨름을 붙인 결과 낙안樂安 임계형林季亨이 일등이었다. 밤이 깊도록 뛰놀게 했는데 그것은 억지로 즐기게 한 것이 아니라 다만 오랫동안 고생하는 장수들의 수고를 풀어 주자는 생각에서였다."[64]

임진년(1592년) 전쟁 발발 이후 전쟁이 장기전으로 돌입하게 되자 군수품 조달에 많은 애로가 있었다. 겨울이 돌아오자 병사들의 몸을 가릴 옷과 군량이 부족하였다. 이순신은 부하병사들의 고충을 해결하지 못하는 안타까운 심정을 다음과 같이 일기에 적고 있다.

"살을 에듯 추워 여러 배에 옷 없는 사람들이 목을 움츠리고 추워 떠는 소리는 차마 듣기 어려웠다. …… 군량도 도착되지 않아 역시 답답했다."[65]

그는 옷 없는 군사들의 의복 마련을 위해 노력하였고, 해전 중에 전사한 부하 장병들에 대해서는 장사를 지낼 수 있도록 일일이 배려했으며, 투항한 일본인들에 대해서도 술과 음식을 주었다. 또한 장기적으로 집을 떠나 군무에 종사해야 하는 부하 장병들에 대해 어떻게 하면 이들의 노고를 위무할 수 있을지를 고민하면서 전투가 소강상태로 접어들자 교대로 휴가를 실시하기도 하였다. 집을 떠나 전쟁에 동원된 장병들의 마음을 조금이나마 위로해 주기 위해서였다.

이순신이 부하 장병들과 동고동락同苦同樂 하면서 조성된 감성적 공감은 위기 상황에서 빛을 발하였다.

"(이순신은) 밤이면 병사들을 쉬게 하고 자신은 반드시 화살을 다듬었다. 또 몸소 적의 칼날을 무릅쓰고 총탄이 좌우에 떨어져도 동요하지 않았으며 장병들이 붙잡고 만류하여도 이순신은 '내 목숨은 하늘에 달렸는데 너희들만 수고하게 하겠는가' 라고 하였다. 승전하여 상품을 얻으면 곧 여러 장수들에게 골고루 나눠 주고 하나도 아끼지 않으므로 장

병들이 두려워하고도 사랑하여 각기 제 힘을 다하여 전후 수십 번 싸움에 한 번도 곤욕을 당한 일이 없다."[66]

총탄과 화살이 난무하는 전쟁터에서 조선 수군의 최고 리더인 삼도수군통제사가 병사들과 함께 나란히 서서 활을 쏘는 상황을 상상해 보라. 아마도 곁에 있던 장병들은 감격하여 죽기를 각오하고 싸웠을 것이다. 그리고 승리한 후에 얻은 전리품을 하나도 아끼지 않고 나누어 주는 모습에 장병들은 또 한 번 큰 감동을 받았으리라. 이순신의 전승무패의 승리 신화의 배후에는 이렇듯 부하 장병들을 감동시킨 리더십이 있었던 것이다.

이순신이 부하 장수들과 나눈 동고동락同苦同樂의 백미는 임진년(1592년) 제2차 출동 기간 중에 벌였던 사천해전 때에 보인다. 사천해전은 사천의 선창가에 함선을 매어 두고 육지로 피해 올라가 조총을 쏘아 대는 일본군과의 싸움이어서 매우 위험천만한 해전이었다.

"그날(사천 해전이 있던 날) 공公(이순신)도 철환을 맞아 왼편 어깨를 뚫고 등에까지 박혀서 피가 발뒤꿈치까지 흘러 내렸다. 그러나 공은 그대로 활을 놓지 않고 종일 독전하다가 싸움이 끝난 뒤에 칼끝으로 살을 쪼개고 철환을 파내었는데 깊이가 두어 치나 되었다. 온 군중이 그제야 알고 모두들 놀라지 않는 이가 없었지만, 공은 웃고 이야기하며 태연하였다."[67]

이때 이순신의 군관으로 참전한 나대용, 이설 등도 철환을 맞았다. 사천 해전은 10여 명의 전라좌수영 소속 병사들이 철환이나 화살 등을 맞아 전사할 정도로 위험한 해전이었다. 이순신은 이 부상으로 오랫동안 고초를 겪었던 것 같다. 이순신이 어떤 사람에게 보낸 편지에 그때의 상황이 기록되어 있다.

> "접전할 때에 스스로 조심하지 못하여 적의 탄환에 맞아 비록 죽을 지경까지는 이르지 않았으나 어깨뼈가 깊이 상한데다 또 언제나 갑옷을 입고 있는 까닭에 상한 구멍이 헐어서 물이 늘 흐르기로, 밤낮 없이 뽕나무 잿물과 또는 바닷물로 씻건마는 아직 쾌차하지 못하여 민망스럽습니다."[68]

조선 수군의 장병들은 전투 상황에서는 부하 장병들과 똑같이 위험한 전장에 노출되어 함께 싸우고, 그러다 총탄을 맞아 부상당한 상처 때문에 고초를 겪고 있는 이순신을 보며 감동을 받지 않을 수가 없었을 것이다. 그리고 매 해전마다 죽기를 각오하고 싸웠을 것이다. 그 구심점에 조선 수군 장병들을 감동시킨 이순신이 있었던 것이다.

전쟁이 발발한 임진년(1592년) 다음 해인 계사년(1593년)에는 동궁東宮인 광해군이 남쪽을 순시하였는데, 무사들의 사기 진작을 위해 전주에서 과거 시험장을 개설하였다. 그러나 남도 연해안 수군 소속의 무사武士들은 전주로 달려가 과거를 보고 싶었으나 거리가 멀어 제 기간 내에 도착할 수 없을 뿐만 아니라 적과 서로 대치해 있는 관계로 전쟁터를 이탈할 수가 없었다. 이런 사정을 누구보다 잘 알고 있던 이순신은 부하들이 진중에서 과거를 치를 수 있도록 조정에 건의하였다.

> "수군에 소속된 군사들은 경상도의 사례에 의하여 진중에서 시험을

보아 그들의 마음을 위로해 주도록 하되, 규정 중에 있는 '말을 타고 달리면서 활 쏘는 것'은 먼 바다에 떨어져 있는 외딴 섬이라 말을 달릴 만한 땅이 없사오니, '말을 달리면서 활 쏘는 것'은 '편전을 쏘는 것'으로써 재능을 시험해 보면 편리할까 생각되어 감히 품고하여 조정에서 선처해 주시도록 삼가 갖추어 아뢰옵니다."[69]

이 장계로 인해 이순신을 처벌을 해야 한다는 논의가 조정에서 있었다. 과거 시험은 국가가 주관하는 관료 선발 시험인데 일개 무장武將이 자신의 진중陣中에서 임의로 과거를 보겠다고 한 것이 빌미가 되었다. 그러나 결국 이순신의 건의가 조정에서 받아들여져 진중에 있는 군사들은 진陣이 소재한 한산도에서 과거시험을 치를 수 있게 되었고, 많은 군사들이 무과에 합격하는 영광을 안았다.

처벌을 무릅쓰고 부하들의 권익을 위해 위험한 건의를 올린 이순신을 위해 이후 부하 장병들이 해전에서 어떻게 싸웠을지는 미루어 짐작할 수 있을 것이다.

명량 해전의 승리의 배후에는 바로 부하 장병들과 동고동락同苦同樂한 이순신의 '감성공감형 리더십'이 자리하고 있었다. 아무리 능력이 뛰어난 이순신이라 하더라도 그의 평소의 행동에 감동한 부하 장병과 백성들의 자발적인 도움이 없었더라면 통제사 재임명 후 한 달 반 만에 치른 명량 해전을 승리로 이끌 수는 없었을 것이다. '감성공감형 리더십'은 어떤 리더십보다도 리더와 구성원이 한마음, 한뜻이 되게 하는 결속력이 크다. 이것이 다양한 리더십 가운데 '감성공감형 리더십'이 중요한 이유이다.

WINNING LEADERSHIP 08

리더의 **솔선수범**率先垂範은 '한마음' 의 원천이다

_ 제8단계 솔선수범형率先垂範形 리더십

솔선수범率先垂範은 말 그대로 부하나 다른 사람들에게 먼저 모범이 되는 행위를 하여 널리 보여 주는 것이다. 제8단계 '솔선수범형 리더십' 은 부하나 조직 구성원들이 리더의 모범적 행위를 보고 감성적 공감을 하고 자발적으로 리더와 한마음이 되어 목표 달성에 참여하게 하는 리더십이다. 그런 면에서 넓은 의미의 '감성공감형 리더십' 에 포함된다고 볼 수 있다. 리더의 솔선수범은 구성원들에게 무언無言의 감동을 주는 동시에 구성원 스스로에게 자신을 돌아볼 수 있는 계기를 제공한다. 이렇게 볼 때 '솔선수범형 리더십' 은 상당히 복합적인 방식으로 구성원들에게 영향을 끼치는 리더십이다.

홀로 적진에 들어가 용전분투하다

명량 해전 당일 133척의 일본 수군이 전라우수영을 향해 몰려오자 이순신의 부하 장수들과 병사들은 모두들 낯빛이 새하얗게 질려 버렸다. 그리고는 일본 수군에 맞서 사전에 약속한 대로 일제히 전진하지 않고 모두들 회피할 꾀를 내면서 머뭇거리고 있었다. 조류가 역방향이어서 열심히 노를 젓지 않으면 뒤로 밀리는 상황인데도 말이다. 당시의 상황을 일기에서 확인해 본다.

"대장선이 홀로 적선 속으로 들어가 포환과 화살을 풍우같이 쏘아 내건만 여러 배들은 바라보면서 진군하지 않아, 사태를 헤아릴 수 없게 되었다. (중략) 그리고 여러 배를 돌아다 보니, 이미 1마장 가량 물러났고, 우수사 김억추가 탄 배는 멀리 떨어져 가물가물했다."[70]

"여러 장수들은 적은 군사로 많은 적을 대적하는 것이라 스스로 낙심하고 모두 회피할 꾀만 내는데 우수사 김억추가 탄 배는 벌써 2마장 밖에 나가 있었다. 나는 노를 바삐 저어 앞으로 돌진하며 지자地字, 현자玄字 등 각종 총통을 마구 쏘니 탄환은 폭풍우같이 쏟아지고 군관들이 배 위에 총총히 들어서서 화살을 빗발처럼 쏘니 적의 무리가 감히 대들지 못하고, 나왔다 물러갔다 하였다."[71]

위의 일기는 모두 명량 해전 당일인 정유년(1597년) 9월 16일자 일기 내용이다. 일기 내용을 자세히 살펴보면 명량 해전 초기에 상황이 매우 급박하게 돌아가고 있음을 알 수 있다. 전라우수사 김억추를 비롯한 주요 장수들이 함께 돌진하지 않고 회피하는 양상이 전개되었다. 결국 통제사가 탄 대장선만 홀로 각종 총통을 쏘고 또 활을 빗발치듯 쏘면서 앞으로 돌진하는 형국이 조성되었던 것이다. 이순신은 다급하였다. 이순신은 중군장 미조항 첨사 김응함을 부르는 깃발을 올렸다. 그리고 여러 부하 장수들을 호출하는 초요기招搖旗도 동시에 올렸다.

이순신에게 호출을 당한 이들의 심정은 과연 어떠했을까? 통제사의 부하인 자신은 겁에 질려 회피할 꾀를 내며 머뭇거리고 있는 사이, 조선 수군의 최고 지휘관인 통제사가 홀로 적진으로 돌격해 들어가 용전분투하다니……. 아마도 순간적으로 그들은 몸 둘 바를 모르는 상황이었을 것이다. 단기필마單騎匹馬의 형상으로 적진으로 돌진한 통제사 이순신의 용기 있는 행동에 대한 감동(감성적 공감), 회피할 꾀를 내고 머뭇거렸던 자기 스스로에 대한 부끄러움(이성적 공감), 통제사의 추상같은 호출에 대한 두려움(해로움 기피) 이런 것들이 복합적으로 작용하였으리라. 호출에 응한 거제 현령 안위와 중군장인 미조항 첨사 김응함은 이순신의 불호령을 들으며 적진 속으로 돌진하였다. 그리고 죽기를 다해 싸웠다. 그들의 용전분투는 명량 해전을 승리로 이끄는 반전의 계기가 되었다.

리더의 솔선수범은 부하 장병들에게 사랑하고 존경하는 마음과 두려워하는 마음을 동시에 갖게 하는 아주 위력적인 리더십이다. 사랑하고 존경하는 마음이 드는 것은 리더의 솔선수범이 감성적 공감을 불러일으키기 때문이요, 두려워하는 마음이 드는 것은 리더가 저렇게 솔선해서 모범을 보이는데 내가 따르지 않을 경우 도리어 처벌받을 수도 있을 것을 생각하기 때문이다. 한마디로 타율적인 리더십과 자율적인 리더십의 효과가 시너지화된 리더십이 '솔선수범형 리더십'인 것이다.

청빈낙도淸貧樂道, 가족에 대한 사랑을 몸소 실천하다

이순신은 비단 전투에서만 솔선수범하는 자세를 보여 준 것이 아니다. 그는 일상생활 속에서도 솔선수범을 보였다.

1579년 겨울에 이순신은 충청병사의 군관이 되었는데, 그가 거처하는 방에는 다른 아무것도 없고, 다만 옷과 이불뿐이었으며, 부모님을 뵈러 집에 갈 때면 반드시 남은 양식을 담당자에게 돌려주니 병사가 듣고 경의를 표하였다고 한다.[72] 유학적 세계관으로 의식화된 조선의 관료들은 청빈낙도淸貧樂道를 인생의 중요한 가치로 삼았는데, 이순신은 그것을 실천하였던 것이다.

또한 유학에서는 부모에 대한 효도와 아울러 형제에 대한 사랑을 매우 중요시하였다. 혈연으로 맺어진 부모, 형제를 사랑하지 못하는 사람은 결단코 타인을 진정으로 사랑할 수 없다는 것이 유학의 논리이다. 이순신에게는 돌보아야 하는 어린 조카들이 많았다. 그의 두 형인 희신羲臣과 요신堯臣이 일찍 죽었기 때문에 형님들의 자녀들을 돌보아야 하는 처지가 된 것이다. 이순신이 정읍 현감이 되자 두 형의 자녀들도 함께 데리고 가 살게 되었다. 그러자 어떤 이가 관리로서 식구들을 너무 많이 데리고 있다고 비난하였다. 그러자 이순신은 눈물을 흘리며 "내가 식구를 많이 데리고 온 죄를 질지언정 차마 이 의지할 데 없는 조카들을 버리지는 못하겠다"고 하였다.[73] 옛 법에는 관리가 식구들을 많이 거느리는 것도 죄가 되어 그런 말이 나온 터였다. 이런 여론이 생기게 되면 직무수행에 대한 평가 나아가 승진에도 지장이 있을 것이 뻔한 상황이었다. 불이익을 받지 않으려면 형님의 자녀들을 다른 곳으로 옮겨야 하는데 그것은 인정상 할 수 없는 것이며 죄가 된다면 차라리 처벌을 받겠다는 것이 이순신의 생각이었다. 이순신은 가족에 대한 사랑의 실천이 자신의 이익보다 우선되어야 한다는 유학의 가르침을 몸소 실천하였던 것이다.

일상적 삶에서도 솔선수범을 보이는 리더의 모습은 비록 간접적 방식이긴 하지만 구성원들에게 긍정적 영향을 주어 존경심을 불러일으킨다. 이런 존경심이 누적되면 유사시 구성원들은 리더와 한마음, 한뜻이 되어 생사고락生死苦樂을 함께할 수 있게 되는 것이다.

책임완수의 솔선수범을 보이다

1586년(병술년, 42세) 이순신은 조선보造山堡 만호가 되었다. 조산은 오랑캐 땅과 밀접한 지역이므로 유능한 사람을 엄선하여 보내야 한다는 논의가 조정에서 있었는데 이때 이순신이 발탁된 것이다. 그다음 해인 1587년 가을에 이순신은 녹둔도鹿屯島 둔전관屯田官을 겸하게 되었다. 그런데 이 섬이 멀리 있으며 또한 수비하는 군사가 적은 것이 걱정이 되어 여러 번 직속상관인 병사兵使 이일에게 보고하여 군사의 증원을 요청하였다.

과연 얼마 안 있어 오랑캐들이 대대적으로 침입하여 울타리를 에워

쐈다. 이순신이 앞장서 부대를 지휘하며 달려오는 오랑캐 우두머리들을 향해 연달아 활을 쏘아 모두 거꾸러지게 하자 드디어 적들은 달아나기 시작하였다. 이순신은 이운룡과 함께 끝까지 추격하여 끌려가고 있던 우리 군사 60여 명을 구출해 왔다.

그런데 병사兵使 이일은 이순신에게 패전의 책임을 전가하기 위해 죄를 인정하라고 위협하며 심문을 벌였다. 이순신은 죄를 인정하라는 이일의 요구를 거절하였다. 그리고는 "내가 병력이 약하기 때문에 여러 번 군사를 증원해 주기를 청했으나 병사兵使가 들어 주지 않았는데 그 (요청한) 공문이 여기 있소. 조정에서 만일 이것을 알면 죄가 내게 있지 않을 것이요, 또 내가 힘껏 싸워서 적을 물리치고 추격하여 우리 사람들을 탈환해 왔는데 패군으로 따지려는 것이 과연 옳은 것이요?" 라고 심문의 부당함을 논리적으로 따졌다.

이순신은 자신이 맡은 일에 대해서는 철저히, 끝까지 임무를 완수하였다. 위의 사례에서 확인한 것처럼 필요한 경우에는 상관과도 책임 문제를 놓고 논리 싸움, 증거 싸움을 벌였다. 이런 과정에서 자신에게 주어진 책임을 철저히 완수하는 길이야말로 정의롭게 살고자 하는 자신이 보호받는 길임을 이순신은 체득했던 것 같다. 이순신의 임무 완수에 대한 책임감, 이를 뒷받침하는 실력과 성실성은 그가 몇 번이고 파직을 당할 위기를 극복하는 데 큰 힘이 되었다. 모든 면에서 증거주의를 채택하고 있는 조선에서, 이순신처럼 상관과 자주 갈등을 빚는 사람이 모함이나 무고로부터 자유롭기 위해서는 언제나 정확한 증거가 필요했다. 이순신의 철저한 기록정신은 이런 배경에서 습관화된 것이 아닌가 하는 생각도 든다.

이순신은 종6품 정읍 현감에서 정3품 전라좌수사로 7계급 특진으로 발탁된다. 그는 이것이 무엇을 의미하는지 정확하게 인식하였다. 그것은 다름 아닌 왜적의 침입이 빈번한 남해 연안을 왜적으로부터 철저히 지키라는 임금의 명령이었다.

이순신은 1591년 2월 13일 전라좌수사로 부임하였다. 그는 부임 이래 실로 눈코 뜰 새 없이 전투준비를 위해 동분서주하였다. 부임 다음 해인 1592년(임진년) 1월에는 예하 부대에 대해 대대적인 전투준비태세 점검을 실시하였다. 전라좌수영 소속 관청인 순천, 보성, 낙안, 광양, 흥양 등 5관과 사도, 방답, 여도, 녹도, 발포 등의 5포를 차례로 순시하여 전투준비에 충실한 부하에게는 포상을 내리고, 불성실하거나 나태한 장졸들에 대해서는 엄격하게 처벌하였다.

조선의 운명이 자신의 두 어깨에 달려 있음을 직감하였기 때문이었을까? 이순신은 이러한 책임을 회피하지 않았다. 그는 마치 내일이라도 왜적이 쳐들어 올 수 있다는 심정으로 전쟁을 준비하였다. 거북선 건조는 왜적으로부터 어떻게 책임 해역을 지킬 것인가에 대해 그가 얼마나 노심초사했는지를 보여 주는 징표이다. 새로 건조한 거북선에 돛을 달고 총통을 싣고 나가 시험 사격을 마친 날이 임진년(1592년) 4월 12일, 임진왜란 발발 하루 전이었다. 적어도 이순신은 임진왜란에 대비하여 전쟁 준비를 완벽하게 마친 상황이었다.

사생활에서 솔선수범하다

여자 문제에 대해 이순신은 어떤 생각을 가지고 있었을까? 조선은 일부일처제를 근간으로 하는 다첩제 사회였다. 정실부인은 한 사람이지만 여러 명의 소실을 두는 것이 허용되었다. 양반의 자식으로 태어나더라도 정실부인의 소생이 아닌 경우는 서얼庶孼이라 하여 여러 가지 차별을 받았다. 남자의 경우 관직에 등용되기가 어려웠으며, 여자의 경우는 정실부인이 아닌 첩으로 들어가는 것이 관례였다. 따라서 양반의 남성들은 현재에 비해 성적으로 어느 정도 개방되어 있었다 해도 과언이 아니다. 이순신에게도 첩이 있었다.

> "초하룻날 한밤중에 꿈을 꾸었는데 부안扶安 사람이 아들을 낳았다. 달수로 따져 보니 낳을 달이 아니었다. 그래서 꿈에서 또한 내쫓아버렸다."[74]

부안扶安 사람은 이순신의 첩이었다. 그런데 꿈에 부안 사람이 다른 사람의 아이를 낳은 것으로 판단되자 비록 꿈속이었지만 내쫓아 버린 것이다. 옳고 그름과 선과 악의 분명한 판단 기준을 지니고 있는 이순신에게 있어 옳지 않고 선하지 않은 것은 고려의 여지가 없었다. 이러한 이순신의 엄격한 도덕적 규범의식은 꿈속에서까지 그대로 연장된다.

> "새벽 꿈에 어떤 미인美人이 혼자 앉아 손짓을 하는데, 나는 소매를 뿌리치고 응하지 않았으니 우스운 꿈이었다."[75]

비록 꿈이었지만 평소에 그가 견지했던 올곧은 언행에 비추어 볼 때 미인의 유혹에 넘어가는 것을 스스로 용납할 수 없었던 것이다. 당시 수군 장수들은 첩을 함선에 태우곤 했다. 그리고 이순신이 첩을 함선에 태운 부하 장수에 대해 도덕적으로 비난은 할지언정 처벌하지 않은 것으로 보아 어느 정도는 관행으로 허용되었던 것 같다. 그러나 이순신은 자신에게만은 그와 같은 행위를 결코 용납하지 못했다.

당시는 전시였기 때문에 장병들의 성적 욕구의 충족 문제가 수군에서도 문제가 되었던 것 같다. 음란한 여자들에 대한 처벌의 사례도 일기에 보인다.

> "음란한 계집을 처벌하였다."[76]
>
> "우도의 각 고을과 포구의 전선에 부정 사실을 조사했다. 음녀 12명을 잡아내고 그 대장까지 처벌했다."[77]

이순신은 규범과 풍속에 어긋나는 성 관련 행위에 대해 엄격히 처벌함으로써 조선 수군의 군기를 확립하였다. 심지어 이순신은 성적 유혹을 불러일으킬 수 있도록 상황을 만든 부하 관리들을 처벌하기도 하였다.

> "경상 수사의 군관과 색리들이 명나라 장수를 접대할 적에 여인들에게 떡과 음식물을 이고 오게 한 죄를 다스렸다."[78]

이순신의 부하들은 명나라 장수를 잘 접대한다는 명목으로 음식물

을 나르는 시중을 여인들에게 시켰지만 이순신은 그것이 고국을 떠나 멀리 타국에 온 명나라 장수들의 성적인 욕구를 자극하는 일임을 간파하였다.

남녀 문제에 대하여 이순신이 깨끗할 수 있었던 것은 그의 솔선수범하는 몸가짐과 처신이 뒷받침되었기 때문이다. 그가 부적절한 처신을 하였다면 어떻게 부하 장병들이 그의 엄격한 처분을 마음으로부터 따를 수 있었겠는가?

WINNING LEADERSHIP 09

리더의 **고결한 인격**은 '한마음'의 주체이다

_제9단계 인격감화형人格感化形 리더십

제9단계 '인격감화형 리더십'은 리더십의 최고 단계이다. '인격'은 제1단계부터 제8단계의 리더십을 관통하는 리더십의 핵심적 주체이다. 똑같은 리더십을 구사했는데 그 효과가 다른 것은 리더십을 구사하는 주체인 리더의 인격에서 차이가 나기 때문이다.

이순신이 1591년 2월 전라좌수사로 부임하면서 첫째로 인연을 맺게 된 전라좌수영 관할 예하 지휘관과 참모들은 그가 노량 해전에서 순국할 때까지 함께하거나 열렬한 지지자가 되었다. 1593년(계사년) 8월 삼도수군통제사로 임명된 이후부터는 전라우수영, 경상우수영, 충청수영의 지휘관이나 참모와도 본격적인 인연을 맺어 그들 중에도 지지자가 생겨났다. 뿐만 아니라 통제영 관할의 백성들과 의병, 승병들도 이순신과 함께 하였다. 심지어 '항복한 왜인'〔降倭〕들도 이순신에게 충성

을 다하였다. 이순신의 고결한 인격이 그렇게 만든 것이다.

이순신은 조선 수군을 책임진 수군의 최고 리더로서 나라 걱정, 임금 걱정, 백성 걱정, 어머니에 대한 안부 걱정에 노심초사勞心焦思하면서 괴롭고, 힘든 나날을 보냈지만 인간적으로는 행복한 사람이었다. 그의 곁에는 언제나 부하 장병들과 백성들이 있었기 때문이었다.

이순신과 의기투합한 5인의 장수들

『삼국지』를 보면 유비劉備, 관우關羽, 장비張飛가 복숭아나무가 있는 정원에서 의형제를 맺었다는 도원결의桃園結義가 소개되고 있다. 이순신에게는 그런 의형제 같은 부하 장수가 없었을까. 이순신은 녹도 만호 정운鄭運이 부산포 해전에서 전사하자 정운을 녹도에 있는 이대원李大源[79] 사당에 함께 배향해 주기를 요청하는 장계를 조정에 보내는데 여기서 유사한 내용이 확인된다.

> "여러 장수들 중에서도 순천 부사 권준, 방답 첨사 이순신李純信, 광양 현감 어영담, 흥양 현감 배흥립, 녹도 만호 정운 등은 달리 믿는 바가 있어 서로 같이 죽기를 기약하고서 모든 일을 같이 의논하여 계획을 세웠는데, 권준 이하 여러 장수들은 모두 당상으로 승진되었으나 오직 이순신만이 임금의 은혜를 입지 못하였으므로 이에 조정에서 포상하는 명령을 내리시기를 엎드려 기다리오니, 사실대로 잘 아뢰어 주소서."[80]

이 장계는 부산포 해전이 있었던 임진년(1592년) 제4차 출동이 끝난 뒤에 올린 장계이다. 여기서 전라좌수사 이순신이 임진왜란을 당하여 첫 해전인 옥포 해전부터 어떤 각오로 누구와 더불어 작전계획을 의논하고 싸웠는지를 확인할 수 있다. 이순신李舜臣이 믿고 의지한 부하 장수는 순천 부사 권준, 방답 첨사 이순신李純信, 광양 현감 어영담, 흥양 현감 배흥립, 녹도 만호 정운 등 5명이었다.

실제 임진년(1592년) 제1차 출동이 있기 전 경상도 관할 바다로 출전할 것인가 말 것인가를 두고 전라좌수영 지휘관들 사이에 이견이 있었던 것 같다. 이순신은 예하 지휘관들의 반응에 대해 일기에 다음과 같이 적고 있다.

> "진해루에 앉아서 방답 첨사(이순신), 흥양 원(배흥립), 녹도 만호(정운)를 불러들였다. 그들은 모두 분격하며 제 한 몸을 잊어버리는 것이 과연 의사義士들이라 할 만하다."[81]
>
> "오정 때 배를 타고 바다로 나가 진을 치고 여러 장수들과 함께 약속하니 모두 즐거이 나갈 뜻을 품는데, 낙안 군수(신호)는 회피하려는 뜻을 가진 듯한 것이 탄식스러웠다. 그러나 군법이 있는데 설사 물러나 피하려한들 될 일인가."[82]

첫 번째 인용문은 방답 첨사 이순신, 흥양 원 배흥립, 녹도 만호 정운이 일본군의 침략에 대해 분해하며 목숨을 바칠 각오가 되어 있는 것을 보고 이순신이 매우 흡족해하는 내용이다. 두 번째 인용문은 낙안 군수 신호가 회피하려고 하는 태도에 대해 이순신이 매우 못마땅해

하고 있음을 알 수 있다.

전라좌수사 이순신과 순천 부사 권준, 방답 첨사 이순신, 광양 현감 어영담, 흥양 현감 배흥립, 녹도 만호 정운은 상하 계급 관계를 떠나 서로를 믿고, 함께 죽기를 기약한 의형제 같은 사이였던 것이다. 이들은 해전이 없을 때는 진영陣營에 머물면서 거의 매일 아침저녁으로 밥을 함께 먹고, 활을 함께 쏘며, 왜군을 무찌를 일을 논의하고, 작전계획을 수립하였다. 아래에서는 이들 5인에 대해 좀 더 자세히 살펴보기로 한다.

1) 권준權俊

권준은 전라좌수영 관할 순천 부사로서 이순신과 근무 인연을 맺었다. 권준은 일본군의 침략 소식을 접하자 가장 먼저 여수 본영으로 달려와 이순신과 대책을 논의했던 장수이다. 전라도 순찰사가 육군의 중위장中衛將으로 임명하는 바람에 제1차 출동에는 참여하지 못했지만 제2차 출동부터는 혁혁한 공을 세웠다. 권준은 해전에서 가장 중요한 직책인 중위장을 맡아 언제나 선두에서 적을 공격하였다. 임진년(1592년) 제2차 출동 시 당포 해전의 상황에 대한 장계에는 권준의 활약상이 잘 나타나 있다.

> "먼저 거북선으로 하여금 층루선層樓船 밑으로 곧바로 돌진하게 하여 용의 입으로 현자 철환을 치쏘게 하고 또 천자 · 지자 총통과 대장군전을 쏘아 그 배를 쳐부수자, 뒤따르고 있던 여러 전선들도 철환과 화살을

번갈아 쏘았는데, 중위장 권준이 돌진하여 왜장을 쏘아 맞히자, 활을 당기는 소리를 따라 거꾸로 떨어지므로 사도 첨사 김완과 군관 흥양보인 진무성이 그 왜장의 머리를 베었습니다."[83]

권준은 문과文科로 과거에 급제했지만 이순신이 칭찬할 정도로 활을 잘 쏘았다. 위의 광경은 권준의 그런 능력이 실제 해전에서 위력을 발휘하는 장면이다. 권준은 임진년(1592년)부터 갑오년(1594년) 10월 순천 부사에서 파직될 때까지 방답 첨사 이순신李純信, 흥양 현감 배흥립과 더불어 이순신과 가장 많은 시간을 함께한 장수이다. 그가 파직된 죄목은 '제멋대로 탐욕을 내어 관고官庫의 물품을 자기 집으로 실어 가고, 그것으로 집을 매입하였다'는 것이었다. 이순신은 그날의 광경을 일기에 적었다. "순천 권준이 잡혀갈 적에도 보러 왔다. 마음이 편안하지 않았다."[84] 그러나 잡혀가 국문을 받던 권준은 곧 풀려났다. 해명이 받아들여졌기 때문이었다.

파직되었던 권준이 여수 본영에 나타난 것은 그 이듬해인 을미년(1595년) 3월 16일이었다. 권준은 이순신 곁에 머물며 활을 쏘며 소일했다. 을미년(1595년) 5월에는 거의 매일 이순신과 더불어 활을 쏘는 광경이 일기에 보인다. 권준이 직책 없이 소일하는 것을 안타깝게 생각한 이순신은 을미년(1595년) 6월 1일 일시적이긴 하지만 그를 자신의 조방장助防將으로 삼았다.

다행스럽게도 조정에서는 을미년(1595년) 6월 14일 권준을 경상우수사로 임명하였다. 그해 2월 27일 통제사 이순신과 갈등을 빚던 경상우수사 원균이 체직되고 배설이 취임하였는데, 배설이 다시 파직당하

자 조방장으로 있던 권준을 경상우수사로 임명하였던 것이다. 그때부터 권준은 경상우수사로 근무하면서 정유년(1597년) 2월 나주 목사로 교체될 때까지 이순신과 함께하였다. 이때 배설이 다시 경상우수사가 되어 칠천량 해전에 참여하게 된다.

『선조실록』에는 칠천량 해전 직후인 정유년(1597년) 7월 22일 이순신을 삼도수군통제사로 임명하였다는 것과 더불어 권준을 충청수사로 삼았다는 기록이 보인다. 그러나 권준은 명량 해전에 참여하지 않았다. 그리고 그 이후 《난중일기》에도 등장하지 않는다. 그는 1599년 12월 경기도 병사가 되었고, 1601년 10월에는 충청도 병사가 되었으며, 1605년에는 황해도 병사가 되는 등 종전 후 고위 무관으로 크게 활약하였다.

2) 이순신李純信

방답 첨사 이순신李純信은 충무공 이순신李舜臣과 동명이인이다. 그는 임진년(1592년) 1월 10일 부임하자마자 전투 준비 태세에 돌입하였다. 《난중일기》 임진년 2월 8일자 기록에 방답 첨사 이순신이 전투 준비에 진력을 하고 있다는 내용이 보인다. 아마도 전라좌수사 이순신과 뜻이 통하였기 때문이리라. 그는 임진년(1592년) 제1차 출동 때에 중위장中衛將을 맡아 첫 해전인 옥포 해전을 승리로 이끄는 데 견인차 역할을 했으며, 제2차 출동 때의 당항포 해전에서는 당항포 어귀에 매복해 있다가 산으로 도망간 일본군들이 일부러 남겨 놓은 배 1척을 타고 나오는 것을 공격하여 적의 장수를 비롯해 100여 명을 사살하는 전공을 세웠다. 방답 첨사 이순신이 전라좌수사 이순신에게 올린 전과 보고 내용을 확인해 본다.

"1척에 타고 있는 왜적들은 거의 100여 명이었는데, 우리 편 배에서 먼저 지자 및 현자총통을 쏘는 한편 장편전, 철환, 질려포, 대발화 등을 연달아 쏘고 던지매 왜적들은 창황하여 어찌할 줄 모르고 도망하려 하므로 요구금要鉤金으로 바다 가운데로 끌어내자, 반이나 물에 뛰어들어 죽었습니다. 그중에 왜장은 약 24~25세 되는데 용모가 건장하고 잘났으며, 화려한 옷을 입고 칼을 집고 서서 남은 부하 8명과 함께 지휘하고 항전하면서 끝내 두려워하지 않았는데, 첨사가 그 칼을 집고 있는 자를 힘을 다하여 쏘아 맞히자 화살을 10여 대 맞고서야 소리를 지르며 물에 떨어지므로 곧 목을 베게 하고, 다른 8명은 군관 김성옥 등이 합력하여 쏘고 목을 베었습니다."[85]

순천 부사 권준도 활을 잘 쏘았는데, 방답 첨사 이순신도 그에 못지않게 활을 잘 쏘았다. 이순신李純信은 선두에서 돌격하여 도망가려는 일본 함선의 장수를 활을 쏘아 사살하고 목을 베었다. 나머지 일본 장수를 호위하고 있던 8명도 사살하여 목을 베었다.

제1차 출동에서 해전을 치르는 동안 전라좌수사 이순신李舜臣은 기이한 현상을 목격하였다. 한편에서는 열심히 싸우고 있는데 다른 한편에서는 죽은 왜적의 머리를 베고 있었던 것이다. 해전이 끝난 뒤의 논공행상 때문이었다.[86] 이순신은 부하 장병들에게 "사살한 뒤에 비록 목을 베지 못하더라도 힘써 싸운 자를 제일의 공로자로 논하겠다"[87]고 약속을 하였다. 이 약속을 가장 잘 따라 준 부하 장수가 방답 첨사 이순신이었다. 임진년(1592년) 제3차 출동에서 방답 첨사 이순신은 견내량에 있는 왜선 73척을 유인해 내기 위해 판옥선 5, 6척을 이끌고 위험을 무릅쓰고 적의 코앞까지 진격하였다. 본격적인 해전이 벌어지자 방답 첨사 이순신은 사전 약속에 따라 사살하는 데만 힘쓰고 머리를 베는 일에는 힘쓰지 않았다. 이런 사실이 장계에 보인다.

> "방답 첨사 이순신은 왜의 대선 1척을 바다 가운데서 온전히 잡아 머리 4급을 베었는데, 다만 사살하기에만 힘쓰고 머리를 베는 일에는 힘쓰지 않았을 뿐 아니라 또 2척을 쫓아가서 쳐부수어 일시에 불태웠습니다."[88]

그러나 조정에서는 상대적으로 머리 벤 수가 적은 방답 첨사 이순신에 대한 포상을 다른 장수와 동등하게 하지 않았다. 이에 전라좌수사 이순신은 조정에 장계를 올려 방답 첨사 이순신에게 다른 장수와 마찬가지의 포상을 해 줄 것을 적극 건의한다. 그것은 부하 장수들과의 약속을 지키기 위한 것이었으며 동시에 자신의 지휘권을 확립하기 위한 것이기도 하였다. 이런 노력이 도움이 되었는지 방답 첨사 이순신은 갑오년(1594년) 4월 충청 수사로 영전하게 된다.

갑오년(1594년) 한 해 동안 충청 수사 이순신은 순천 부사 권준과 더불어 통제사 이순신과 가장 많은 시간을 함께하였다.

> "충청 수사(이순신)가 와서 활을 쏘고 그대로 저녁밥을 함께 먹었다.

달 아래 함께 이야기할 때 옥적 소리가 처량했다. 오래도록 앉았다가 헤어졌다."[89]

두 이순신은 함께 활을 쏘고, 저녁밥을 먹고 또 달빛 아래 옥적 소리를 들으며 밤이 늦도록 이야기하였다. 인간적인 고민, 나라에 대한 걱정 등이 대화의 주류를 이루었으리라. 이 정도 사이면 인간적으로도 가까워지지 않을 수 없는 관계였을 것이 분명하다.

을미년(1595년) 3월 이순신李純信은 충청 수사에서 파직된다. 군량 200여 석을 착복하였다는 것이 죄목이었다. 이후 두 사람은 2년 여 동안 어울리지 못했다. 충청수사 이순신은 고령진 첨사로 좌천되어 근무하다가 다시 유도방호대장留都防護大將이 되어 경기도 수원에 주둔하면서 서울 방어의 책임을 맡았다.

통제사 이순신은 통제사에서 파직된 후 한양의 의금부에 하옥되어 취조를 받다가, 정탁 등의 구명 상소로 정유년(1597년) 4월 1일에 풀려났다. 이때 일기에 "영공 이순신李純信이 술병을 차고 와서 같이 취하며 이야기하였다"[90]는 기록이 있다. 옥에서 풀려나온 날 곧바로 찾아온 것을 보면 그가 평소 통제사 이순신李舜臣에 대한 조정의 처리 상황에 대해 촉각을 곤두세우고 있었음을 알 수 있다. 이 날 두 이순신은 2년여 동안 헤어져 있던 회포를 풀었으리라.

칠천량 해전 이후 다시 통제사가 된 이순신李舜臣은 경상우수사 배설이 이끌고 온 경상우수군 중심의 10여 척의 함선을 수습하여 명량 해전을 승리로 이끈다. 그러나 정작 경상우수사 배설은 명량 해전이 있기 전인 9월 2일 도주하였다. 명량 해전이 끝나고 목포의 고하도에

진영을 만들고 머무르고 있던 정유년(1597년) 12월 1일 이순신李純信이 드디어 통제사 앞에 나타났다. 경상수사가 되어 부임하였던 것이다. 두 이순신은 이 날 함께 이야기하며 종일 대책을 논의하였다.[91] 오랜만에 해후하여 다시 우정을 나누게 된 두 사람의 행복한 모습이 그려진다. 나를 알아주고 믿는 벗이 있다는 것은 인간이 누릴 수 있는 가장 큰 행복 중 하나가 아니겠는가.

정유년(1597년) 12월 1일 이후 두 이순신은 통제사 이순신이 순국할 때까지 생사고락을 함께하였다. 노량 해전 때 경상수사 이순신李純信은 십여 척의 일본 함선을 격침시키는 공을 세웠으며, 통제사 이순신李舜臣이 전사하자 통제사 직무대리가 되어 조선 수군을 인솔하였다. 의형제 이순신李純信이 통제사 이순신李舜臣을 대신하였던 것이다. 평소 그렇게 존경하고, 사랑하였던 통제사 이순신李舜臣을 먼저 하늘로 떠나보내고 눈물을 흘리며 개선하였을 경상수사 이순신李純信의 모습을 떠올려 본다.

이순신李純信은 1600년에는 충청수사, 1601년에는 황해도병사, 1602년에는 경상우병사, 전라좌수사가 되었다. 1604년 6월 선무공신 3등에 봉해졌다.

3) 배흥립裵興立

《난중일기》에서 배흥립에 관한 내용은 임진년(1592년) 1월 26일자 기록에 처음 보인다. 전라좌수사 이순신과 순천 부사 권준과 활을 쏘았다는 내용이다. 임진왜란이 발발하고 경상우수사 원균의 구원 공문을 접수한 뒤부터 보름쯤 지난 5월 1일 전라좌수영 수군은 여수 앞바다에 집결하였다. 전라좌수사 이순신은 진해루鎭海樓에 앉아 방답 첨사 이순신, 흥양 현감 배흥립, 녹도 만호 정운을 불러들여 출전에 대해 논의하였다. 부하 가운데 낙안 군수 신호는 회피하려는 인상을 보였는데 반해 방답 첨사, 흥양 현감 배흥립, 녹도 만호 정운, 광양 현감 어영담은 분한 마음을 표현하며 전투의지를 불태우고 있었다. 이순신은 이들에 대해 일기에 "그들은 모두 분격하며, 제 한 몸을 잊어버리는 것이 과연 의사義士들이라 할 만하다"[92]라고 적었다. 일본의 침략에 대해 배흥립이 매우 분개하였다는 것은 5월 3일 일기에도 보인다.

배흥립은 임진년(1592년) 제1차 출동 옥포 해전에서 전부장前部將을 맡아 일본의 대선 2척을 격파하였으며, 제2차 출동 때는 후부장後部將을 맡아 활약하였고, 제3차 출동 중의 한산 해전에서는 일본의 대선 1척을 격파하는 전공을 세웠다.

배흥립은 이순신과 특별히 많은 시간을 보냈다. 갑오년(1594년) 9월에는 거의 매일 함께 이야기하고, 활을 쏘고, 밥을 먹었다. 이때 서로 인간적인 정이 많이 들었을 것으로 생각된다. 이 시기 전후로 '이순신이 부산포에 있는 일본 수군을 공격하려 들지 않는다'는 이야기가 조정에 널리 퍼지고 있었다. 아마도 원균이 조정에 보낸 장계 내용에 이런 내용이 포함되어 있었던 것 같다. 이순신은 이와 같은 상황을 갑오년(1594년) 8월 30일 영의정 유성룡과 병조판서 심충겸이 보낸 편지를 통해 알게 되었다. 이 날의 심정을 이순신은 "원 수사의 일은 참으로 해괴하다. 날더러 머뭇거리며 앞으로 나아가지 않는다 했다니 이는 천고에 탄식할 일이다"[93]라고 일기에 적고 있다.

과연 9월 3일 아침 임금의 밀지密旨가 당도했는데, "수륙의 여러 장수들이 팔짱만 끼고 서로 바라보면서 한 가지라도 계책을 세워 적을 치는 일이 없다"[94]는 내용이었다. 임금으로부터 이런 지탄을 받은 이순신은 앞이 깜깜했다. 그리고 억울했다. 3년 동안 바다위에서 여러 장수들과 죽기를 각오하고 싸워 왔던 모든 일들이 한순간 물거품이 된 것 같은 기분이었으리라. 이순신은 그날의 참담한 심정을 이렇게 일기에 적었다.

"새벽에 밀지가 들어왔는데 '수륙으로 여러 장수들이 팔짱만 끼고 서로 바라보면서 한 가지라도 계책을 세워 적을 치는 일이 없다' 했지만, 3년 동안 해상에 있으면서 그럴 리 만무하다. 초저녁에 불 밝히고 혼자 앉아 스스로 생각하니 국사가 어지럽건만 안으로 건질 길이 없으니 이 일을 어찌 할꼬. 밤 10시께 흥양(배흥립)이 내가 홀로 앉아 있는 줄을 알고 들어와 자정까지 얘기하다 헤어졌다."[95]

운수 나쁜 일은 겹쳐 온다던가. 이때 부인인 방씨方氏의 병세가 매우 위중하여 이순신은 가정적으로도 고민이 많았다. 그런 상황에서 이런 일이 있게 되자 곁에서 안타깝게 지켜보던 배흥립이 밤늦게 방문하여 이순신을 위로하였던 것이다. 그다음 날 아침에도 배흥립은 이순신을 찾아와 위로하였다. 직속상관인 이순신이 고민하고, 괴로워할 때 언제나 곁에서 지켜 주던 이가 바로 배흥립이었다.

배흥립은 을미년(1595년) 말 장흥 부사로 전직되었다. 그리고는 아마도 파직된 것 같다. 이순신은 배흥립을 불러 수군의 조방장으로 삼았다. 병신년(1596년) 8월 배홍립이 조방장으로 활약하는 모습이 일기에 등장한다. 이후 이순신이 통제사에서 파직되고 서울로 압송되기 전까지 배홍립은 이순신을 곁에서 보좌하였다. 정유년(1597년) 이순신이 옥에서 풀려나와 백의종군하러 진주의 초계로 가는 도중 배홍립이 찾아온다는 편지를 받고 기뻐하는 모습이 정유년(1597년) 5월 22일자 일기에 보인다.

배홍립은 칠전량 해전에 조방장으로 참여하였으나 전사하지 않고 살아남았다. 칠천량 해전 후인 정유년(1597년) 7월 24일 일기에 이순신이 곤양 근처인 운곡에서 배홍립 부인과 배홍립을 만났다는 기록이 있으며, 그때 배홍립은 병에 걸려 큰 고통 중에 있었다. 이순신은 "저녁에 배홍립의 병문안을 가보니 고통이 극도로 심했다. 걱정, 걱정이다"[96]라고 일기에 적었다. 명량 해전에서는 배홍립의 이름이 거론되지 않는다. 아마도 병이 낫지 않아 다시 통제사가 된 이순신을 도울 수 있는 상황이 아니었던 것 같다.

그러다 명량 해전이 끝난 정유년(1597년) 12월 11일 일기에 경상수사가 되어 부임한 이순신李純信과 함께 조방장 배홍립의 이름이 다시 등장한다. 병이 나아 목포의 고하도에 머무르고 있는 통제사 이순신을 찾아온 것이다. 이후 경상수사 이순신李純信과 조방장 배홍립의 이름이 일기에 자주 등장한다. 어제의 의형제들이 다시 뭉친 것이다. 기뻐하였을 통제사 이순신의 모습을 상상해 본다.

4) 정운鄭運

녹도 만호 정운은 임진년(1592년) 초기 해전에서 이순신에게 가장 영향을 많이 준 장수이다. 임진왜란이 발발하는 해인 임진년 2월 이순신은 관할 부대를 순시하는데 이때 녹도 만호진에 들렀다.

> "녹도로 가서 바로 새로 쌓은 문루門樓 위로 올라가 보니 경치의 아름다움이 군내에서는 으뜸이었다. (녹도) 만호의 애쓴 정성이 안 미친 곳이 없었다."[97]

정운에 대한 이순신의 신뢰가 어떠했는지를 확인할 수 있는 자료이다. 정운에 대해 이순신은 방답 첨사 이순신, 흥양 현감 배흥립과 더불어 의사義士라고 할 만하다고 극찬하였다. 그는 성격이 화통하고, 직선적이며, 과단성이 있는 장수였다. 경상도 해역으로 출동하는 문제로 부하들과 열띤 토론을 할 때도 출전의 당위성을 목소리 높여 주장한 장수가 녹도 만호 정운이었으며, 임진년 제1차 출동 직전 출동 날짜를 정하는 일에 있어서도 전라좌수사 이순신이 결단을 내리는 데 결정적 영향을 준 사람이 정운이었다. 아래의 인용문은 첫 출동이 있기 하루 전인 임진년(1592년) 5월 3일에 쓴 이순신의 일기이다.

> "조금 뒤에 녹도 만호가 보자고 하기에 불러들였다. 그의 말이, '우수사는 오지 않고 왜적은 점점 서울 가까이 다가가니 통분한 마음 이길 길 없거니와 만약 기회를 늦추다가는 후회해도 소용없다'는 것이었다. 이

때문에 곧 중위장(방답 첨사 이순신)을 불러 내일 새벽 떠날 것을 약속하고 장계를 썼다."[98]

이때의 상황은 이미 경상도 해역으로 출동한다는 것이 결정된 상태였고, 출동 날짜는 이억기가 지휘하는 전라우수영 함대가 도착하면 그때 가서 최종 결정한다는 것이었다. 그런데 5월 3일 정운이 이순신에게 면담을 신청하여 하루 빨리 출동하여야 한다는 건의를 하자 이순신은 곧바로 그 건의를 받아들여 다음 날인 5월 4일 새벽에 출동한다는 명령을 내렸다.

녹도 만호 정운은 임진년 제1차 출동 때 후부장을 맡아 옥포해전에서 일본의 중선 2척을, 적진포에서 일본의 대선 1척을 격파하였다. 제2차 출동 때는 좌척후장을 맡아 대선 1척을 격파하였다. 제3차 출동 때의 한산 해전에서는 역시 좌척후장을 맡아 층각대선 2척을 총통으로 격파하는 등의 전공을 세웠다. 임진년 마지막 출동인 제4차 출동에서는 우부장을 맡아 초량목에서 일본 대선 4척을 격파하는 데 참여하였는데, 안타깝게도 부산포 해전에서 적의 철환을 맞아 전사하였다. 이순신은 그날의 안타까운 심정을 장계에 실었다.

"녹도 만호 정운은 사변이 일어난 이래 충의심을 분발하여 적과 함께 같이 죽기로 맹세하여, 세 번이나 적을 칠 때 언제나 앞서 돌진하였으며, 이번 부산 접전 때에도 죽음을 무릅쓰고 돌진하다가 적의 대철환이 이마를 뚫어서 전사하였으니 지극히 참통慘痛합니다."[99]

이순신은 맡은 바 직책에 정성을 다하고, 담력과 지략을 겸비한 의형제와 같은 정운을 부산포 해전에서 잃었다. 이순신은 출동이 끝난 직후 즉시 녹도 만호 정운을 이대원 사당에 함께 배향해 주기를 청하는 장계를 조정에 올린다. "이대원의 사당이 아직도 그 포구에 있으므로 같은 제단에 초혼하여 함께 제사를 지내어 한편으로는 의로운 혼령을 위로하고, 한편으로는 다른 사람을 깨우치게 하소서."[100] 이 건의가 받아들여져 정운은 이대원 사당에 배향되었다. 정운에 대한 애틋한 심정을 이순신은 이렇게 표현한 것이다.

5) 어영담魚泳潭

어영담은 함양 사람으로 담력이 보통 사람보다 뛰어났다. 무과에 급제한 뒤에 영호남의 여러 진을 두루 다녀 물길의 험하고 순탄한 것과 멀고 가까움을 자세히 알고 마치 자기 집 앞마당을 드나드는 것처럼 하였다.

임진년(1592년) 5월 4일 첫 번째 출동 시 그가 길을 인도한 이래로 해전 때마다 앞장서 일본 함선을 격파하였다. 임진년(1592년) 제1차 출동 하루 전인 5월 3일 오후 이순신이 어영담을 불러 함께 이야기했을 때 그는 일본의 침략에 대해 매우 분해하였다고 적혀 있다.

어영담은 제1차 출동 때에 중부장으로 참여하여 옥포 해전에서 일본의 중선 2척과 소선 2척을 각각 격파하였으며, 제2차 출동 때도 또한 중부장으로 참여하여 대선 1척을 격파하였다. 제3차 출동 중의 한산 해전에서의 활약은 다음과 같다.

"광양 현감 어영담 또한 먼저 돌진하여 왜의 층각선 1척을 쳐부수어 바다 가운데에서 온전히 잡아 왜장을 쏘아 맞혀서 신의 배로 묶어 왔는데, 문초하기 전에 화살을 맞은 것이 중상이고 말이 통하지 않으므로 즉시 목을 베었으며, 다른 왜적을 비롯하여 머리 12급을 베고, 우리나라 사람 1명을 산 채로 빼앗았습니다."[101]

어영담의 활 솜씨도 순천 부사 권준이나 방답 첨사 이순신에 뒤지지 않았다. 해전에서 활을 쏘아 적장을 맞힌다는 것은 결코 쉬운 일이 아닌데 임진년(1592년) 제3차 출동 중의 한산 해전에서 어영담의 활 솜씨가 빛을 발한 것이다. 계사년(1592년)에는 전라좌수영의 지휘관들이 모여 활을 쏘는 광경이 일기에 많이 보인다.

"조그마한 산등 위에 소포를 치고 순천 부사 권준, 광양 현감 어영담, 방답 첨사 이순신, 사도 첨사 김완, 우후 그리고 발포 등 여러 장수들과 편을 갈라 활을 쏘아 승부를 다투다가 날이 저물어 배로 내려왔다."[102]

"점심 때 과녁을 걸어 놓은 곳으로 가서 순천 부사 권준, 광양 현감 어영담, 사도 첨사 김완, 방답 첨사 이순신이 승부를 서로 겨루는데, 나도 한 몫 거들어 쏘았다."[103]

함께 활을 쏘며 승부를 겨룬 뒤에는 술자리가 이어지고 음식을 나누어 먹곤 했다. "순천과 광양이 와서 노루 고기를 차렸다"[104]는 기록도 있고, 추석 다음날에 "광양이 명절 음식을 갖추어 왔다"[105]는 기록도 보인다. 뿐만 아니라 이순신은 군사에 관한 일들을 광양 현감 어영

담 등과 함께 논의하였다. 일기에 광양 현감 어영담의 이름이 많이 보인다.

"아침에 순천, 광양을 불러다가 군사 문제를 토의했다."[106]

"순천, 가리포, 광양 들이 와서 군사 일을 의논했다."[107]

"식후에 순천, 광양, 방답, 흥양 들을 불러들여 복병에 관한 일을 함께 의논하였다."[108]

순천 부사 권준, 방답 첨사 이순신, 흥양 현감 배흥립은 모두 광양 현감 어영담과 더불어 의형제와 다름없는 관계였다. 계사년(1593년)의 경우 전사한 녹도 만호 정운을 제외한 의형제들이 함께 활을 쏘고, 음식을 나누어 먹고, 군사 문제를 의논하는 광경이 거의 매일 보인다.

어영담은 군량을 준비하는 데도 지혜를 발휘하여, 특히 종자 곡식과 백성 구휼용 곡식을 따로 간직해 두기까지 하였다. 그러던 중 계사년(1593년) 2월에 어영담이 웅천 해전에 출동하고 없는 사이 독운 어사 임발영이 내려와서 그것을 사사로이 보관한 것으로 잘못 인식하여 어영담의 파면을 조정에 요청하였다. 이런 사실을 보고 받은 이순신은 곧바로 어영담의 유임을 청하는 장계를 조정에 올렸다.

"(어영담은) 여러 번 경상도와 전라도의 변장으로 재임하여 물길의 형세를 익숙히 알지 못한 것이 없으며, 계교와 생각함이 남보다 뛰어나므로 신이 중부장으로 정하여 함께 일을 모의하였으며, 여러 번 적을 무찌를 때에는 죽음을 무릅쓰고 앞장서서 대승리를 거두었습니다. (중략)

설사 조금 과실이 있었다 하여도 이같이 몹시 어려운 때를 당하여 충의에 분발하는 장수 한 사람을 잃게 되는 것은 적을 방어함에 해로움이 있을 뿐만 아니라, 해전은 사람마다 능히 할 수 있는 것이 아니므로 이런 시기에 이르러 장수를 바꾼다는 것은 또한 군사상 좋은 계책이 아닙니다."[109]

이순신의 간청에도 불구하고 광양 현감 어영담은 계사년(1593년) 11월 파직되었다. 그러자 이순신은 다시 어영담이 수군의 조방장으로 근무할 수 있도록 청하여 허락을 받았다. 어영담은 조방장이 되어서도 매번 선두에서 열심히 싸웠다. 다음은 일기의 기록이다.

"큰 부대는 흉도 앞 바다에 진을 치게 하고 정예선 30척은 우조방장 어영담이 거느리고 적을 무찌르기 위해서 초저녁에 배를 띄워 지도에 이르러 밤을 지내고 새벽 2시께 출발했다."[110]

이순신과 더불어 생사고락을 같이 하던 어영담은 갑오년(1594년) 4월 9일 세상을 떠났다. 진중에 유행하던 전염병 때문이었다. 이순신은 일기에 "어 조방장이 세상을 떠났다. 애통함을 어찌 다 말하랴"[111]라고 적었다. 녹도 만호 정운의 전사戰死에 이어 어영담이 병사病死함에 따라 남은 의형제는 권준, 이순신李純信, 배흥립 3인이었다.

의형제 같은 5인의 장수들 이외에도 이순신 곁에는 유능한 지휘관, 참모가 많이 있었다. 낙안 군수 신호는 임진년 첫 출동을 앞두고 회피할 꾀를 낸다는 인상을 주었지만 그뒤에는 이순신을 존경하고 따라 신임을 획득하였다. 이순신은 을미년(1595년) 신호가 파직되자 자신의 조방장으로 삼았다.

사도 첨사 김완에 대한 이순신의 첫인상 또한 별로 좋지 않았다. 임진년(1592년) 2월 이순신이 사도를 순시할 때 "방비가 다섯 포구 중에서 가장 못하건만 순찰사가 표창하는 장계를 올렸기 때문에 죄상을 검사하지 못하니 참으로 기가 막혀 웃을 일이다"[112]라고 일기에 적었다. 그러나 사도 첨사 김완은 임진년(1592년)부터 이순신이 통제사에서 파직되는 정유년(1597년) 초까지 생사고락을 함께하면서 인간적인 교분과 정을 쌓았던 것 같다. 병신년(1596년) 2월 김완이 조도어사調度御使의 장계로 파직되자 이순신은 그를 조방장으로 삼았다. 김완은 조방장으로 칠천량 해전에 참여하여 용감히 싸우다 포로가 되어 일본에 잡혀갔다가 무술년(1598년) 4월에 탈출하여 돌아왔다.

여도 권관 김인영도 임진년 첫 출동에서 좌척후장을 맡아 활약한 이래 한 번도 여도를 떠나지 않고 이순신과 함께한 장수이다. 아마도 이순신과 가장 많은 시간을 함께한 장수가 김인영이 아닐까 생각된다. 그러나 앞에서 살펴본 이순신의 5인의 의형제들과는 가까운 정도가 덜한 것이 느껴진다. 여도 권관 김인영은 갑오년(1594년) 초에 만호로 진급하여 당항포 해전에 참전하였다. 갑오년(1594년) 3월에는 이순신이 여도 만호 김인영에게 상을 내리기를 요청하는 장계를 조정에 올렸다. 자신을 챙겨 주는 통제사 이순신에게 고마움을 느꼈던지 갑오년(1594년) 7월에는 이순신을 찾아와 활을 쏘겠다고 청하기도 하고 술을 가져와 함께 마시는 모습도 보인다.

송여종은 임진년 초기에는 전라좌수영 관할인 낙안 군수 신호의 군관이었는데, 전쟁이 벌어진 뒤에는 이순신의 군관 역할을 하였다. 임진년(1592년) 제4차 출동에 벌인 부산포 해전의 승리 소식을 보고하는 장계를 지니고 신의주에 있는 임금에게 전한 장수이다. 한산도로 돌아와서는 부산포 해전에서 전사한 정운을 대신해서 녹도 만호에 임명되었으며, 그 이후 줄곧 이순신과 함께하였다. 그는 칠천량 해전에서도 살아남았으며, 명량 해전에도 참여하여 안위와 더불어 크게 전공을 세웠다.

정경달은 임진란이 일어난 지 3년째 되는 갑오년(1594년) 이순신의 건의에 의해 종사관이 되어 도원수 권율과 연락하는 일, 모병과 군량 조달, 둔전과 목장의 관리 등의 일을 맡았다. 정유년(1597년)에 이순신이 파직되어 옥에 갇히자 이원익, 유성룡, 이항복 등의 고위 관료들과 심지어 선조 임금에게까지도 구명 운동을 펼쳤다.

최희량은 을미년(1595년) 배흥립이 파직되자 뒤를 이어 흥양 현감이 되어 이순신을 보좌한 인물이다. 박종남은 을미년(1595년) 조방장으로 이순신과 함께하였다. 소계남은 무술년(1598년) 발포 만호로 이순신을 도왔다.

이순신의 군관 또는 기타 도우미로 활약한 이는 이언량, 나대용, 변존서, 송희립, 송대립, 이설, 정사준, 정사립, 최천보, 최대성, 이홍명,

정상명, 배응록, 이봉수, 김붕만, 김득룡, 제만춘, 이희남, 윤선각, 김대복 등이 있다.

이순신을 추종한 타도의 지휘관들 _ 이영남, 이운룡, 우치적 등

이영남은 임진왜란이 발발하자 경상우수사 원균이 도망하려는 것을 옥포 만호 이운룡이 제지하여 전라좌수사 이순신에게 구원을 요청하게 되었을 때 교섭의 책임을 맡았던 장수이다. 그런 면에서 누구보다도 원균에 대해 자세히 알고 있는 사람이었다.

이영남은 아직 이순신이 통제사로 임명되기 전인 계사년(1593년) 5월 이순신에게 와서 원균이 잘못하고 있는 점에 대해 자세히 이야기하고 고민했던 사람이다. 갑오년(1594년) 5월에는 이순신이 집무하는 곳에 와서 종정도 놀이도 하고, 함께 점심도 먹고, 밤늦게까지 이야기하는 등 인간적인 정을 쌓았다. 이때 이영남은 웅천 현감으로 있던 이운룡과 경상도 우후로 있던 이의득과 여러 번 이순신을 찾았다. 이들은 모두 경상우수영에 소속된 장수들로서 이순신을 존경하고 사랑하게 된 사람들이다.

갑오년(1594년) 7월에는 이런 일이 빌미가 되었는지 소비포 권관 이영남이 경상우수사 원균에게 곤장을 맞는 일이 생겼다. 이순신은 그날의 상황을 일기로 적었다.

"소비포(이영남)가 보러 와서 말하기를, 기한에 대지 못하였다고 해서 원 수사에게 곤장 30대를 맞았다고 한다. 몹시 해괴한 일이다."113

이런 일이 있은 뒤 이영남은 완전히 이순신의 사람이 되었다. 함께 활을 쏘고, 밥을 같이 먹고, 이야기하는 횟수가 훨씬 잦아졌음이 일기에서 확인된다. 이영남은 이순신을 진정 사랑하고 존경하였다. 그런데 을미년(1595년) 1월 이후 이영남에 대한 언급이 일기에 없다. 그러다가 다시 이영남이 등장한 것이 병신년(1596년) 5월이었다. 이영남과 이순신은 지나간 일을 이야기하는 등 5일 동안 함께 먹고 자며 회포를 풀었다. 인간적인 따뜻한 정을 서로 나누는 행복한 시간이었으리라.

이영남은 정유년(1597년) 초에는 장흥 부사로 잠시 근무하였으며, 정유년 10월에는 충청 병사 이시언의 조방장으로 육전에 참여하였다. 그러다 무술년(1598년)에 가리포 첨사로 수군에 복귀하여 이순신 진영에 합세하였다. 이영남은 노량 해전에서 죽기를 다해 싸우다 그가 그토록 사랑하고 존경하던 이순신과 함께 장렬히 전사하였다. 전라좌수영 소속의 직계 부하 장수 이외에서 또 다른 의형제 한 명을 꼽으라고 한다면 그는 아마도 이영남일 것이다.

웅천 현감으로 있던 이운룡 또한 이순신을 존경하여 이영남과 함께 여러 번 찾아와 활도 쏘고, 이야기도 하고, 밥도 같이 먹었던 장수이다. 경상우수영 소속의 이운룡과 이영남 두 사람은 서로 뜻이 맞았던 것 같다. 이운룡은 경상우수영 소속 장수 가운데 이순신을 가장 오랫동안 보좌한 장수이다. 병신년(1596년)에는 경상좌수사가 되어 이순신과 함께 하였다.

영등포 만호 우치적 또한 이영남, 이운룡과 마찬가지로 원균 휘하에

있는 장수이면서 이순신을 존경한 사람이다. 통제사 파직 후 백의종군하러 진주 초계로 가던 중 순천 부사로 있던 우치적이 여러 번 찾아왔다. 일기에 "부사(우치적)가 노자를 보내 주어 참으로 미안스러웠다"[114]는 기록이 있다. 이때 우치적은 소실이 죽어 장례를 치르고 있는 중이었다. 우치적은 명량 해전과 노량 해전도 이순신과 함께 하였다.

거제 현령 안위는 갑오년(1594년) 4월부터 이순신과 함께하였고, 칠천량 해전 때 살아남은 장수이다. 명량 해전 초기 뒤처져 있다가 이순신으로부터 질책을 받고 적선 속으로 돌진하여 승리의 계기를 만든 장수이다. 이 공로로 안위는 통정대부通政大夫를 제수받았다. 그러나 그가 이순신을 진정 사랑하고 존경했는지에 대해서는 약간의 의문점이 있다.

이외에 타 수영 소속의 장수로 이순신을 존경하고 따른 사람으로는 장흥 부사 황세득, 영등 만호 조계종, 충청 우후 원유남, 경상 우후 이의득, 사량 만호 이여념, 안골포 만호 우수, 가리포 첨사 이응표, 구사직 등이 있다.

이순신을 도운 전문가들

이순신 주변에는 각각의 군사전문성을 지닌 지휘관, 참모들이 많이 있었다. 정걸은 충청 수사로서 이순신을 보좌했는데 그는 판옥선 건조와 화전火箭, 철익전鐵翼箭, 대총통大銃筒 등 무기 개발에 탁월한 식견이 있었으며, 나대용은 군관으로서 널리 알려진 것처럼 거북선 건조를 주도하였다. 이봉수는 군관으로서 고급 기술에 속하는 화약제조법을 알고 있는 귀중한 존재였다. 그는 화약을 만들어 각 진포에 보급함으로써 대형 화약 무기 중심의 전라좌수군의 전투력 유지에 결정적 역할을 하였다. 어영담은 임진년 초기 영남으로 출동하는 이순신 함대의 물길을 선두에서 인도하였으며, 제한국은 고성 벽방산의 망장望將으로 고성 쪽의 정보를 입수하여 제공하는 데 기여하였다. 제만춘은 일본에 포로로 갔다가 탈출해 온 자로 일본군 본영의 실상과 부산 지역의 일본군 분포에 대한 정보 그리고 일본 수군의 장단점에 대한 정보를 이순신에게 제공하여 신임을 얻었다.

문신으로서 이순신이 조정에 건의하여 등용한 종사관 정경달은 도원수 권율과 이순신의 가교 역할을 하면서 모병과 군량 조달 등의 역할을 하였다. 그는 이순신이 파직되어 옥에 갇혔을 때 이순신의 구명 운동을 적극 펼치기도 하였다. 정사준은 군관으로서 일본군의 조총을 보고 연구하여 정철正鐵로 주조한 신新 조총을 개발한 인물이다. 이의온은 정유년(1597년)에 이순신의 막하로 들어와 둔전屯田 대한 계책을 제공하는 등 군량을 확보하는 데 크게 기여하였다. 고금도에서는 해로통행증 제도를 고안하여 피난선들로부터 쌀을 통행세로 받아 군량을 충당하기도 하였다. 용기라면 둘째가라면 서러운 이로는 정운, 이설, 송여종, 이언량 등이 있다. 정운은 녹도 만호로서 부산포 해전에 참전하여 철환을 맞아 전사함으로써 이순신을 슬프게 한 장수이다. 이언량은 임진년 네 차례 출동 때 거북선 돌격장으로 참여하여 수없이 많은 일본 함선을 격파했으며, 노량 해전에서 전사하였다.

이순신을 사랑하고 존경한 백성들

어떤 사람이 소중하고 귀중한가는 그가 없을 때 확인되는 법이다. 이순신은 현직에 있을 때부터 주변에 백성들이 모여들었다. 그들의 식량을 해결해 줘야 했기에 한편 힘들었지만, 또 한편으로는 그들의 노동력을 동원하여 둔전을 개간하고 군량을 확보하는 등 도움을 받았다. 그런 이순신이 통제사에서 파직되어 옥고를 치르고 정유년(1597년) 8월 다시 통제사에 임명되어 나타나자 길가에 가득한 피란민들이 몹시 기뻐하는 모습이 일기에 보인다.

> "아침 식후에 길을 떠나 옥과玉果 지경에 이르니 순천과 낙안의 피란민들로 길이 가득 찼으며, 남자 여자가 서로 부축하고 가는 것이 차마 볼 수 없었다. 그들은 울면서 '사또가 다시 오셨으니 이제 우리는 살았다' 고 하였다."[115]

그리고 며칠 뒤 칠천량 해전에서 살아온 조선 수군을 접수하기 위해 남해 연안으로 가는 길에 노인들이 길가에 서서 다투어 술병을 가져다 바치는 광경도 보인다.

> "점심 후 길을 떠나 10리쯤 오니 늙은이들이 길가에 늘어서서 다투어 술병을 가져다 바치는데, 받지 않으면 울면서 강권하는 것이었다."[116]

위의 광경이 통제사에서 파직된 후 다시 통제사가 되어 왔을 때의 백성들의 반응이다. 그렇다면 젊은 사람들의 반응은 어떠했을까. 삼도수군통제사에 다시 임명된 이순신이 진주로부터 옥과玉菓에 이르자 젊은 장정들이 처와 자식들을 돌아보고 "자 우리 대감이 오셨다. 이제 너희들도 안 죽을 게다. 천천히 찾아들 오너라. 나는 먼저 대감을 따라가겠다" 하고 이순신을 따라 나섰다.[117] 이순신이 통제사에 재임명되고 전선 12척을 수습하여 명량 해전을 승리로 이끌 수 있었던 것도 그의 '어진 정치[仁政]'에 감복한 백성들이 자발적으로 협조해 주었기 때문이었다.

절대 열세의 명량 해전을 앞두고도 수많은 백성들이 이순신 주변에 모여들었다. 명량 해전을 먼발치에서 지켜보던 백성들은 일본의 함선이 여러 겹으로 이순신의 배를 에워싸 더 이상 보이지 않자 "우리들이 여기 온 것이 다만 통제사 대감만 믿고 온 것인데 이제 이렇게 되니 우린 이제 어디로 가야 하오"라고 하며 절망하기도 하였다.[118] 그처럼 믿고 따르던 이순신이 노량 해전에서 순국했을 때 백성들의 반응은 어떠했을까.

> "충무공 이순신이 노량에서 왜적의 탄환에 맞아 죽으니 호남 지방 모든 남녀는 육식을 물리치고 흰옷을 몸에 걸치지 않은 이가 없었다."[119]

육식을 하지 않고, 흰옷을 입었다는 것은 백성들이 이순신을 친부모처럼 생각하였다는 의미이다. 이순신에 대한 백성들의 사랑을 상징적으로 보여 주는 기록이 아닐 수 없다.

노량 해전이 있은 직후 좌의정 이덕형이 남해 연안을 순시하며 올린

장계에 당시의 사정이 생생하게 기록되어 있다.

"신이 본도에 들어가 해변 주민들의 말을 들어 보니, 모두가 그를 칭찬하며 한없이 아끼고 추대하였습니다. 또 듣건대 그가 금년 4월에 고금도古今島로 들어갔는데, 모든 조치를 매우 잘하였으므로 3~4개월이 지나자 민가와 군량의 수효가 지난해 한산도에 있을 때보다 더 많았다고 합니다. 그때서야 그의 재능이 남보다 뛰어난 줄 알았습니다. (중략) 첩보가 있던 날 군량을 운반하던 인부들이 이순신의 전사 소식을 듣고서 무지한 노약자라 할지라도 대부분 눈물을 흘리며 서로 조문하기까지 하였으니, 이처럼 사람을 감복시킬 수 있었던 것이 어찌 우연한 것이겠습니까. 이순신이 나라를 위하여 순직한 정상은 옛날의 명장에게도 부끄러울 것이 없었습니다. 포장하는 조치를 조정에서 각별히 시행하소서."[120]

위의 내용은 크게 두 가지로 요약할 수 있다. 하나는 이순신이 무술년(1598년) 4월 고금도에 들어와 진을 설치한 지 3, 4개월이 지나자 한산도의 통제영 시절보다도 더 많은 백성들이 모여들었으며 군량도 충분히 비축되었다는 이야기를 듣고 이덕형은 이순신이 뛰어난 무장이었음을 알았다고 고백하는 것이요, 다른 하나는 이순신이 전사하였다는 소식이 전해지자 군량을 운반하던 인부들 중 비록 무지한 노약자들까지도 눈물을 흘리며 서로 조문하는 광경을 이덕형이 직접 목도하고 감동을 받았다는 것이다. 아마도 이덕형이 조정에 보낸 위의 장계는 이순신 사후 이순신에 대한 평가 가운데 시기적으로나 내용상에서 가장 사실에 가까운 평가가 아닌가 생각된다. 이와 같은 이덕형의 평가에서 우리는 이순신이 리더로서의 역량과 고결한 인품을 겸비한 위대한 리더였음을 다시 한 번 확인할 수 있다.

이순신을 사랑하고 존경한 의병義兵, 승병僧兵들

이순신의 인격에 감동한 사람은 관직에 진출한 양반 장수들뿐만이 아니었다. 그의 주변에는 영호남 일대에서 의병義兵, 승병僧兵들이 구름처럼 모여들었다. 다음은 승병을 나누어 요충지를 지키게 하였다는 내용의 장계이다.

> "스님들이 소문을 듣고 즐거이 모여들어 한 달 이내에 무려 400여 명에 이르렀습니다. 그중에서 용략이 있는 순천에 사는 중 삼혜三慧를 시호 별도장, 흥양에 사는 중 의능義能을 유격별도장, 광양에 사는 중 성휘性輝를 우돌격장, 광주에 사는 중 신해信海를 좌돌격장, 곡성에 사는 중 지원智元을 양병용격장으로 모두 정하고."[121]

이에 따라 스님들로만 편성된 수군이 탄생되기도 하였다.[122] 실제로 이들의 활약은 결코 적지 않았다. 다음의 장계는 이순신의 휘하에서 정식 병사가 아닌 의병義兵, 승병僧兵들이 어떻게 활약했는지를 엿볼 수 있는 좋은 자료이다.

> "수군을 자진해서 모집하여 들어온 의병장 순천 교생 성응지成應祉와

승장 수인守仁, 의능義能 등이 이번 전란에 제 몸의 편안을 생각하지 않고 의기義氣를 발휘하여 군병들을 모집하여 각각 300여 명을 거느리고 나라의 치욕을 씻으려 하였는 바, 참으로 칭찬할 만한 일일뿐만 아니라, 수군의 진중에 2년 동안 스스로 군량을 준비하여 이곳저곳에 나누어 주면서 간신히 양식을 이어 대는데, 그 부지런함과 고생스런 모습은 군관들보다 배나 더 하였으며, 조금도 수고를 꺼리지 않고 지금까지 부지런할 따름입니다."[123]

이순신은 이들의 공로와 애국심에 대하여 "일찍이 싸움터에서 적을 무찌를 적에도 뛰어난 공로가 현저하였으며, 그들의 나라를 위한 분발심은 시종 변하지 않으니 더욱 칭찬할 만한 일입니다"[124]라고 평가한 뒤 "위에 적은 성응지, 승장僧將 수인守仁과 의능義能 등을 조정에서 각별히 표창하여 뒷사람들을 격려하여야 하겠습니다"[125]라고 건의하기도 하였다.

통제사 파직 후 백의종군하러 가는 도중인 정유년(1597년) 5월 7일 정혜사의 스님인 덕수德修가 와서 이순신에게 짚신 한 켤레를 바쳤다. 처음에는 받지 않았지만 두 번, 세 번 간절히 받기를 청하므로 값을 치르고서야 받았다.[126] 그리고 그다음 날인 5월 8일에는 승장 수인守仁이 밥 지을 스님 두우杜宇를 데리고 왔다는 기록이 일기에 있다. 정유년(1597년) 6월 12일 일기에는 승장僧將 처영處英(사명대사)이 보러 와서 부채와 짚신을 바쳤다는 내용도 있다. 다시 통제사가 된 정유년(1597년) 8월 8일에는 혜희惠熙라는 스님이 이순신을 찾아왔다. 그러자 이순신은 즉석에서 의병장의 사령장을 만들어 주고 임무를 부여하였다. 이 모든 기록들은 이순신과 스님들 사이의 돈독한 관계를 확인할 수 있는 매우 좋은 자료이다.

이순신 사후에도 스님들의 사랑은 계속 되었다

이순신과 함께 임진왜란에 참여했던 스님들은 이순신이 순국하고 전쟁이 끝난 뒤에도 그를 잊지 못했다. 출가하여 수양을 본업으로 하는 이들 중에는 죽을 때까지 이순신의 사당을 지키거나 대대적인 수륙제水陸祭를 통해 그의 넋을 위로하였다는 일화가 많이 전해진다.

순천 마래산馬來山 아래에 있는 충민사忠愍祠에는 스님 옥형玉泂의 일화가 전해진다. 그는 본래 충무공이 직접 지휘하는 배에 타고 같이 전쟁을 하던 이로 언제나 이순신 곁에 있었는데 이순신의 순국 후에도 충민사 사당 옆에 조그만 암자를 짓고 아침저녁으로 제사를 지내기를 80살이 넘을 때까지 하였다고 한다. 주변 해상에 변고가 생길 때는 충무공이 사전에 반드시 옥형의 꿈에 나타나 알려주므로 "공의 나라에 대한 충혼이 죽어도 이 같으니"라고 하며 죽는 날까지 숭배했다고 한다.[127]

남해 노량의 호충암護忠菴이라는 암자에서는 화방사花芳寺의 스님 10명과 승장僧將 1명이 번갈아 숙직을 하였다고 한다. 그러던 어느 날 승장僧將 유습裕習의 꿈에 공公이 긴 칼을 집고 서서 꾸짖되 "너는 왜 산을 순시하지 않느냐"하기에 일어나 산을 수색했더니 과연 어떤 이가 사당 뒤에 암장暗葬을 한 것이 발견되어 이튿날 아침에 관가에 보고하여 파

● 이순신 리더십 구성도 ●

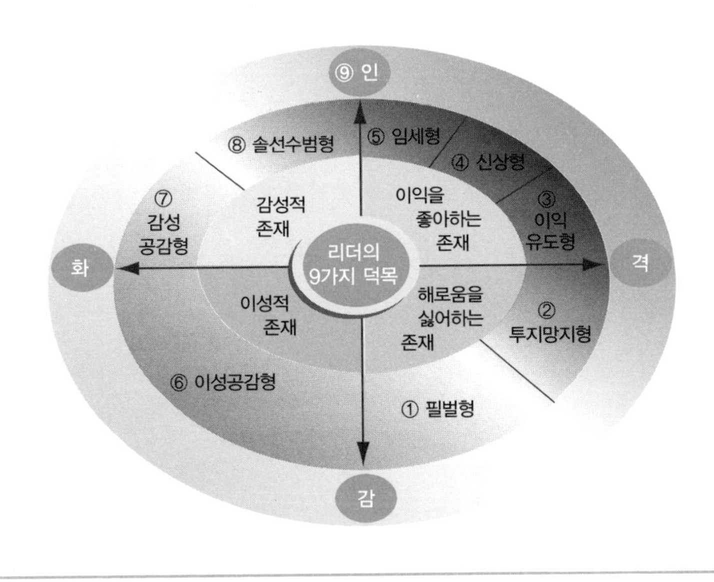

옮겼다고 한다.[128]

자운慈雲이란 스님은 충무공의 진중에서 함께 있던 승군僧軍이었는데 공의 충의忠義 정신을 깊이 사모하여 충무공이 죽기 직전에 쌀 수백 석을 가지고 와서 노량 바다에서 엄청난 규모의 수륙제水陸祭를 지냈다고 한다.[129]

이 모든 내용으로 보건대, 이순신과 스님들 사이에는 인간적인 공감대가 형성되어 있었음을 알 수 있다. 리더의 고결한 인품이 유사시 구성원들의 전투력을 이끌어 내고, 통합시키는 데 얼마나 큰 힘을 발휘하는지를 이순신은 역사적 사실로 증명하고 있는 셈이다.

리더의 고결한 인격으로부터 비롯된 병사들의 감성적 공감, 이성적 공감 경험은 리더에 대한 무한한 신뢰와 더불어 감동을 자아낸다. 리더의 인격에 감화된 병사들은 지속적으로 리더를 존경하며 추종하여 자신의 능력을 십이분 발휘할 수 있게 된다. 리더의 고결한 인격은 제1단계부터 제8단계까지의 리더십의 효과를 배가시킨다. 그런 면에서 제9단계 '인격감화형 리더십'은 위대한 리더를 꿈꾸는 사람들의 영원한 숙제요, 목표라 하겠다.

WINNIN

위대한 리더의 길

_ 이순신의 인격함양법

1. 리더십과 인격의 상관관계

2. 이순신의 인격함양법의 이론적 토대

3. 이순신의 인격함양법

4. 글로벌 시대의 리더십 교육이 나아갈 길

EADERSHIP 04

전문성을 갖춘 리더는 '유능한 리더'이다. 전문성뿐만 아니라
역사의식과 고결한 인격을 지닌 리더를 필자는 '위대한 리더'라고 부른다.
그런 면에서 이순신은 위대한 리더였다.
이 장에서는 리더십과 인격의 상관관계, 인격함양법 등을 중심으로
이순신이 어떻게 위대한 리더가 되었는지를 살펴보기로 한다.

WINNING LEADERSHIP 01

리더십과 인격의 상관관계

이순신의 리더십 요체를 한마디로 정리한다면 '인격감화형 리더십'이 될 것이다. 이순신은 임진왜란 동안 40여 회의 해전을 모두 승리로 이끌었다. 그렇다면 이순신은 홀로 싸웠는가? 아니다. 앞에서 살펴본 것처럼 이순신 주변에는 언제나 유능한 장수와 참모들이 넘쳐 났다. 순천 부사 권준, 방답 첨사 이순신, 광양 현감 어영담, 흥양 현감 배흥립, 녹도 만호 정운처럼 이순신과 더불어 죽기를 약속한 의형제와 같은 장수들도 있었다.

뿐만 아니었다. 이순신이 관할하는 부대에는 스님들로만 구성된 승병부대와 의병들로만 구성된 의병부대가 편성되어 함선艦船에 탑승하였다. 스님과 의병의 우두머리가 각각 함선의 지휘관 격인 함장艦長이 되었다. 이순신의 인격에 감화된 스님과 의병들이 몰려들어 이런 일이 생기게 된 것이다.

이순신 주변에는 백성들로 인산인해를 이루었다. 이순신이 계사년(1593년)부터 정유년(1596)까지 통제영으로 삼았던 한산도閑山島나, 무술년(1597년) 봄부터 통제영으로 삼았던 고금도古今島에는 수만 명의 백성들이 모여들었다. 목민관이었던 이순신은 백성들을 위해 삶의 터전을 마련하여 그곳에서 둔전屯田을 일구고 농사를 짓도록 배려했다.

13척으로 133척의 일본 수군과 대적했던 명량 해전에서도 마찬가지이다. 이순신은 명량 해전이 있기 전 보름 동안 진도鎭島의 벽파진에 머물며 전투를 준비했다. 여기서 이순신은 전투에 필요한 식량, 군수물자 등을 확보하였다. 이때 진도의 백성들은 기꺼이 한마음이 되어 이순신을 후원하였다.

이와 같이 이순신의 고결한 인격에 감화된 조선 수군의 장병과 승병, 의병, 백성들은 굳게 뭉쳤고, 이들이 창출해 낸 막강한 전투력이 전쟁에서 승리의 토대가 되었던 것이다. 결국 이순신의 고결한 인격이 나라를 구한 셈이다.

동일한 조선 수군을 지휘하여 이순신이 전승무패全勝無敗의 승리 신화를 쓴데 반해 원균은 칠천량 해전에서 전멸에 가까운 패배를 당했다. 이순신이 함께할 때 조선 수군의 장병, 승병, 의병, 백성들은 한마음, 한뜻으로 싸웠으나 원균과 함께할 때는 그렇지가 못했다. 평소 원균의 자질과 언행에 실망한 부하 장수와 참모들의 마음이 점차 원균으로부터 멀어져 갔고, 그것은 조선 수군의 전투력 약화로 이어졌다. 리더십에서 리더의 인격이 차지하는 비중이 가히 어느 정도인지 짐작할 만하다.

최근 유행하는 리더십 이론들도 한결같이 리더의 인격이 매우 중요하다고 강조한다. 『아메리칸 제너럴십』의 저자인 에드가 퍼이어Edgar F. Puryear, Jr.는 '인격이 모든 것이다Character is everything' 라고 책의 부제를 달 정도로 리더십에 있어서 인격의 중요성을 강조하고 있다.[1] 존 맥스웰John C. Maxwell은 리더십의 단계를 5단계로 나누어 설명하면서 가장 최고의 단계인 5단계에 인격에 의한 리더십을 두고 있다.[2]

그렇다면 인격은 어떻게 함양되는가? 어떻게 하면 우리는 이순신과 같은 고결한 인격을 지닐 수 있는가? 인격을 함양하는 방법은 다양하다. 전통적 세계관에 비추어 본다면 동양에서 제시할 수 있는 인격함양법에는 유교, 불교, 도교의 방법론이 있다. 하나하나가 모두 정교하고 치밀한 방법들이다. 이 책에서는 이순신의 인생관에 영향을 준 '유교' 의 관점에서 이순신의 인격함양법을 살펴본다.

WINNING LEADERSHIP 02

이순신의 인격함양법의 이론적 토대

이순신은 어떤 세계관을 가지고 인생을 살았기에 온 민족이 추앙하는 위대한 리더가 되었을까. 이순신은 유학을 국시로 삼는 조선에서 태어났다. 조선에서 태어난 양반, 사대부의 자식들은 유학의 경전을 중심으로 교육받았으며 유학적 세계관으로 의식화되었다. 아래에서는 유학적 세계관이 이순신에게 어떤 영향을 주었는지 살펴보고, 아울러 이순신의 인격함양법의 이론적 토대가 되는 조선 유학의 인격함양법을 이해하기 쉽도록 일반화시켜 정리해 본다.

이순신의 세계관 - '유학儒學'

이순신의 유학적 세계관은 죽음에 대한 생각에서 잘 드러난다. 서양의 이원론적 세계관에서는 영혼과 육체가 분리될 수 있음을 전제로 하기 때문에 비록 육체가 썩어 없어지더라도 영혼은 독립하여 존재할 수 있으며, 이에 따라 내세來世의 존재가 가능한 것으로 보았다.

그러나 동양의 일원론적 세계관에서는 영혼과 육체가 분리될 수 없기 때문에 육체의 생명이 끊어지면 영혼도 없어지게 된다고 보았다. 육체와 영혼을 장작개비와 불에 비유하여 설명해 보자. 불(영혼)은 장작개비(육체)에 붙어 있다. 따라서 장작개비가 있을 때는 불이 붙어 있을 수 있지만 장작개비가 다 타버리면 불은 꺼질 수밖에 없다. 영혼과 육체의 관계도 이와 마찬가지라는 것이 일원론적 세계관의 중심 내용이다. 이 때문에 유교와 도교가 주를 이루는 동양의 종교에는 내세관이 없다.

28세에 처음 치른 무과 시험에 낙방한 이순신은 32세가 되던 해에 다시 도전하였다. 이순신이 무경을 암송하는 시험을 무난히 통과하자 시험관들은 관계없는 내용을 그에게 질문한다. 유방劉邦을 도와 한漢나라를 건국하는 데 공을 세운 장량張良이 신선술을 익힌 적송자赤松子를 따라가 신선이 되어 죽지 않았다는 말이 있는데 그것에 대해 어떻게 생각하느냐는 것이었다. 이에 대해 이순신은 "태어남이 있으면 반드시 죽음이 있다〔有生, 必有死〕. 주희가 지은 『통감강목通鑑綱目』이라는 역사서에 유후留侯 장량이 죽었다는 기록이 남아 있다. 어찌 신선을 좇아 죽지 않을 수 있는 이치가 있겠는가? 장량이 죽지 않았다는 것은 후세 사람들이 꾸며낸 이야기일 따름이다"라는 결론을 도출하여 대답하였다. 문신文臣이었을 시험관들은 서로를 쳐다보며 "무사로서 알 수 있는 것이 아닌데……" 하고 놀랐다는 일화가 《행록行錄》에 전해진다.[3]

평소 무인들을 얕잡아 보던 문신文臣 시험관들은 이순신이 비록 무경武經은 잘 암송한다 해도 유학의 핵심적 세계관에 대해서는 잘 알지 못할 것이라는 편견을 가지고 일부러 어려운 질문을 던진 것이다. 이에 대해 이순신은 유학적 세계관과 역사서에 기록된 증거를 가지고 정확하게 논박하면서 자신의 주장을 펼쳤다.

유학에서는 내세를 인정하지 않는다. 태어남이 있고 오직 죽음이 있을 뿐이다. 따라서 인간으로 태어나 가장 보람 있게 사는 것은 바로 지금 이 현실에서 만물의 영장으로서 품위를 지키면서 가치 있는 삶을 사는 것이다. 그렇다면 유학에서 가치 있는 삶이란 무엇인가? 그것은 "군자는 의리義理에 밝고, 소인은 이익利益에 밝다"[4]라는 공자의 가르침에서 가장 잘 드러난다. 한마디로 유학에서 제시하는 가치 있는 삶이란 '의리義理에 살고 의리義理에 죽는 것'이다. 따라서 이익을 취할 때에도 그것이 의리에 맞는지 맞지 않는지를 따져 보라는 것이 유학의 가르침이다.

조선이 임진왜란을 비롯해 국난을 당할 때마다 관군이 아닌 의병義兵이 우후죽순처럼 일어나 외침에 대항했던 것은 바로 '의리에 죽고 살라'는 이 유학의 가르침 때문이었다.

우리가 그토록 존경하는 이순신도 이러한 범주를 결코 벗어나지 않았다. 유학을 떠나서 이순신의 인생관, 가치관을 논할 수 없다는 이야기다. 이순신은 유학적 이념의 충실한 실천가였다. 어떻게 보면 유학은 이순신을 통해 그 진가를 가장 잘 드러냈다고 평가해도 과언이 아니다.

조선 유학의 인격함양법

전통적으로 유학의 인격함양법은 『대학』의 팔조목八條目에 포함되어 있다. 팔조목은 격물格物, 치지致知, 성의誠意, 정심正心, 수신修身, 제가齊家, 치국治國, 평천하平天下이다. 안으로는 먼저 객관적 사물에 나아가 정확하게 사물과 인간의 이치를 인식하고[格物致知], 그 이치를 기준으로 뜻을 정성스럽게 하고 마음을 바르게 하여[誠意正心], 몸을 닦고[修身], 밖으로는 가정을 화목하게 하는 것[齊家]부터 시작하여 나라를 다스리고[治國] 궁극적으로 모든 인류가 공평하게 행복한 사회를 만들어 보자는 것[平天下]이 유학의 목표요, 방법이다. 『대학』의 팔조목에는 유학에서 목표로 하고 있는 이상적 인간상인 성인군자聖人君子가 되는 방법과 성인군자가 해야 하는 사회적, 역사적 책무가 포함되어 있다.

이때 가장 먼저 사물과 인간의 이치理致를 아는 것이 중요한 것은 이치가 옳음과 그름, 선과 악, 정의와 불의를 판별하는 기준이기 때문이다. 마음을 맑고 바르게 하는 것이 중요한 까닭은, 그래야만 사적인 욕망을 극복하고 이치를 실천할 수 있는 마음의 힘이 생겨날 수 있기 때문이다. 실천하는 것이 중요한 것은 이치가 공허하지 않고 현실에서 구현될 수 있기 때문이다.

이와 같은 유학의 방법론은 조선시대 퇴계, 율곡을 거쳐 더욱 발전

하게 된다. 조선 유학의 인격함양법은 남당南塘 한원진韓元震(1682~1751)의 모델을 원용하기로 한다. 비록 이순신과는 약 100여 년의 차이가 있지만 유학을 전문적으로 공부하지 않는 사람들이 이해하기 쉽도록 잘 요약, 정리했기 때문이다.

유학에서 인격함양법의 핵심은 몸의 주인인 마음을 어떻게 다스리느냐의 문제로 귀결된다. 한원진은 "마음을 다스리는 방법은 궁리窮理, 존양存養, 역행力行 세 가지에 불과할 뿐이다"[5]라고 단언한다. 독자들의 이해를 돕기 위해 궁리窮理를 '진리 인식하기', 존양存養을 '순수한 마음의 힘 기르기', 역행力行을 '힘써 진리 실천하기'로 치환하여 사용하기로 한다.

'진리 인식하기(窮理)'에 대해서 한원진은 다음과 같이 설명한다.

> "궁리窮理는 사물에 접하여 그 이理를 궁구하는 것이니, 사물에 있는 이理가 각기 그 지극한 곳에 이르지 않음이 없고, 나에게 있는 지각知覺 또한 드러난 사물의 이理를 따라 지극한 곳에까지 이르면 천리天理와 인욕人慾을 구분하는 것이 분명하게 되어 추종할 것인지 버릴 것인지를 알게 된다."[6]

여기서 이理는 우리가 상식적으로 알고 있는 진리이다. 이른바 진리는 주관적 관념 속에서 생각만으로 구해서는 안 되고 객관적으로 존재하는 사물에 나아가 사물 속에서 구해야 한다는 주자학적 인식방법론을 설명한 것이다. 외부 사물을 경험하지 않고서도 마음속에서 모든 진리를 알아낼 수 있다는 불교나 양명학 등의 주관주의적 인식론자들을 겨냥한 주자학 관점의 비판적 주장이다. 아울러 한원진은 사물의 이치 이른바 진리를 정확하게 알아내야 하는 이유가 바로 하늘의 이치와 사사로운 사람의 욕구를 구별하기 위한 것임을 분명히 한다. 인격함양법의 관점에서 보았을 때 '진리 인식하기[窮理]'가 중요한 이유는 앞에서 언급한 것처럼 진리가 선악善惡, 시비是非를 판별하는 기준이기 때문이다. 진리에 부합하는 것은 선善이요, 그것에 어긋나는 것은 악惡이며, 진리에 부합하는 것은 정의正義요, 그것에 어긋나는 것은 불의不義이다.

그렇다면 천리天理와 인욕人慾, 선과 악, 정의와 불의를 구분하는 '진리 인식하기'가 제대로 이루어졌다고 해서 인격이 저절로 함양되는가? 그렇지가 않다. '진리 인식하기'를 통해 진리를 올바르게 알았다고 해도 그것을 실천하는 것은 쉽지가 않다. 왜냐하면 진리의 실천을 가로막는 무한한 이기적 욕구의 방해가 있기 때문이다. 예컨대, 지하철을 타고 가다가 노인이 올라오면 자리를 양보하는 것이 올바른 일이지만 애써 못 본 척하거나 외면하는 경우가 종종 있다. 왜 그럴까? 편하게 앉아서 가고 싶은 몸의 욕구가 자리를 양보해야 한다는 진리의 실천을 가로막았기 때문이다. 그래서 필요한 것이 '순수한 마음의 힘 기르기'인 '존양存養'이다.

'순수한 마음의 힘 기르기[存養]'에 대하여 남당은 다음과 같이 설명한다.

"존양存養은 보이지 않고 들리지 않는 곳에서 욕구를 경계하고 삼가며, 욕구의 노예가 되는 것을 두려워하는 것이다. 항상 마음을 밝게 만들어 조금도 어두운 것이 없게 하고, 고요하여서 치우친 바가 없게 하면

마음 가운데 있는 선한 본체가 우뚝 서고 근본이 깊고 두터워진다."[7]

존양은 본래 맹자의 "마음을 보존하고 착한 본성을 길러 내어서 하늘을 섬긴다"[8]는 말에서 유래한 것으로 '존심양성存心養性'의 준말이다. 일반적으로 사람은 주변에 사람이 있을 때 보다는 주변에 사람이 없거나 홀로 있을 때 욕구의 유혹을 받는다. 따라서 사람은 특별한 일이 없는 한가한 때를 특히 삼가고 조심하여야 하며 더 나아가 밝고, 고요하고, 치우침이 없는 마음을 유지하여 본래의 착한 본성이 지켜지도록 노력해야 한다는 것이다. 이와 같은 존양의 공부가 필요한 이유는 진리가 실천되는 것을 방해하는 인간의 무한한 이기적利己的, 사적私的 욕구 – 생리욕구, 명예욕구, 사회적 욕구 등 – 를 극복하기 위한 힘을 얻기 위해서이다. 다시 말해 어떻게 하는 것이 사람의 도리인지를 '진리 인식하기[窮理]'를 통해 알았다 해도 강력한 이기적 욕구에 막혀 실천되지 못할 때 그것을 극복하기 위해서는 이기적 욕구보다 더 강한 순수한 마음의 힘이 필요한데, 바로 '존양存養'을 통해 그런 힘이 확보될 수 있다는 것이다.

존양存養은 이기적 욕구의 노예가 되는 탁하고 조잡한 마음의 기질을, 진리를 실천할 수 있는 맑고 순수한 기질로 변화시키는 일종의 '순수한 마음의 힘 기르기' 공부 방법이다. 이런 공부 방법은 사람의 마음의 근본은 본래부터 맑고 순수하며, 사람의 본성은 본래부터 선善하다는 유학의 성선설적 인간관에 기초한 것이다.

'진리 인식하기[窮理]'를 통해 진리를 정확히 인식하여 천리天理와 인욕人慾을 구별하게 되었고, '순수한 마음의 힘 기르기〔存養〕'를 통해 인욕人慾을 제거하고 천리天理를 구현할 수 있는 도덕적 힘이 길러졌다면 이제 남은 일은 일상생활 속에서 힘써 진리를 실천〔力行〕하는 것이다.

'힘써 진리 실천하기〔力行〕' 에 대하여 한원진은 다음과 같이 설명한다.

> "역행은 부자父子 사이에서는 마땅히 친함을 다하고, 군신君臣 사이에서는 마땅히 그 의義를 다하고, 부부夫婦 사이에서는 반드시 그 구별을 지극히 하고, 붕우朋友 사이에서는 반드시 그 믿음을 지극히 한다. 말 한마디를 할 때나 일 하나를 행할 때에도 천리天理를 따르고 인욕人慾을 끊어버리면 마음은 지극히 바르게 되고, 몸은 지극히 닦여져 성인聖人과 더불어 조화를 함께할 수 있고, 천지天地와 더불어 덕德을 함께할 수 있다."[9]

요약해 보면 조선시대 중기를 살았던 한원진은 중국 한漢나라 시대에 정립되어 내려온 부자유친父子有親, 군신유의君臣有義, 부부유별夫婦有別, 붕우유신朋友有信 등의 오륜五倫과 구체적인 일상사에서 진리에 부합하는 언행을 하는 것을 '힘써 진리 실천하기' 의 요체로 보았다. 물론 자유민주주의인 오늘날의 관점에서 보았을 때 신분 차별, 남녀 차별적 요소인 군신유의君臣有義, 부부유별夫婦有別 등은 논란의 여지가 있을 수 있다. 그러나 당시 군왕 중심의 왕조사회에서는 그것을 당연히 진리라고 여겼을 것이다.

여하튼 '힘써 진리 실천하기〔力行〕' 은 인격함양법의 마지막 단계이다. 사람의 도리를 알아 내어〔窮理〕 그것을 기준으로 마음속에서 일어난 것이 천리天理인지 이기적 욕망인지를 구별하고, 이기적 욕망을 제

거할 수 있는 본래의 맑고 순수한 마음의 힘을 길러 내어[存養], 일상사 속에서 옳고, 마땅한 진리가 구현되도록 힘써 실천하는 것[力行]이 인격함양의 궁극적 목표이기 때문이다.

'진리 인식하기' '순수한 마음의 힘 기르기' '힘써 진리 실천하기'는 이론적으로는 단계적 순서를 지니지만 실제로는 상호 간에 영향을 주고받는 유기적 관계이다. '힘써 진리 실천하기'를 하다 보면 저절로 존양 공부인 '도덕적 힘 기르기'가 깊어지고, 진리에 대한 인식도 더욱 확고해질 수 있기 때문이다. 유학으로 의식화된 이순신의 인격함양법도 이를 정확히 따르고 있다. 이를 도식화하면 아래와 같다.

● 조선 유학의 인격함양도 ●

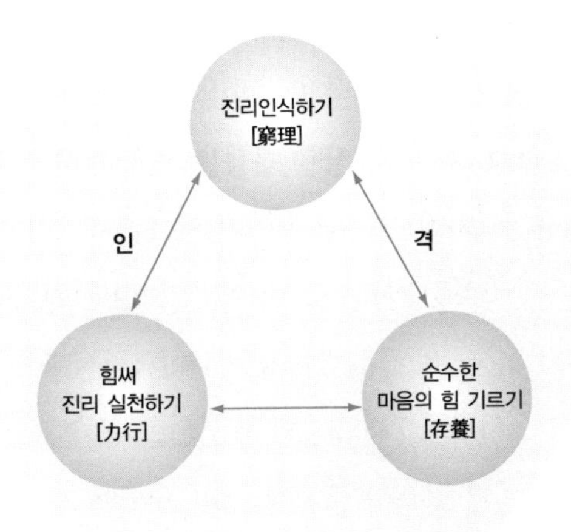

WINNING LEADERSHIP 03

이순신의 **인격함양법**

진리 인식하기 - 궁리窮理

사람은 다른 동물들과 마찬가지로 개체 보존을 위한 식욕, 종족 보존을 위한 성욕 등의 1차적 생리 욕구를 가지고 있을 뿐만 아니라 물욕, 명예욕, 권력욕 등 2차적 사회 욕구를 가지고 있다. 필자는 2차적 사회적 욕구가 1차적 생리 욕구와 별개가 아니라 1차적 욕구가 발전된 형태라고 생각한다. 따라서 1차, 2차의 욕구는 모두 내 몸을 중심으로 삼는 이기利己 욕구이다. 사람은 1차적 생리 욕구와 2차적 사회 욕구의 충족만으로 과연 행복할까? 유학에서는 이것을 부정한다. 유학의 창시자인 공자가 "군자는 의義에 밝고, 소인은 이익利에 밝다"라고 한 데서 드러나듯이 사람은 이기적 욕구를 초월, 극복할 수 있는 영장적靈長

的 존재라는 사실에 유학은 주목하고 있다. 이때 중요한 것이 무엇이 옳고 마땅한 것인지를 아는 것이다. 왜냐하면 무엇이 옳고 마땅한 것인지를 정확히 알아야 이익에 집착하는 소인배로부터 벗어나 의리를 추구하는 참된 군자의 삶을 살 수 있기 때문이다.

앞에서 살펴보았듯이 옳고 마땅한 것의 기준은 '진리'이다. 이 때문에 유능하고, 위대한 리더가 되기 위해서는 그 무엇보다도 먼저 진리에 대한 정확한 인식 작업이 선행되어야 한다. 이순신은 어떤 것을 인생을 가치 있게 사는 데 있어서 견지해야 할 진리[10]로 삼았을까.

1) 자식의 도리는 부모에게 효도하는 것 _ 효孝

효孝는 충忠과 더불어 유학의 핵심 가치인 의義를 구현하는 중심축이다. 따라서 유학적 세계관으로 의식화된 이순신이 인생의 가치와 목표를 부모에 대한 효孝에 두었다는 것은 지극히 당연한 일일 것이다.

이순신은 정유년(1597년) 2월 통제사에서 파직되고 3월 4일 의금부에 하옥되어 문초를 받다가, 4월 1일 옥문을 나왔다. 그리고는 경상도 초계草溪에 있는 도원수 권율 장군 밑에서 백의종군하기 위해 경상도로 가던 중, 아산 근방에서 어머니의 부음訃音을 접한다. 이순신은 뒤에 기록한 일기에서 그날의 슬픔을 다음과 같이 적었다.

> "종 순화順花가 배에서 와서 어머님의 부고를 전한다. 뛰쳐나가 가슴을 치고 뛰며 슬퍼하는데 하늘의 해조차 캄캄하다. 곧 해암으로 달려가니 배가 벌써 와 있었다. 가슴이 미어져 다 적을 수가 없구나."[11]

이순신의 어머니는 여수의 고음내를 떠나 배편으로 고향인 아산으로 오는 도중에 세상을 떠났다. 그러나 죄인이었던 이순신은 어머니의 장례를 주관하여 치를 수 있는 위치가 아니었다. 이순신은 어서 빨리 길을 가자고 재촉하는 금부도사의 성화에 못 이겨 어머니의 빈소를 떠날 수밖에 없었다. 이순신은 통곡하였다.

> "일찍 길을 떠나며 어머님 영전에 울면서 하직을 고하였다. 천지 사이에 나와 같은 사정이 또 어디 있을 것이랴. 어서 죽는 것만 같지 못하구나!"[12]

그가 인생 최고의 가치로 여기고 지향했던 목표의 한 축이었던 어버이에 대한 효가 좌절되는 순간이었다. 임금으로부터 버림받고 어머니의 장례조차 치를 수 없게 된 일생일대의 불효 앞에 이순신은 삶의 가치와 목표를 일순간 상실하고 말았던 것이다. 이에 대한 소회는 노량 묘비에 잘 나타나 있다.

> "내가 평생을 충효忠孝에 모든 마음을 다 바쳤건만 오늘에 이르러 모두 허사가 되어 버렸구나!"[13]

이순신이 인생의 목표와 가치를 임금에 대한 충성과 부모에 대한 효도에 두고 살았다는 것을 보여 주는 가장 상징적이고 함축적인 기록이다.

효孝는 전통사회의 가족제도를 유지시키는 핵심적 가치였다. 공자

가 살던 춘추시대에는 임금에 대한 충성보다 부모에 대한 효가 더욱 중시되었다. 『논어』에 "부모에 대한 효도와 형제, 자매에 대한 보살핌은 인을 행하는 근본이다"[14] 라고 한 데서 드러나듯이 효孝는 유학의 핵심 가치인 인仁을 실천하는 근본이었다. 혈연으로 맺어져 가장 가까울 뿐만 아니라 자신을 낳고 길러 준 부모를 사랑할 수 없는 사람은 결코 이웃이나 사회 나아가 국가, 인류를 사랑할 수 없다는 것이 유학적 인간관의 기본 전제이다. 이 때문에 유학에서는 자식이 지켜야 할 도리인 효로부터 점차적으로 사랑을 확대시켜나가는 방법론을 채택하는 것이다.

2) 신하의 도리는 몸을 바쳐 임금의 은혜에 보답하는 것 _ 충忠

공자는 『논어』 팔일편八佾篇에서 "임금은 신하를 예로써 대하고, 신하는 임금을 충으로써 섬긴다"[15] 라고 말한 바 있다. 충忠은 '내 몸을 남김없이 다하여 섬기는 것[盡己]'이다. 한마디로 충은 신하가 전심전력全心全力으로 임금을 섬기는 것이다.

'두 임금을 섬기지 않는다'는 불사이군不事二君의 절개가 고려, 조선을 거치면서 '충신'의 모델로 상징화된 것은 유학적 가치관과 왕조사회가 결합한 것이라고 볼 수 있다.

이순신은 전쟁의 어려운 와중에도 틈틈이 역사서歷史書를 읽었다. 《독송사讀宋史》는 중국 송나라 역사를 기록한 『송사宋史』에 등장하는 한 인물의 행동 사례에 대해 이순신의 소감을 적은 것이다. 신하가 지켜야 할 도리에 대한 이순신의 생각이 잘 나타나 있는 작품이다.

"어허! 이때가 어느 때인데 저 강綱은 가려는가. 가면 또 어디로 가려는가. 무릇 신하된 자가 임금을 섬김에는 죽음이 있을 뿐이요 다른 길이 없나니, 이때야말로 종사의 위태함이 마치 터럭 한 가닥으로 천근을 달아 올리는 것 같아 마땅히 신하된 자 몸을 버려 나라의 은혜를 갚을 때라. 간다는 말은 진실로 마음에 생각도 못할 것이거늘, 하물며 어찌 입 밖으로 낼 수가 있을까 보냐!"[16]

여기서 언급되고 있는 강綱이란 사람은 남송의 초대 재상을 지낸 이강李綱이다. 그는 남송이 금나라와 투쟁할 때 주전론主戰論을 고집하였는데 반대파의 공격을 받자 재상의 지위를 버리고 낙향하였다. 위의 글은 이런 이강의 태도에 대한 이순신의 비판이다. 그 내용을 두 가지로 요약하면 다음과 같다.

첫째, 신하된 자가 임금을 섬길 때는 목숨을 바쳐 섬겨야 한다.

둘째, 나라가 위태로울 때는 그동안 나라에서 입은 은혜를 몸을 던져 갚아야 한다.

그렇다면 이순신이 만약 이강의 위치에 있었다면 어떻게 행동하였을까?

"내가 강綱이라면 나는 어떻게 한다 할 것인가. 몸을 헐어 피로써 울며 간담을 열어젖히고서 일의 형세가 여기까지 왔으니 화친할 수 없음을 명확하게 말할 것이요, 아무리 말해도 용납되지 않는다면 죽을 것이요, 또 죽지도 못할 상황이면 짐짓 화친하려는 계획을 따라 몸을 던져 온갖 일을 하나하나 꾸려 가며 죽음 속에서 살 길을 구하면 혹시 만에

> 하나라도 나라를 건질 도리가 있게 될 것이거늘 강綱의 계획은 이런 데서 내지 않고 그저 가려고만 했으니, 이것이 어찌 신하 된 자로서 몸을 던져 임금을 섬기는 의리義理라 할까 보냐!"[17]

이순신은 이강李綱을 반면교사反面敎師로 삼아 신하가 마땅히 가야 할 길에 대한 자신의 입장을 피력한다. 신하인 자신이 가야 할 길에 대한 각오와 결의를 다지는 것이다. 이순신의 주장을 요약하면 다음과 같다.

첫째, 끝까지 싸워야 하는 이유를 논리적으로 설득한다.

둘째, 논리적 설득이 받아들여지지 않으면 죽음으로 다시 설득한다.

셋째, 죽지도 못할 상황이면 화친의 계획을 받아들여 따라 가면서 나라를 구할 방도를 끊임없이 모색한다.

이순신은 문제 상황에 적극적으로 뛰어들어 어떠한 방식으로든 해결을 위해 최선을 다하는 것이야말로 신하가 몸을 던져 임금을 제대로 섬기는 방법임을 스스로 확인하고 있다.

3) 지식인의 도리는 현실 문제에 적극 참여하는 것

왕조 사회이자 신분 차별 사회인 조선에서 양반은 지배 계층이면서 지식인 엘리트였다. 임진왜란과 같은 국가적 환란을 당하면 지식인은 어떤 태도를 지녀야 하는가? 『이충무공전서』에는 갑오년(1594년) 2월에 박삼곡朴三谷이라는 사람에게 보낸 편지가 있다. 이 편지를 보면 문제에 봉착한 현실의 상황에 대해 지식인이 어떤 태도를 취해야 하는지에 대한 이순신의 생각이 잘 나타나 있다.

이순신은 박삼곡의 재능과 능력에 대해 평소에 매우 존경했던 것 같다. 그런데 박삼곡이 임진왜란이 발발하여 나라가 위급한 상황에서도 나랏일에 적극적으로 참여하지 않고 방관하는 자세를 취하자 그를 비판하고 나섰다.

> "형께서는 신출귀몰하는 지혜와 천지天地라도 뒤흔들 만한 힘이 있으시니 '화살 세 개로 천산을 평정하였다'는 고사故事와 같이 단번에 나라 안의 여러 일을 바로잡고 바깥의 수모를 막아 세상에 보일 수 있음에도 불구하고 그렇게 하지 않고 가만히 계시는 것은 형의 인품에 도리어 허물이 아닌가 합니다."[18]

나아가 박삼곡이 현실 문제에서 발을 빼고 자연과 더불어 유유자적하는 행위에 대해 불편한 심기를 적나라하게 노출한다.

> "형께서 평안히 도道를 즐기신다니 반갑습니다. 다만 형께서 관직에서 물러나 동쪽으로 돌아오셔서 운림雲林 사이에 평안히 누우셨다는 것이 사람들을 실망시키고 나라에 불행한 일이라고 한다면 나라를 위하는 마음이 지나친 것인지요."[19]

아울러 명나라와의 군사외교에 참여하지 않고 뒤로 물러나 개인의 안심입명安心立命만을 추구하는 박삼곡의 태도에 대해 준열히 비판하고 있다.

"만일 형께서 조정의 높은 자리에 계신다면 실수도 없으려니와 명나라 조정에서도 장차 반드시 칭찬하게 될 것입니다. 형의 처신은 참으로 신중한 터에 어찌 하여 신선神仙의 길만 찾아서 자기 한 몸의 평안함만을 지키려고 하십니까?"[20]

당시의 사상 풍토 속에서 유자儒者에게 신선을 추구하는 도교道教 계통의 사람과 같다고 하는 것은 매우 커다란 모욕이다. 그런데 이순신은 평소 교분관계를 통해 존경해 왔던 박삼곡에 대해 극단적인 비판의 칼날을 겨눈다. 나라에서 써주지 않으면 모르되 스스로 현실을 도피하여 개인적인 평안함을 누리려고 하는 박삼곡의 태도는 평소 유학에서 비판하는 도교道教 또는 도가道家 계통의 사람들과 다르지 않다는 것이 그 이유이다.

이 편지글을 통해 우리는 지식인이 현실의 문제 상황에 대해 어떤 태도를 취해야 하는 것이 도리인지에 대한 이순신의 시각을 엿볼 수 있다. 지식인은 비겁하게 현실의 문제를 회피하거나 외면해서는 안 되며 오히려 적극적으로 문제 해결을 위해 참여해야 한다는 것이 이순신의 입장이다. 이순신의 유자儒者적인 면모를 엿볼 수 있다.

4) 인생의 이치는 의리義理에 합당한 삶을 사는 것

유학에는 내세관來世觀이 없다. 유학적 세계관에 의하면 사람은 이 세상에 때어난 이상 반드시 죽게 되어 있다. 따라서 유학에서 추구하는 인생의 목표는 신선神仙이 되어 영원토록 살거나 죽은 다음에 천국天國

이나 극락極樂에 가서 영원한 삶을 사는 것이 아니라 살아 있는 동안 인간다운 삶, 가치 있는 삶을 사는 것이다.

이순신이 녹둔도 둔전관 시절 함경도 병마절도사인 이일李鎰에 의해 옥에 갇히어 처벌을 받게 되는 상황이 있었다. 어떤 아전亞銓이 이순신에게 말하기를 "뇌물을 쓸 길이 있으니 그대로 하면 죽음을 면할 수 있을 것이오"라고 하였다. 이순신이 성내어 꾸짖으며 '죽게 되면 죽는 것이지 어찌 구차스럽게 모면할까 보냐' 하며 일언지하에 거절하였다.[21]

이순신은 평소에 말하기를, "대장부가 세상에 태어나서 나라에 쓰이게 되면 죽기로써 일할 것이요, 쓰이지 못한다면 들판에서 농사짓는 것으로 만족할 것이다. 권세 있는 곳에 아첨하여 한때의 영화榮華를 누리며 사는 것 같은 것은 내가 제일 부끄럽게 여기는 것이다"[22] 라고 하였다고 한다. 그가 생각하는 사람다운 삶, 가치 있는 인생이 무엇인지를 가장 함축적으로 표현한 말일 것이다. 이순신이 목표로 삼았던 가치 있는 인생은 부귀영화富貴榮華가 아니라 의리義理에 부합하는 정의로운 삶을 사는 것이었다.

마지막 노량 해전을 앞두고 자정에 이순신은 배 위로 올라가 손을 씻고 무릎을 꿇고서 하늘에 빌었다. "이 원수를 무찌를 수만 있다면 제가 죽는다 해도 여한이 없겠나이다."[23]

동북아시아 삼국을 전쟁의 소용돌이로 몰아넣은 왜적의 반인륜적 침략행위를 응징하는 일은 이순신에게 있어서 전투 그 이상의 의미를 지니고 있었다. 그것은 역사의 정기精氣를 바로 세우는 일이며, 궁극적으로 역사의 바른 이치를 구현하는 일이었다. 이 때문에 그는 목숨을 담보로 해서라도 왜적을 끝까지 무찔러야 한다는 전의戰意를 불태웠던

것이다. 이순신의 순국殉國 배경에 '의리義理를 위해 살고, 의리義理를 위해 죽는다'는 유학의 사생관이 있었음을 우리는 기억해야 할 것이다.

순수한 마음의 힘 기르기 - 존양存養

'진리 인식하기[窮理]'가 천리天理와 인욕人欲을 구분하고 실천을 위한 기준인 이치를 올바르게 알기 위한 것이라면 '순수한 마음의 힘 기르기[存養]'는 아는 것을 구체적인 현실세계에 실천할 수 있는 힘을 기르는 것이다. 우리 마음속은 언제나 '옳고 그름[是非]'을 기준으로 행위를 하려는 마음과 '이로움과 해로움[利害]'을 기준으로 행위 하려는 마음이 갈등하고 싸우는 전쟁터이다.

이때 옳고 그름을 기준으로 행위하려는 의리지향적義理志向的 마음이 이로움과 해로움을 기준으로 행위하려는 이해지향적利害志向的 마음을 이기려면 이길 수 있는 순수한 마음의 힘, 이른바 도덕적 기운이 필요하다. 이런 까닭에 유학에서는 시와 음악 등 마음을 순수하게 하고 정화시키는 다양한 감성의 순화 방법이 모색되었다.

1) 시詩 쓰기를 통해 마음을 정화하다

유학을 통치 이념으로 삼은 조선의 전인全人 교육의 체계는 시詩, 부賦, 송訟 등의 사장詞章 공부와 사서四書, 오경五經 등의 유학의 경전經典 공부가 그 중심이 된다. 따라서 조선의 양반 자제들은 누구나 시詩를 짓고 경전을 읽는 것이 생활화되어 있었다. 시를 짓는 이유는 무엇인가? 『논어』에 나온 공자의 시詩에 대한 정의는 그것이 지닌 전인全人 교육의 의미를 잘 함축하고 있다.

> "(『詩經』 속의) 시詩 삼백 편에 관통해 있는 정신을 한마디로 표현하면 생각에 사악함이 없다는 것이다."[24]

시詩는 순수하고 깨끗한 마음을 표현한 것이라는 공통점이 있다. 시에는 사악한 마음을 제거하고 마음을 순수하게 정화시키는 기능이 있다는 것이다.

이순신의 시는 주로 자연을 바라보며 나라에 대한 충성의 결의를 다지는 것이 주종을 이룬다. 아래의 시는 '한산도야음閑山島夜吟' 이라는 시이다. 이순신이 한산도에 있을 때 바다에 드리운 가을 풍경과 새벽녘에 창문을 통해 들어온 달빛을 보면서 느낀 정감을 표현한 것이다.

> "온 바다에 가을 빛 저물었는데 찬바람에 놀란 기러기 높이 떴구나. 가슴에 근심 가득 잠 못 이루는 밤, 새벽 달 창에 들어 활과 칼을 비추네."[25]

활과 칼을 옆에 두고 왜적과 대치해 있는 수군 장수로서 한산도의 가을 바다 풍경을 보면서 나라 걱정, 임금 걱정, 어머니 걱정으로 잠 못 이루는 심정을 시로 표현한 것이다. 다음은 유명한 '한산도가閑山島歌' 이다.

"한산섬 달 밝은 밤에 수루에 홀로 앉아 큰 칼 옆에 차고 깊은 시름하는 차에 어디선가 일성호가는 남의 애를 끊나니."[26]

때는 음력 보름 전후로 달은 환하게 밤바다를 비추는데, 어디선가 들려오는 구슬픈 피리소리에 자신의 처지와 나라 걱정하는 마음이 어우러진 내용이다. 밝은 달만이 이순신에게 서글픈 마음을 불러일으킨 게 아니다. 비바람이 부슬부슬 흩뿌리는 모습에서도 이순신은 나라의 어려운 처지와 자신의 보잘 것 없는 역할을 되새기며 부끄러워하였다.

"비바람 부슬부슬 흩뿌리는 밤, 생각만 아물아물 잠 못 이루고 쓸개가 찢기는 듯 아픈 이 가슴, 살을 에는 양 쓰린 이 마음, 강산은 참혹한 꼴 그대로이고 물고기 날 새도 슬피 우노나. 나라는 허둥지둥 어지럽건만 바로 잡아 세울 이 아무도 없네. 제갈량의 중원 회복 너무나 부럽고, 적도를 쫓아내던 곽자의郭子儀가 그립구나. 몇 해 동안 해왔던 방비책들, 이제 와 돌아보니 임금님만 속였네."[27]

이순신은 때로는 진중에서 피난길을 떠난 임금과 왕자들을 걱정하면서 신하로서 목숨을 다해 원수를 갚을 것을 다짐하는 시를 짓기도 하였다.

"임금의 수레 서쪽으로 멀리 가고, 왕자들은 북쪽에서 위태롭네. 외로운 신하들은 나라 걱정해야 할 시기요, 장사들은 공을 세울 때이네. 바다에 맹세하니 물고기와 용이 감동하고, 산에 맹세하니 초목이 아는

구나. 원수들을 모조리 없앨 수만 있다만 비록 죽는다 해도 사양하지 않으리."[28]

공자가 이야기한 것처럼 이 시詩에는 자신을 먼저 생각하는 사심私心이 없다. 이순신의 머릿속에는 온통 임금, 왕자, 백성, 나라만이 있을 따름이다. 심지어 왜적을 없앨 수만 있다면 죽음도 불사하겠다는 위국헌신, 살신성인의 결의까지도 보인다.

이순신은 이와 같은 시 쓰기를 통해 임금과 나라를 위해 언제 어디서이든지 자신을 버리겠다는 의지를 공고히 다졌다. 시 쓰기를 통해 이순신은 개체 중심의 사적 욕구를 벗어날 수 있는 도덕적 힘을 키워가고 있었던 것이다.

2) 일기 쓰기를 통해 매일 반성하다

일기는 시와 유사한 또 다른 감성 순화의 수단이다. 이순신의 《난중일기》는 임진왜란이 발발하는 1592년(임진년) 1월 1일부터 시작된다.

> "맑다. 새벽에 아우 여필과 조카 봉, 아들 회가 와서 이야기 했다. 다만 어머니를 떠나 남쪽에서 두 번이나 설을 쇠니 간절한 회포를 이길 길이 없다."[29]

일기의 시작부터 어머니에 대한 그리움과 걱정하는 마음이 절절하다. 특히 설날인 음력 1월 1일은 감회가 더욱 많았을 것이다. 늙으신 어머님과 함께 설을 보내지 못하는 해엔 어김없이 어머니에 대한 소회가 일기를 장식한다.

이순신의 일기에는 나라 걱정, 어머니에 대하 걱정, 백성들에 대한 걱정, 부하 병사들에 대한 걱정 등으로 가득하다. 임진왜란이라는 전쟁 기간의 기록이어서 더더욱 그러한 것 같다.

《난중일기》는 1592년 1월 1일부터 1598년 11월 17일까지의 기록으로 총 2,539일간의 기록이다. 본래 일기는 이성적이기보다는 감성적인 경향이 있다. 누구든 일기를 적으면서 시인이나 문객과 같은 마음을 한 번쯤은 경험해 보았을 것이다. 이순신은 전투가 소강상태가 되거나 어느 정도 여유가 있을 때는 자신의 심정을 자연에 빗대어 일기에 적었다. 이순신은 감성이 매우 풍부한 사람이었던 것 같다.

"이날 밤 바다의 달은 밝고 맑은 것이 잔물결하나 일지 않았다. 물과 하늘이 한 빛인데 서늘한 바람이 건듯 분다. 홀로 뱃전에 앉았으니 온갖 근심이 가슴을 치민다."[30]

전쟁 중에 쓴 일기여서 그런지 즐겁고, 행복한 이야기는 찾아보기 어렵고 근심과 걱정 어린 내용이 대부분이다. 특히 한가할 때 쓰여진 일기에는 언제나 나라의 앞일과 어머니에 대한 걱정 어린 감회가 서려 있다.

"촛불을 밝히고 홀로 앉아 나랏일을 생각하니 나도 모르게 눈물이 흘렀다. 또 여든이나 되신 병든 어머니를 생각하며 뜬 눈으로 밤을 새웠다."[31]

일기를 통한 이러한 감성의 노출과 고백 그리고 반성 작업은 마음의 정서를 순화시킨다. 임금과 백성, 나라를 사랑하는 마음, 어머니를 그리워하는 마음은 곧 개체 중심의 사유에서 벗어나 어머니 중심, 임금과 백성과 나라 중심의 사유로 나아간다. 이순신에게 있어서 일기 쓰기는 사적인 욕망이 제거된 순수한 감성 체험의 수단이었으며 도덕적 정감, 이른바 도덕적 힘을 기르는 일상적 방편이었던 것이다.

3) 음악 감상을 통해 마음을 다스리다

조선의 사대부들에게 음악은 마음을 맑게 다스리는 중요한 방법이었다. 이순신 또한 전투가 없는 한가한 때면 음악을 감상하곤 했다.

> "충청수사, 우수사 우후虞侯가 와서 활을 쏘고 우수사도 와서 함께 이야기했다. 밤늦게 해海의 젓대 소리를 듣고, 배영수의 거문고를 들으면서 조용히 이야기하다가 돌아갔다."[32]

이순신은 충청수사, 전라우수사의 우후와 함께 활을 쏘고 늦게 합류한 전라우수사와는 여러 가지 이야기를 했다. 아마도 왜적을 무찌르는 일에 관한 것이었을 것이다. 그러고는 밤늦게 젓대를 잘 부는 조카 해海와 거문고 연주를 잘하는 배영수[33]를 불러 조용히 음악을 감상하였다. 위의 일기 내용은 육체적 기능을 단련하는 활쏘기와 정신을 순

화시키는 음악 감상의 조화로 요약해 볼 수 있다. 우리는 일기에 나타난 이순신의 일상생활을 통해 유학의 나라 조선에서 추구한 전인교육全人教育의 두 축을 생생하게 확인해 볼 수 있다.

배영수를 불러 거문고를 타게 하는 광경은 그다음 해인 을미년(1595년)에도 보인다.

"비가 퍼붓듯이 왔다. 종일 그치지 아니했다. 혼자 대청마루에 앉아 있으니 온갖 회포가 끝이 없었다. 배영수裵永壽를 불러다가 거문고를 타게 했다."[34]

군관 배영수는 거문고 연주하는 데 재능이 있었던 모양이다. 자신의 군관은 아니었지만 비가 온종일 주룩주룩 내려 마음이 울적해지자 배영수에게 거문고 연주를 청하여 시름을 달래었다. 달빛이 대낮같이 밝은 조용한 밤도 사람의 순수한 감성을 자극한다. 위대한 영웅 이순신도 예외가 아니었다.

"달빛은 비단결 같고 바람 없이 잔잔한데 해海를 시켜서 젓대를 불게 했다. 밤이 깊어서야 그만두었다."[35]

"이날 저녁 달빛은 대낮 같고 바람조차 없는데 홀로 앉았으니 심회가 산란했다. 잠을 이루지 못해 신홍수申弘壽를 불러 퉁소를 듣다가 밤 10시쯤 잠이 들었다."[36]

비단결 같은 달빛과 바람 한 점 없이 고요한 바다를 보면서 이순신은 외롭고, 쓸쓸한 상념에 잠을 이루지 못했다. 그러자 젓대와 퉁소 잘 부는 사람을 청하여 마음을 달랬던 것이다. 무인武人과 음악 감상, 언뜻 어울릴 것 같지 않지만 오히려 음악을 감상하며 마음을 순화시킬 수 있었기에 이순신이 위대한 리더가 될 수 있지 않았을까.

4) 자연과 소통하여 마음을 순수하게 하다

동양적 세계관에서 자연은 인간적 삶의 모델이요 본보기이다. 공자가 "크도다! 요堯의 임금됨이여! 위대하도다! 오직 하늘만이 그토록 클 수 있는데 오로지 요 임금만이 하늘을 본받았도다!"[37]라고 한 데서 볼 수 있듯이 자연을 본받는 것은 완성된 인간이 되기 위한 방법이요 궁극의 목표이기도 하다. 이와 같은 사유방식을 토대로 유교 문화권의 지식인들은 천인합일天人合一의 도덕적 존재론을 정립하기에 이른다.

그렇다면 자연의 어떤 내용이 도덕적으로 인간이 본받아야 할 점인가? 그것은 자연의 치우침 없는 공평무사公平無私함이다. 공자는 『논어』에서 "하늘이 어찌 말을 하겠는가? 사계절이 운행할 따름이며 만물이 생겨날 따름이니 하늘이 어찌 말을 하겠는가?"[38] 라고 하였다. 자연은 사사로움이 없이 자연의 원리대로 성실하게 운행할 뿐이라는 것이다. 『예기』에는 이런 내용이 더욱 구체적으로 언급되어 있다.

> "하늘은 사사롭게 덮음이 없으며, 땅은 사사롭게 실음이 없으며, 태양과 달을 사사롭게 비춤이 없다."[39]

무한한 이기욕구로 충만해 있고 사사로운 감정에 의해 행동이 유발되곤 하는 보통 사람들의 일상적인 모습과 비교해 볼 때 공평무사한 자연은 모든 욕구가 절제되고, 욕구로부터 자유로운 성인聖人의 모습 그 자체다. 동아시아 지식인들이 자연을 벗 삼아 노래하고 자연과 유유자적하는 것을 최대의 행복으로 여겼던 것은 그것이 이상적인 인간상인 성인聖人의 모습을 닮았기 때문이었다.

이순신이 자연과 소통한 사례는 무수히 많다. 그 가운데 달 밝은 정취 속에서 자신의 감정을 담아 표현한 것이 특히 눈에 띈다. 음력 15일은 달의 모양이 가장 큰 보름이다. 이때를 전후하여 비가 오거나 흐린 날이 아닐 때를 제외하고 일기의 내용 중에 거의 예외 없이 달이 등장한다.

> "달빛은 배 위에 가득 차고 혼자 앉아서 이 생각 저 생각에 온갖 근심이 가슴에 치밀어 자려야 잠이 오지 않다가 닭이 울어서야 어렴풋이 잠이 들었다."[40]
>
> "가을 기운이 바다에 들어오니 나그네 회포가 어지럽다. 홀로 배 뜸 밑에 앉았노라니 마음이 몹시 산란하다. 달빛은 뱃전에 비치고 정신도 맑아져서 잠을 이루지 못하는 사이에 어느덧 닭이 울었다."[41]
>
> "이날 밤 달은 낮같고 물결은 비단결 같아 회포가 견디기 어려웠다."[42]
>
> "저녁 늦게 충청 수사가 와서 활을 쏘고 그대로 저녁밥을 함께 먹었다. 달 아래 함께 이야기할 때 옥적 소리가 처량했다."[43]

자연의 아름다운 경관은 마음의 감성을 자극하여 순화시킨다. 또한 가족을 그리게 하고 임금을 생각하게 하며 부하 병사, 백성들의 어려운 처지에까지 생각이 미치게 한다. 자연과의 감정이입을 통해 자신의 개체적인 욕구에서 벗어나 타인과 나라를 생각하는 마음을 갖는 것은 자연의 공평무사公平無私함을 닮는다.

나아가 개체의 사사로운 욕구에서 벗어나는 체험의 누적은 곧 순수한 마음의 힘을 강화시켜 도덕적 정감, 도덕적 기운으로 전환될 수 있다. 이순신에게 자연은 순수한 마음의 힘을 키우는 도우미였던 셈이다.

5) 검명劍銘을 활용하여 마음을 굳세게 하다

명銘은 옛 사람들이 마음을 다스리거나 결심을 공고히 할 목적으로 자신이 가까이 하는 쇠나 돌로 된 물건에 글자를 새기거나 또는 죽은 사람의 공적을 기리기 위해 깃발이나 묘비 등에 쓰기 위해 만든 서체書體 가운데 하나이다. 은殷 나라 탕왕湯王이 자신의 인격도야를 위해 세숫대야에 "구일신, 일일신, 우일신苟日新, 日日新, 又日新"[44] 이란 문구를 새겨 놓고 나날이 새로워지기 위해 노력했다는 반명盤銘의 일화는 자신의 수양을 위해 사용한 명銘의 모델이다.

조선의 사대부들은 밥그릇이나 세숫대야 거울이나, 칼, 악기 등 자신이 가까이 두거나 애용하는 물건에 인격도야에 필요한 문구를 새겨 놓고 매일매일 그것을 보면서 마음을 다스렸다.

이순신의 경우는 두 건의 명銘이 남아 있는데 검劍에다 명을 새겼으므로 '검명劍銘'이라 한다. 문신文臣의 경우는 검에 명銘을 새길 경우 보통 사사로운 욕구가 마음에서 발견되었을 때 그것을 잘라 버리겠다는 결의를 다지는 문구가 많다고 한다. 그런데 무신武臣인 이순신의 검

명의 내용은 그것과는 약간의 차이가 있다. 이순신이 검劍에 새긴 명銘의 내용은 다음과 같다.

"석 자 칼로 하늘에 맹세하니, 산과 강이 떨도다."[45]
"한 번 휘둘러 쓸어 버리니, 붉은 피가 산과 강을 적시도다."[46]

첫 번째 검명의 뜻은 무엇일까? 날이 새파랗게 선 칼을 매개로 하늘에 맹세한다는 것은 곧 목숨을 걸고 하늘에 맹세한다는 뜻이다. 즉 단 한 척의 배도 일본으로 돌아가지 못하도록 철저히 응징하겠다는 스스로의 다짐을 목숨을 걸고 하늘에 맹세하니 그 비장함에 산과 강이 벌벌 떤다는 의미이다. 두 번째 검명은 맹세의 구체적인 실천 방법이다. 왜적에 대한 이순신의 무한한 적개심과 나라의 원수를 갚고자 하는 굳은 결의와 각오가 묻어나는 비장한 검명이다.

노량 해전은 이순신이 단 한 척의 왜선도, 단 한 명의 왜군도 본국으로 돌아가지 못하게 하겠다고 한 평소의 맹세를 죽기를 각오하고 지키고자 했던 해전이다. 검명을 통해 늘 다짐했던 이순신의 결의와 각오가 마지막 해전인 노량 해전을 통해 드러난 셈이다. 이순신에게 검명劍銘은 사리사욕私利私慾을 극복하고 나라와 백성을 위해 위국헌신爲國獻身할 수 있는 도덕적 힘을 기르는 중요한 수단이었던 것이다.

힘써 진리를 실천하기 - 역행力行

'진리 인식하기[窮理]'를 통해 선善과 악惡, 옳음是과 그름非을 알고, '순순한 마음의 힘 기르기[存養]'을 통해 마음을 맑고 순수하게 하여 사적 욕구를 제거할 수 있는 힘을 길렀다면 이제 남은 일은 진리, 도리, 이치를 '힘써 세상에서 실천하는 것[力行]'이다. 아래에서는 이순신이 평소 어떤 태도로 인생을 살았는지를 몇 가지 도덕적 실천 사례를 중심으로 살펴본다.

1) 정의正義를 실천하다

가. 어린 시절

이순신이 탄생할 때 그의 집안은 넉넉하지 않았다. 그의 아버지 정貞은 벼슬길에 나아가지 않은 평범한 선비였다. 그의 할아버지 백록百祿은 조광조와 같은 신진 사림 정치 세력과 뜻을 같이 하다 기묘사화己卯士禍 때에 연루되어 처벌을 받았다. 아마도 이순신의 아버지 정貞이 벼슬길에 나아가지 못한 것은 할아버지인 백록百祿의 사건과 직접적인 연관이 있는 것 같다.

의리를 실천하는 가풍을 계승한 이순신은 어린 시절 놀이를 할 때 항상 활을 가지고 다녔으며 옳다고 여기는 일에는 뜻을 굽히지 않았다. 하루는 같은 동네의 나이 많은 어른이 사리事理에 어긋나는 일을 하자, "아저씨! 그것은 잘못하는 일 아닙니까?"라고 지적하고 나서며 화살을 뽑아 어른의 눈을 쏘려고 겨누었다는 일화에서 보듯이 이순신

은 어려서부터 의리지향적義理志向的 삶의 자세가 습성화되어 있었다.

나. 초급 관리 시절

이순신은 32세에 무과에 합격하여 벼슬길에 올랐다. 그는 초급 장교 시절부터 능력을 인정받았으며 승급도 비교적 빨랐다. 그러나 그의 관료 생활은 순탄치가 않았다. 그의 올곧은 성격과 의리지향적 삶의 태도는 늘 주변의 상관들과 마찰을 초래하였다.

함경도 근무를 마치고 한양의 훈련원에서 봉사奉事로 근무할 때 병조兵曹의 정랑正郎으로 있던 서익徐益이 와서 자신과 친분관계가 있는 자를 승진시키려 하자 담당관으로 있던 이순신은 이를 용납하지 않았다.

> "아래에 있는 자를 건너 뛰어 올리면 당연히 승진하여야 할 사람이 승진하지 못하게 됩니다. 이는 공평하지 않을 뿐만 아니라 법규 또한 고칠 수 없습니다."[47]

이순신은 비록 그가 훈련원이 소속되어 있는 병조의 상관이었지만 인사 청탁의 부당함을 논리정연하게 펼쳐 일언지하에 거절하였다. 발포 수군만호가 된 이듬해 1월 이순신은 군기軍器를 점고하러 온 경차관敬差官 서익徐益이 군기를 보수하지 않았다고 조정에 보고하는 바람에 파직되는 수모를 당한다. 서익은 이순신이 훈련원 봉사로 있을 때 인사 청탁을 한 장본인으로서 그때의 일을 앙갚음한 것이다.

이순신은 10여 년간의 관리 생활을 하면서 권세 있는 집안에 드나들지 않았으며, 오해가 있을 수 있는 행동도 하지 않았다. 훈련원 봉사

시절 이조판서로 있던 이율곡이 서애 유성룡을 통하여 만나 보기를 희망했지만 이순신은 "나와 율곡이 같은 성씨여서 만나 볼 만도 하지만 이조판서로 있는 동안에 만나는 것은 옳지 않다"[48]고 하여 끝내 가지 않았다. 또한 병조판서 김귀영이 자신의 서녀를 그에게 첩으로 시집보내기를 희망했으나 "벼슬길에 갓 나온 내가 어찌 권세 있는 집에 발을 들여놓을 수 있을까 보냐!"[49] 하고 중매인을 정중히 돌려보냈다. 이순신의 이와 같은 처세는 결국 10여 년의 벼슬살이를 파직과 백의종군 등으로 얼룩지게 하였다.

다. 삼도수군통제사 시절

정유년(1597년) 1월에 임금인 선조는 일본으로 갔다가 조선으로 돌아오는 일본 장수 가등청정이 모월 모일 상륙할 것이라는 정보를 입수하고는 이순신에게 명령하여 그를 잡게 하였다. 그러나 이순신은 출동하지 않았다. 다음과 같은 이유에서였다.

> "바닷길이 험난하고 또한 적이 반드시 여러 곳에 복병을 숨겨 두고 기다릴 것이니, 배를 많이 거느리고 간다면 적이 알지 못할 리 없고, 배를 적게 거느리고 가다가는 도리어 습격을 당하게 될 것입니다."[50]

이순신이 출동하지 않은 이유를 정리하면, 첫째는 겨울이라 바닷길이 험난하기 때문이요, 둘째는 적이 반드시 여러 곳에 복병을 배치할 것이기 때문이요, 셋째는 대대적으로 출동하면 적이 이미 알고 피할 것이기 때문이요, 넷째는 소수의 함선으로 출동할 경우에는 도리어 습

격을 당해 패배할 수도 있기 때문이었다.

사실 이순신이 조선의 함대를 출동시키지 않은 것은 전투 현장에서 멀리 떨어져 있는 조정의 정보를 신뢰할 수 없을 뿐만 아니라 정확하지도 않은 정보에 따라 조선의 함대를 출동하는 것은 일종의 도박처럼 위험천만한 일이었기 때문이었다. 견내량을 해상 경계로 하여 일본군이 서진할 수 있는 해로를 차단할 수 있었던 것은 수군이 물목을 막고 있었기 때문인데 만에 하나 거짓 정보에 속아 수군이 패배하면 그 이후에 벌어질 문제 상황을 과연 누가 해결할 수 있을 것인가? 이순신이 생각하기에 조선 수군은 조선의 최후의 보루였던 것이다.

이순신은 패배할 수밖에 없는 무모한 전투에 조선 수군 병사를 내모는 것이 옳고 마땅한 일인지, 아니면 비록 부당하긴 하지만 임금의 명령을 따르는 것이 옳고 마땅한 일인지를 고민하였다. 이순신은 임금의 명령을 따르지 않았다. 그 결과 그는 통제사에서 파직되었을 뿐만 아니라 임금을 기만하고 명령을 거역한 죄로 체포, 압송되어 죽음에 내몰렸다. 그에게 정의正義로운 삶은 임금의 명령보다도 나아가 죽음보다도 더 가치 있는 것이었다.

2) 효孝를 실천하다

조선은 효孝의 나라였다. 유학의 가르침 중 효는 인仁을 행하는 근본이었기 때문이다. 그런 가운데서도 이순신의 효성은 남달랐다. 《난중일기》 내용 가운데 가장 많이 언급된 것이 어머니에 대한 그리움, 안부, 걱정일 정도로 어머니는 그에게 또 하나의 인생의 목표였다.

이순신은 주기적으로 아산에 사람을 보내 어머니의 안부를 확인하였으며, 어머니를 위한 선물을 챙겨 보냈다. 아산에 계신 어머니 때문에 늘 노심초사하던 이순신은 계사년(1593년) 6월 어머니를 여수 본영 가까이 있는 고음내에 모셨다. 그러나 한산도 통제영에 머물러 있던 이순신은 여수와 한산도를 오가는 탐선 편에 어머니의 안부를 확인할 수밖에 없었다.

> "조카 봉이 오는 배편에 어머님이 평안하시다는 소식을 들으니 기쁘고 다행스럽다."[51]
>
> "새벽에 탐선이 들어와 어머님 평안하시다는 소식을 들으니 다행, 다행한 일이다."[52]

을미년(1595년) 설날을 어머니와 함께 보내지 못하게 된 이순신은 그날의 일기에 "촛불을 밝히고 혼자 앉아 나라 일을 생각하니 모르는 사이에 눈물이 흐른다. 또 병든 팔순의 늙으신 어머니를 생각하며 뜬눈으로 밤을 새웠다"[53] 라고 적었다. 나라에 대한 충성심과 어머니에 대한 그리움이 구구절절 스며 있다.

이순신의 어머니가 당부한 어느 날 군영軍營으로 돌아가는 아들과 헤어지면서 "잘 가거라. 나라의 치욕을 크게 씻어라"라는 가르침은 가족 윤리의 핵심인 효孝와 국가 공동체 윤리의 핵심인 충忠을 어떻게 조화시켰는지를 잘 보여 준다.

3) 충忠을 실천하다

임금에 대한 충성은 유학적 세계관으로 의식화된 이순신에게 있어서 삶의 또 다른 한 축이었다. 평소 그가 "세상에 쓰이게 되면 죽기로써 일할 것이요"라고 한 데서 나타나듯이 이순신은 임진왜란이라는 국난을 당해 자신이 무엇을 해야 하는지를 분명히 알고 있었다. 이순신은 나라 걱정에 잠 못 이루는 밤이 많았다. 심지어는 꿈속에서도 임금을 걱정하는 광경이 일기에 보인다.

> "새벽 꿈에 커다란 대궐에 이르렀는데, 마치 한양인 것 같고, 기이한 일이 많았다. 영의정이 와서 인사하기에 나도 답례를 하였다. 임금이 피란 가신 일에 대하여 이야기하다가 눈물을 뿌려가며 탄식하였다."[54]

이순신은 피란 중에 있는 선조의 소식을 들을 때마다 통곡하였다.[55] 그러나 그토록 충성을 다 바쳤던 임금은 자신을 통제사에서 파직시키고, 의금부에서 심문하였으며, 겨우 목숨을 보존하여 백의종군하게 되었다.

칠천량 해전으로 조선 수군이 전멸에 가까운 패배를 당하자 조정에서는 정유년(1597년) 8월 3일 이순신을 다시 통제사에 임명하였다. 장흥 땅 회령포에서 수습한 함선 세력은 고작 12척에 불과했다. 세력이 불리함을 느낀 부하 장수들과 병사들은 겁에 질려 있었다. 칠천량 해전에서의 참담한 패배가 상기되었기 때문이었다. 이순신은 부하 장수들을 불러 놓고 감성적으로 때로는 이성적으로 호소하였다.

"우리들이 임금의 명령을 함께 받들었으니 의리義理상 같이 죽는 것이 마땅하다. 그런데 사태가 여기까지 이르렀으니 한 번 죽음으로써 나라의 은혜에 보답하는 것이 무엇이 그리 아까울 것이냐? 오직 죽은 뒤에야 은혜 갚는 일을 멈출 것이다."[56]

이 말을 들은 부하 장수들은 감동하였다고 한다. 결국 이순신은 명량 해전을 승리로 장식함으로써 조선 수군의 재기에 성공하였다. 노량 해전에서 이순신은 스스로가 평소에 다짐한 것처럼 나라와 임금과 백성을 위해 기꺼이 자신의 몸을 던졌다. 그의 죽음은 의리지향적義理志向的 삶의 결실이요, 충忠의 완성이었다. 그래서 우리는 이순신을 성웅聖雄이라고 하는 것이다.

WINNING LEADERSHIP **04**

글로벌 시대의 리더십 교육이 나아갈 길

요즈음 소개되고 있는 모든 리더십 이론에서 이구동성으로 인격의 중요성을 강조하고는 있지만 실제로 어떻게 해야 인격을 함양할 수 있는지에 대한 방법론에 대해선 자세한 설명이 없다. 혹시 이것이 오늘날 한국의 리더십 교육의 문제점은 아닐까.

전통 사상은 인격함양법의 보고寶庫이다. 전통적으로 유학儒學에서는 리더 양성의 방법으로 문학과 역사 그리고 철학 교육을 함께 시켰다. 이른바 문·사·철文·史·哲 교육이 그것이다. 이순신이 위대한 리더로 성장한 것도 따지고 보면 조선의 리더 양성 교육 프로그램에 힘입은 바 크다.

어린 시절 이순신은 형을 따라 유학을 공부하였다. 유학의 기본 텍스트는 사서四書, 오경五經이다. 또한 시를 짓고, 편지를 쓰고, 묘비명

墓碑銘 등 각종 형태의 글을 쓰는 일은 양반 지식인들의 기본적인 소양이었다. 이순신은 유학에서 제시한 인격함양법을 충실히 따랐다.

이순신은 무엇이 진리인지, 정의인지, 의리인지를 인식하기 위해 노력하였고[진리 인식하기], 일기 쓰기, 시 짓기, 음악 감상, 자연과의 소통, 검명 활용하기 등으로 마음을 닦았으며[마음의 순수한 힘 기르기], 정의正義, 효孝, 충忠을 힘써 실천하기 위해 노력하였다[힘써 진리 실천하기]. 그러나 실제 상황에서 이것은 꼭 순서대로 이루어지는 것이 아니다. 힘써 효를 실천하다 보면 저절로 마음의 순수한 힘이 길러지고, 마음이 순수해지면 효도야말로 자식이 어버이에 대해 실천해야하는 진리임을 더욱 분명하게 인식되는 상황도 종종 일어나기 때문이다.[57]

유학의 인격함양법을 통해 이순신은 온 국민이 추앙하는 위대한 리더가 되었다. 그렇다면 글로벌 시대를 살아가는 오늘날 우리의 리더십 교육은 어떤 인격함양법을 교육하고 있는가. 인격함양은 평생을 두고 해야 하는 것이기 때문에 제한된 시간의 리더십 교육에서는 다룰 수가 없는 것인가. 아니면 오늘날은 진리 다원화, 상대화 시대이기 때문에 어떤 특정 철학이나 종교에서 제기될 수 있는 인격함양법은 가르칠 수 없는 것인가.

우리는 동서양의 문학과 예술, 역사와 철학과 종교에서 인격함양법을 배워야 한다. 시간과 공간은 다르더라도 그들이 어떤 방법으로 무한한 이기적 욕구체인 인간을 신을 닮은 모습으로 또는 금수禽獸와 구별되는 만물의 영장으로 만들려고 했는지 참고해 볼 일이다.

앞에서 언급한 것처럼 요즈음의 리더십 이론의 추세는 공통적으로

인격의 중요성을 강조한다. 효율과 실리, 기법에 치중한 리더십 교육이 혹시 한계에 직면했기 때문은 아닐까. 변화의 시대를 살아가면서 우리를 억누르는 생존의 절박함은 우리를 효율과 실리, 경쟁력으로 내몬다. 그래서 점차 그것과는 무관하다고 생각되는 전인교육全人教育, 인문적 소양교육 등에는 소홀하게 마련이다. 그러나 진작부터 이런 추세의 병폐를 경험한 선진국들은 전인교육, 인문적 소양교육의 중요성을 강조해 왔다. 리더십에서 인격이 중요하게 대두된 것도 모두 이러한 세계적 흐름과 무관하지 않은 것이다.

승리해야 한다는 절체절명의 강박감에 시달리면서도 위대한 리더 이순신은 일기를 쓰고, 시를 짓고, 편지를 썼다. 무인武人으로 길을 바꾸기 전까지 몰두했던 유학儒學 공부는 그가 문무文武를 겸비한 위대한 리더로 성장하는 토대가 되었다. 이순신은 가끔은 거문고와 젓대, 퉁소 소리를 들으며 외로움을 달래었으며, 음력 15일 전후에 뜬 밝은 달을 보면서 마음의 회한을 풀었다. 그리고 늘 부하 장졸들과 함께 활을 쏘고, 술을 먹고, 나라 일이나 군사軍事 관련 일에 대해 허심탄회하게 토론하였다.

이런 이유 때문인지 엄격함이 느껴질 법한 무인武人 이순신에게서는 따뜻함이 느껴진다. 그래서 필자는 이순신 리더십의 핵심을 인격이라고 강조하는 것이다. 고결한 인격에 기초한 이순신의 리더십은 조선 수군 병사들의 전투력을 극대화시키고, 그것을 통합하여 모든 해전을 승리로 이끄는 토대가 되었다. 결국 인격이 효율이요, 실리요, 경쟁력이 될 수 있음을 이순신은 우리에게 보여 주고 있는 것이다.

WINNIN

명량 해전 승리 요인의 재조명

1. 명량 해전 해석의 틀
2. 판옥선의 전투력
3. 명량 해전에 적용된 병법
4. 명량 해전에서 발휘된 리더십
5. 명량 해전의 올바른 이해를 위한 제언

EADERSHIP

05

명량 해전은 이순신이 치른 해전 가운데 가장 어려운 해전이었다.
명량 해전의 전개 상황은 이순신 친필 일기인 《난중일기》에
상세하게 기록되어 있다. 그럼에도 불구하고 명량 해전의
승리 요인을 둘러싸고 설화성 이야기와 역사적 사실이
혼재되어 전해지는 까닭은 무엇인가?
이번 장에서는 명량 해전의 승리 요인에 대해 집중적으로
조명해 보기로 한다.

WINNING LEADERSHIP 01

명량 해전 해석의 틀

이제까지 명량 해전의 승리요인을 설명하는 가장 유력한 설은 '철쇄설치설鐵鎖設置說'[1]이었다. 그러나 '철쇄설치설'의 최대 약점은 명량 해전의 전투 상황을 가장 생생히 담고 있는 이순신의 《난중일기》에는 기록되어 있지 않다는 것이다. 만약 철쇄를 이용하여 일본의 함선들이 걸려 넘어지게 한 것이 명량 해전 승리의 주요 원인이었다면 기록의 대가인 이순신은 반드시 그것을 일기에 기록하였을 것이다. 그리고 철쇄의 이용이 명량 해전 승리의 결정적 요인이었다면 명량 해전이 일어나기 훨씬 전부터 철쇄설치를 준비했어야 하는데, 조선 수군이 벽파진에서 머물렀던 8월 29일부터 9월 15일까지의 일기 어디에도 철쇄설치에 관련한 기록은 없다.

'철쇄설치설'의 유력한 근거 자료로 제시되는 이중환의 《택리지擇里

志》와 《해남현지海南懸志》는 1750년 전후의 자료로서 각 지방에 구전되어 오는 이야기를 채집하여 엮어 낸 것이기 때문에 역사적 사실을 규명하는 자료로 사용하기에는 무리가 있다. 전라우수사 김억추가 뛰어난 용력으로 철쇄를 가설하여 일본 함선들을 격침시켰다는 기록을 담고 있는 《호남절의록湖南節義錄》은 임진왜란 200여 년 뒤인 1799년에 편찬된 것이며, 김억추가 철쇄를 설치했다는 또 다른 자료인 《현무공실기顯武公實記》는 1914년 김억추의 후손들이 펴낸 것이다. 두 자료 모두 시기적으로나 편찬 목적으로 보나 – 조상들의 업적을 선양하기 위한 목적으로 만들어진 것임을 고려해 볼 때 – 명량 해전에 대한 역사적 사실을 규명하는 자료로 채택하기에는 무리가 있다.[2]

설화성 이야기도 그 나름대로의 의미가 있다. 그것을 통해 후손들에게 위대한 조상에 대한 자긍심을 키워 줄 수 있기 때문이다. 그러나 역사적 사실 속에서 교훈을 얻고자 하는 학문적 탐구에서는 역사적 사실事實과 설화說話는 구분되어야 한다.

그렇다면 왜 이처럼 오랜 시간 동안 설화성 이야기가 마치 역사적 사실처럼 자리를 차지하였을까? 필자가 생각하기에 그것은 첫째, 절대 열세한 상황에서 벌어진 명량 해전의 승리 요인을 합리적으로 설명해 줄 만한 논리적 근거를 찾지 못했기 때문이다. 둘째, 이순신 개인의 역량에만 의존하여 명량 해전의 승리 요인을 찾고자 했기 때문이다.

필자가 보는 명량 해전의 승리 요인은 크게 세 가지이다. 첫째 판옥선의 막강한 전투력, 둘째 이순신의 뛰어난 병법 구사, 셋째 이순신의 탁월한 리더십 역량이다. 총통으로 무장한 '판옥선의 전투력'이 하드웨어적인 전투력 요소라면, 이순신의 '병법'과 '리더십'은 소프트웨어적인 전투력 요소이다.

전쟁은 과학이지 신화가 아니다. 전쟁에서 승리하기 위해서는 하드웨어적인 전투력 요소와 소프트웨어적인 전투력 요소의 합이 적보다 우위에 있어야 한다. 결국 화약무기인 총통 중심의 무기체계와 판옥선으로 대변되는 조선 수군의 하드웨어적 전투력 요소와 위대한 수군의 리더 이순신에 의해 조성된 소프트웨어적 전투력 요소가 결합된 막강한 전투력이 명량 해전의 승리 요인이라는 말이다.

WINNING LEADERSHIP 02

판옥선의 전투력

판옥선板屋船은 임진왜란 발발 37년 전인 명종 10년(1555년)에 만들어진 전투함으로 일본 수군의 주된 공격전술인 등선육박전술登船內薄戰術을 무력화시키기 위해 만든 혁신革新 전함이다.

판옥선은 갑판 위에 판자板子를 가지고 네모난 집〔屋〕 모양의 상장上粧을 설치하였다는 데서 유래한 이름이다. 집 모양의 상장을 설치한 이유는 등선육박전술을 특기로 하는 일본의 병사가 함선으로 기어 올라오는 것을 어렵게 하기 위한 것이었다. 거기다 함선 자체의 규모도 일본의 함선에 비해 컸다. 따라서 2층 갑판에 위치하여 노를 젓는 격군들은 집 모양의 판자에 의해 적의 조총이나 화살 공격으로부터 몸을 보호할 수 있었으며, 3층 갑판 위에 분리되어 있던 전투원들은 판자에 몸을 숨길 수도 있고 적을 내려다보며 공격할 수 있었다. 조선 수군의 판옥선과 일본 함선의 전투는 마치 성 위에 있는 조선 병사가 성 아래에 있는 일본 병사와 싸우는 것과 같은 양상이었다. 임진왜란 당시 판옥선은 왜구의 침입에 대비하여 해양 방위에 종사하였던 조선의 관료들이 수십 년에 걸쳐 꾸준히 제기하여 만든 꿈의 전함이었던 것이다.

판옥선에 설치된 화약무기인 총통은 왜구 격퇴용으로 고려 말에 처음 만들어졌으며 조선에 의해 계승되어 그 기능이 꾸준히 개선되었다. 고려 말 최무선에 의해 개발된 화약과 화포는 왜구 섬멸전에서 크게 위력을 발휘하였다. 1380년 8월 나세, 심덕부, 최무선 등이 전선 100여 척으로 금강 어귀인 진포鎭浦 입구에서 왜구의 배 500척을 불태운 진포해전이나 1383년 5월 정지鄭地 장군이 전선 47척으로 남해 관음포에서 왜구의 배 120척을 섬멸한 관음포 해전은 함포를 사용한 해전에서 세계사적인 의미를 갖는다. 임진왜란이 발발한 1592년을 기준으로 보았을 때 조선 수군은 200년 이상의 함포 운영 노하우를 지닌 혁신된 군이었던 것이다.

조선 왕조에 이르러 세종 때에는 천자 · 지자 · 황자 · 현자총통의 사정거리가 크게 증진되었다. 명종시대에 이르면 왜구들도 화약무기를 사용하고 있는 것이 확인된다. 다음은 을묘왜변(1555년)을 겪은 후 영의정 심연원沈連源이 임금께 아뢴 내용이다.

> "지금의 왜인은 그 배가 견고하고 화기火器를 사용함으로써 전날의 그들과 비할 바가 아닙니다."[3]

임진왜란 해전에서 천자총통에 사용되었던 발사체인 대장군전大將軍

箭과 총통의 제조 문제에 대한 언급도 명종 대의 기록에 보인다.

> "전라도 관찰사 김주가 장계하기를, 왜변이 창궐하여 화가 극심합니다. 적선을 깨뜨리는 기구로는 대장군전大將軍箭보다 나은 것이 없으나 총통을 주조할 놋쇠를 준비할 길이 없어서 이준경이 여러 사찰의 종을 거두어 총통을 주조하려 했습니다."[4]

여기서 우리는 왜구들의 침입에 대한 위기의식, 왜구의 함선을 깨뜨리는 데 있어서의 대장군전의 위력 등이 어우러져 총통 주조 및 발사체 제조에 변방의 국방 책임자들이 노력하고 있음을 확인할 수 있다. 총통 주조를 위해 심지어 사찰의 종까지를 거둬 드리려고 한 것은 시사하는 바가 매우 크다.

특히 명종 12년부터는 해전에서 사용할 천자 · 지자 · 현자 · 황자총통 등의 대형 화포를 제작하였는데 이때 만든 총통류는 임진왜란 해전에서 주력 무기체계로 사용되었다. 이후 조정에서는 명종 18년(1563년)까지 총통 건조에 박차를 가하여 10만 근 이상의 동철銅鐵을 소비한 것으로 추정된다.[5]

이렇게 볼 때 임진왜란 시 조선 수군의 주력 전투함인 판옥선과 그 안에 설치된 천자 · 지자 · 현자 · 황자총통 등의 무기체계는 대략 명종 10년부터 명종 20년까지 약 10여 년 동안 준비된 것이었다. 임진왜란을 당하여 조선의 수군이 개전 초기부터 맹활약할 수 있었던 배경에는 중종, 명종 대를 거치면서 왜구의 침입에 대비하여 꾸준히 준비해 온 선각자들의 숨은 노력이 있었던 것이다.

이순신은 옥포 해전에서 판옥선과 총통으로 무장한 조선 수군의 전투력을 실감하였다. 이런 자신감을 토대로 임진년(1592년)에 실시된 4차례의 출동을 모두 완전한 승리로 귀결시켰다.

명량 해전 당일의 상황은 어떠했던가. 130여 척의 일본 함선이 명량의 물목을 통과하여 조선의 여러 함선을 에워쌌다. 여러 장수들은 절대 열세의 상황에 낙심하여 도망할 궁리만 하고 있었다. 전라 우수사 김억추는 아득히 멀리 떨어져 뒤에서 머뭇거리고 있었다. 이순신이 선두에서 노를 재촉하여 앞으로 돌진하며 각종 총통을 발사하고, 군관들이 2층 갑판 위에 서서 빗발치듯 화살을 쏘아 대자 적들이 감히 덤벼들지 못하고 머뭇거리는 소강 상태가 되었다. 이후 상황을 일기를 통해 확인해 보자.

"그러나 적들이 몇 겹으로 포위하고 있어 형세가 어떻게 될지를 예측할 수 없게 되자 같은 배에 타고 있던 병사들이 서로를 돌아보며 얼굴빛이 변하였다. 나는 조용히 그들에게 타일러 말하였다. 적이 비록 1천 척이라 하더라도 우리 배들을 대적하지 못할 것이니 일체 동요하지 말고 힘을 다해 적을 쏘거라."[6]

이순신은 판옥선이 지니고 있는 막강한 전투력에 대해 믿음을 가지고 있었다. 문제는 조선 병사들이 얼마나 최선을 다해 싸워 주는가였다. 따라서 급박한 전투 상황 속에서도 이순신은 부하 장병들에게 우리 함선의 전투력을 믿고 열심히 싸워 줄 것을 당부하였던 것이다. 판옥선의 전투력에 대한 믿음, 이것이 명량 해전의 하드웨어적 승리 요

인이다.

명량 해전이 벌어진 시점에서도 일본의 함선에는 조선의 판옥선을 격파시킬 수 있는 함포가 설치되지 않았거나, 비록 설치되어 있었다 하더라도 적극적으로 운용하지 못했다. 임진년 첫 해전인 옥포 해전부터 명량 해전 이전까지 이순신이 벌인 30여 회의 해전에서 조선의 판옥선이 격파되었다는 기록은 없다. 이것은 판옥선의 견고함에도 그 원인이 있겠지만 일본 수군이 대형 화약무기인 총통을 적극적으로 운용하지 못했다는 것이 더 큰 이유일 것이다.[7]

WINNING LEADERSHIP 03

명량 해전에 적용된 **병법**

천자 · 지자 · 현자 · 황자총통으로 무장한 판옥선이 명량 해전 승리의 하드웨적 요소라면, 이순신이 사용한 병법은 명량 해전 승리의 소프트웨어적 요소이다. 병법은 전쟁 승리의 원리로서 하드웨어적 전투력 요소를 극대화시키는 방법이다. 아래에서는 이순신이 명량 해전에서 어떤 병법을 사용하여 절대 열세의 상황을 우세한 상황으로 반전시켜 해전을 승리로 이끌었는지를 살펴보기로 한다.

적의 동태를 손바닥 보듯 하다

이순신은 정보 수집과 활용에서 탁월한 재능을 보였다. 첫 해전인 옥

포 해전에서도 적을 가장 먼저 발견한 것은 앞쪽에 배치한 탐망선이며, 한산 해전의 승리도 '견내량에 70여 척의 일본 함선이 정박해 있다'는 정확한 정보가 있었기에 가능했다.

회령포에서 10여 척의 함선으로 전열을 가다듬은 이순신은 일본 수군의 추격을 직감하고 계속하여 후퇴하였다. 적을 탐색하기 위해서 파견한 탐망 군관의 정보에 기초한 판단이었다. 이진梨津에서 어란포於蘭浦로 다시 장도獐島 앞바다로 또 다시 벽파진碧波陣으로 진을 옮기면서 언제나 후방에는 일본 수군의 동태에 대한 정보 수집을 위해 정찰부대를 남겨 두었다.[8]

9월 7일 오후 4시경 벽파진에서 해전이 있었는데 이순신은 이미 그날 아침 탐망 군관 임중형林仲亨으로부터 적정을 보고받고 전투 준비태세를 갖추고 일본 수군을 기다리고 있었다.

9월 14일에는 육로를 통해 일본군의 동태를 살피러 간 임준영任俊英으로부터 "적선 총 200여 척 가운데 55척이 이미 어란포 앞바다에 진입하였다"[9]는 정보를 입수하였다. 결전의 시간이 임박해 왔음을 직감한 이순신은 하루 뒤인 9월 15일 함대를 전라우수영으로 옮겼다. 과연 그 이튿날인 9월 16일 아침 일본 수군은 우수영을 향해 물밀듯이 공격해 들어왔다. 일본 수군의 공격 사실은 사전에 배치되었던 정찰부대에 의해 감지되었으며, 이순신에게 즉시 보고되었다.

이처럼 회령포에서 함대를 수습한 이순신은 명량 해전이 벌어지기까지 사전에 배치한 정보수집망에 의해 일본 수군의 움직임을 정확히 파악하고 있었다. 정확한 정보의 수집과 분석은 명량 해전 승리의 중요한 요인이 아닐 수 없다.

해전 장소를 주도적으로 선택하다

주동권主動權은 전장의 상황을 아군이 의도하는 방향으로 주도적으로 이끌어가는 권한이다. 주동권 확보의 요체는 승리하기에 유리한 장소와 시간을 주도적으로 선택하는 데 있다. 따라서 어떤 전투에서 아군이 주동권을 가지고 있는지 아니면 피동에 빠져 있는지를 알기를 원한다면 지금 싸우고 있는 장소와 시간을 누가 선택한 것인지를 판단해 보면 된다. 지금 싸우고 있는 장소와 시간을 아군이 선택한 것이라면 주동권을 확보하고 있는 것이요, 적군이 선택한 것이라면 피동에 빠져 있다고 보면 틀림이 없다.

이순신은 그가 벌인 가장 의미 있는 해전인 한산 해전과 명량 해전 그리고 마지막 노량 해전에서 주동권을 확보하였다. 한산 해전에서는 좁은 견내량에 정박해 있는 일본 수군 함대를 한산도 앞의 넓은 바다로 유인하여 모조리 격파하였다. 이순신은 해전 하루 전에 판옥선이 활동하기에 좋고, 일본 수군 병사들이 육지로 헤엄쳐 도망갈 수 없는 넓은 한산도 외양을 해전 장소로 선택함으로써 전과를 극대화시켰다. 마지막 노량 해전에서도 노량의 물목을 해전 장소로 택한 것은 이순신이었다. 순천 앞바다에서 소서행장 부대를 해상 봉쇄하고 있던 이순신은 남해, 사천, 김해 등지에서 소서행장 부대를 구원하러 일본의 수군이 총 출동하였다는 정보를 입수하자 즉시 봉쇄를 풀고 노량으로 향했다. 계속해서 해상 봉쇄를 하고 있을 경우 앞은 소서행장 부대에게, 뒤는 구원하러 오는 일본 함대에게 포위당하는 피동의 국면에 빠질 것을 우려했기 때문이다.

불가사의한 해전으로 평가되는 명량 해전에서도 이순신은 싸울 장소를 주도적으로 선택함으로써 주동권을 확보하였다. 회령포에서 10여 척을 수습한 이순신은 300여 척의 일본 수군의 추격을 피하며 이진, 어란포, 벽파진으로 후퇴하였다. 명량 해전이 있기 하루 전 이순신은 진도의 벽파진에서 해남의 우수영右水營으로 진陣을 옮겼다. 그 이유가 《난중일기》에 보인다.

> "조수를 타고 여러 장수들을 거느리고 진을 우수영 앞바다로 옮겼다. 그것은 벽파정 뒤에 명량鳴梁이 있는데, 적은 수의 수군으로 명량을 등지고 진陣을 칠 수가 없기 때문이었다. 여러 장수들을 불러 모으고 약속하되, 병법에 이르기를 '한 사람이 길목을 지키면 천 명도 두렵게 할 수 있다'는 말이 있는데, 모두 오늘 우리를 두고 이른 말이다."[10]

명량의 물목을 해전 장소로 택한 가장 큰 이유는 '한 사람이 길목을 지키면 천 명도 두렵게 할 수 있다'는 병법의 원리를 이용하기 위한 것이었다. 한마디로 관운장關雲長이나 장비張飛같은 힘센 장수가 외나무다리를 지키고 있을 경우 수백 명이라도 당해 낼 수 있다는 원리이다. 적군이 아무리 많더라도 외나무다리를 타고 오는 자는 한 명일 수밖에 없기 때문이다. 이순신은 수적으로 열세한 조선 수군에게는 가장 유리한 그리고 수적으로 우세한 일본 수군에게는 가장 불리한 명량의 좁은 물목을 해전의 장소로 선택함으로써 해전의 주동권을 확보하였던 것이다.

지형적 이점을 이용하여 열세를 극복하다

명량 해전은 지형의 이로운 점을 활용하여 해전을 승리로 이끈 세계 최고의 전쟁 사례이다. 1대 30 이상의 수적 열세를 반전시켜 승리하였기 때문이다.

칠천량 해전으로 조선 수군이 궤멸되고 통제사인 원균도 전사하자 조정에서는 이순신을 다시 삼도 수군통제사로 임명하였다. 정유년 597년 8월 3일 진주의 굴동에서 통제사 임명 교지를 받은 이순신은 8월 17일 장흥 앞 바다인 회령포에 도착하여 전선 10여 척을 수습하고, 이진梨津을 거쳐 8월 24일 어란포於蘭浦에 도착하였다. 8월 27일 어란포에서 조선 수군은 칠천량 해전 패배 이후 처음으로 일본 수군의 공격을 받는다. 조선 수군의 잔여 세력이 매우 미약하다는 것을 간파한 일본 수군은 조선 수군을 전멸시키고 서해안을 따라 한양으로 진격하기 위해서였다. 급기야 8월 29일에는 진도의 벽파진으로 진을 옮겼다. 이순신이 후퇴에 후퇴를 거듭하면서 고민한 것은 과연 어디서 싸워야 승산이 있는가였다.

평소 같으면 이순신은 이런 열세의 해전을 결단코 벌이지 않았다. 그러나 명량 해전의 상황은 이와 달랐다. 1대 30 이상의 절대적인 열세의 상황이었지만 결코 피할 수 있는 상황이 아니었다. 만약 조선 수군이 해전을 피한다면 그것은 일본 수군에게 남해로부터 서해를 따라 한양으로 올라가는 바닷길을 허용하는 것과 다름이 없었기 때문이다.

이순신이 명량의 물목을 해전 장소로 택한 것은 우세한 일본 수군 함대를 좁은 물목에 가두어 놓고 열세한 조선 수군으로 하여금 명량

해협 입구에 포진시켜 기다리고 있다가 해협을 빠져 나오는 선두의 함선들을 집중공격하기 위한 것이었다. 명량의 지형적 여건을 이용하여 수적 절대 열세를 만회해 보고자 하는 것이 이순신의 계산이었던 것이다. 명량의 빠른 조수와 좁은 물목 때문에 일본 수군은 어란포에 집결된 300여 척의 함선 모두를 동원하지 못했다. 우수영에 있는 조선 수군 함대를 공격하는 데 투입된 함선은 세키부네 중심의 133척이었다. 그러나 명량의 좁은 물목에서는 이 역시도 전투력을 발휘하지 못했으며, 실제로 조선 수군과 해전을 벌인 함선은 31척에 불과했다. 결국 이순신은 명량의 좁은 물목을 이용하여 1대 30의 열세 상황을 1대 3으로까지 완화시키는 데 성공하였다.

임진년(1592년) 이후 해전 상황이 증명하듯이 1대 1의 경우 화력 면에서나 함선 성능 면에서 일본 함선은 조선의 주력함인 판옥선의 적수가 되지 못했다. 비록 어려운 해전이었지만 조선 수군의 판옥선 13척은 에워싸고 있던 일본 함선 31척을 모조리 격파하였다. 명량 해전은 조선의 판옥선 1척이 일본의 세키부네 3척 이상을 대적할 수 있는 전투력을 보유하고 있음을 보여 주었다. 이순신은 명량 해전을 제외한 다른 해전에서 좁은 협수로를 해전 장소로 택하지 않았다. 그러나 천하의 명장 이순신도 1대 30 이상의 절대 열세의 상황에서는 어쩔 수 없이 명량의 지형적 이점을 활용하지 않을 수 없었던 것이다.

지휘함에 화력을 집중하다

이순신은 해전이 시작되면 항상 적의 지휘선이나 주력함을 식별하여 화력을 집중시킴으로써 공격 효과를 극대화시켰다. 명량 해전에서도 이순신은 화력집중 원리를 구사하였다. 이순신은 싸우지 않고 뒤처져 머뭇거리는 거제 현령 안위安衛를 불러 호통을 치고 공격 명령을 내렸다. 명령을 받은 안위가 선두에서 돌진해 나가자 적의 장수가 탄 배와 그 휘하의 함선 2척이 합세하여 총 3척이 안위의 배를 공격하였다. 이를 뒤에서 지켜보던 이순신은 몸소 함선을 이끌고 나아가 안위의 배를 공격하는 일본 함선의 후미를 공격하였다. 아울러 인근에 있던 녹도 만호 송여종宋汝悰과 평산포 대장 정응두丁應斗까지 공격에 가세하자 안위의 배를 공격하던 일본 함선 3척은 순식간에 모조리 격파되었다. 3척 가운데 한 척에는 일본 장수 마다시馬多時가 타고 있었는데 조선 수군의 공격을 받아 배는 격파되고 마다시 또한 전사하여 시신이 바다에 떠 있었다. 이순신은 일본 장수 마다시의 시신임을 확인하고 끌어올려 목을 잘라 효시梟示함으로써 적의 사기를 크게 꺾어 놓았다. 이를 계기로 조선 수군의 사기는 크게 진작되었으며 일제히 북을 울리고 함성을 지르면서 총공격을 감행하여 순식간에 에워싸고 있던 일본 함선 31척을 격파하였다. 적의 지휘선에 대한 화력집중은 명량 해전 승리의 또 하나의 요인이었던 것이다.

WINNING LEADERSHIP 04

명량 해전에 발휘된 **리더십**

전쟁 리더십의 궁극의 목표는 '부하 장병들이 죽기를 각오하고 싸우도록 하여 전쟁을 승리로 이끄는 것'이다. 그렇다면 부하 장병들을 어떻게 이끌어야 죽기를 각오하고 싸우게 할 수 있을까. 이것은 군의 리더가 늘 고민해야 하는 화두이다. 아래에서는 명량 해전에서 발휘된 이순신의 리더십을 전투 단계별로 살펴보기로 한다.

전투 준비 단계

1) 이순신을 존경한 장병, 의병, 백성들이 구름처럼 모여들다
_ 인격감화형 리더십

조선 수군의 칠천량 패전 이후 8월 3일 이순신은 삼도 수군 통제사에 임명하는 임금의 교서敎書를 받았다. 병력은 송대립宋大立 등 군관 9명과 병사 6인이 고작이었다. 다음은 통제사가 된 이후 이순신이 어떻게 병력을 확보했는지를 보여 주는 기록이다.

> "공公은 군관 9명과 군사 6명을 거느리고 진주로부터 옥과玉果(전남 곡성군)에 이르자 피난민들이 길이 보이지 않을 정도로 와서 공公을 바라보았다. 젊은 장정이 아내와 자식들을 보고 '자 우리 대감이 오셨다. 이제 너희들도 안 죽을 게다. 천천히 찾아들 오너라. 나는 먼저 대감을 따라 가겠다' 하였는데, 이런 자들이 자꾸만 나왔다. 그래서 순천에 이르러서는 정예 병사 60명을 얻고 비어 있는 성에 들어가 각각 무장을 했으며, 보성寶城에 이르러서는 120명이 되었다."[11]

전체적인 내용을 보면 이순신의 인품과 능력에 감복한 백성들과 병사들이 자발적으로 모여들어 병력이 점차 늘어 가고 있음을 확인할 수 있다. 통제사 교서를 받은 이후부터 일기에 나와 있는 기록을 살펴보면 8월 5일에는 이기남李奇南 부자父子, 정사준鄭思竣, 정사립鄭思立이 왔으며, 8월 8일에는 중 혜희惠熙가 와서 그에게 의병장 사령장을 주었다. 8월 10일에는 배흥립裵興立이, 8월 11일에는 송희립宋希立, 최대성崔大晟이 합류하였다. 8월 16일에는 활 만드는 기술자인 이지, 태귀생 그리고 지역 주민으로 추정되는 김희방金希邦, 김붕만金鵬萬이란 이름이 보인다. 이순신의 인격에 감화된 부하 장수와 병사 그리고 백성들의 자발적인 협조가 있었기에 한 달 반 정도의 짧은 전투 준비 기간이었지만 명량 해전을 성공적으로 치를 수 있었다.

2) 이순신의 훈시訓示에 감동한 장수들이 전의戰意를 불태우다
_ 이성공감형 리더십

8월 3일에 통제사 교서를 받고 이순신은 곧 바로 패전한 조선 수군을 수습하기 위해 행방을 찾아 떠났다. 전라좌도 연안의 전투 준비 태세는 그야말로 엉망이었다. 길에는 피난민의 행렬로 가득 차 있고, 관청은 비어 있었다. 그 어디에도 일본군의 침략을 막을 방책을 준비하는 자가 없었다. 전라병사 이복남은 이미 퇴각 명령을 내렸으며 옮길 수 없는 병기를 없애고 심지어 군량 창고도 불을 질렀다.

8월 18일 이순신은 경상우수사 배설이 있는 회령포에 도착하여 10여척의 전선을 인계받았다. 예상했던 대로 칠천량 해전에서 대패한 조선 수군의 사기는 말이 아니었다. 이순신은 예하 부하 장수들을 불러 모으고 일장 훈시를 하였다.

> "우리들이 임금의 명령을 함께 받들었으니 의리義理상 같이 죽는 것이 마땅하다. 그런데 사태가 여기까지 이르렀으니 한 번 죽는 것으로 나라의 은혜에 보답하는 것이 무엇이 그리 아까울 것이냐! 오직 죽은 뒤에야 은혜 갚는 일을 멈출 것이다."[12]

유학에서 제시하는 다섯 가지 큰 윤리〔五倫〕 중에 두 번째가 군신유의君臣有義이다. 임금과 신하 사이에는 의리가 있어야 한다는 것이다. 다시 말해 평소 임금이 신하들에게 직책과 봉록俸祿과 땅을 주어 백성을 다스리게 했으니 위급한 상황에 처하게 되면 신하는 평소 임금의 은혜를 갚기 위해 목숨을 버릴 수 있어야 하는 것이 신하의 의리義理라는 것이다. 이순신의 이러한 논리적 설득은 그 당시 유학적 세계관으로 의식화되어 있는 부하 장수들이 거부하거나 회피할 수 없는 대의명분에 기초한 것이었다. 이순신의 이와 같은 논리적 설득에 부하 장수들은 감동하지 않은 이가 없었다는 기록이 전해진다. 인륜적 가치를 내세워 부하 장수들의 이성적 공감을 불러일으킴으로써 그들의 전의戰意를 불태우게 만든 것이다.

3) 유언비어를 유포한 백성의 목을 효시하다
필벌형 리더십

통제사 이순신이 8월 13일 보성에 도착하자 거제 현령 안위, 발포 만호 소계남 등은 보러 왔는데, 정작 경상우수영의 참모장 격인 우후 이몽구李夢龜는 얼굴을 보이지 않았다. 다음 날인 8월 14일 아침 이순신은 이몽구를 잡아다 곤장 80대를 때렸다. 8월 17일에는 회령포에 도착하여 군량을 도둑질한 하급 관리를 잡아다 호되게 곤장을 쳤다. 8월 19일에는 배멀미를 핑계로 영접하지도 않고, 탈 배도 보내지 않은 경상우수사 배설을 대신하여 그를 보좌하는 관리를 불러다 곤장을 쳤다. 또한 회령포 만호 민정붕閔廷鵬이 사사로이 피난민에게 수군의 물건을 준 죄로 곤장 20대를 때렸다.

8월 24일 이순신의 조선 수군 함대는 해남의 이진梨津으로부터 어란포 앞바다로 옮겨 정박하고 있었다. 일본 수군이 계속해서 이순신 함대를 뒤쫓고 있는 아주 절박한 상황이었다. 그다음 날인 8월 25일 이런 상황을 틈타 백성들 중에 소를 훔치는 일이 있었다. 《난중일기》에 다음과 같이 적혀 있다.

"아침을 먹을 때, 당포의 보자기가 놓아 먹이던 소를 훔쳐 끌고 가면서, '왜적이 왔다. 왜적이 왔다' 라고 헛소문을 퍼뜨렸다. 나는 이미 그것이 거짓임을 알고 헛소문을 퍼뜨린 두 명을 잡아 곧 목을 베어 효시하게 하니 군중軍中의 인심이 크게 안정되었다."[13]

이순신은 임진년(1592년) 첫 출동일을 하루 앞둔 5월 3일 여도 수군 병사 황옥천黃玉千이 집으로 도망간 것을 잡아다 목을 베어 군중軍中에 효시한 일이 있었다. 임진왜란이 발발하고 처음으로 조선 수군이 출동하는 긴장된 상황에서 이순신은 군영을 이탈한 수군 병사의 목을 베어 효시함으로써 추상같은 군기를 확립하였던 것이다. 칠천량 해전에서 패배한 이후 얼마 되지도 않는 조선 수군의 잔여 병력으로 해전을 준비하는 이순신의 심정은 임진년 첫 출동보다도 더 절박하였으리라. 이런 절박한 상황에서 군심과 민심을 안정시키는 일이 무엇보다도 중요한 일이었기 때문에 이순신은 처형이라는 극단적인 처벌을 단행함으로써 병사들의 정신적 해이 현상을 극복하였던 것이다.

4) 일본 수군의 기습을 선두에서 물리치다
_ 솔선수범형 리더십

칠천량 해전은 일본 수군의 야간 기습이 적중한 해전이었다. 아무리 일본 수군이 수적으로 우세했다 하더라도 정상적인 상황에서 결전에 임했다면 조선 수군이 그토록 처참히 패하지는 않았을 것이다.

칠천량 해전에서의 야간 기습에 놀란 조선 수군 병사들은 일종의 전쟁 공황 상태에 빠져 있었다. 특히 한밤중에 조총이나 총통 소리와 같은 큰소리나 불을 보면 어찌할 줄을 모르고 도망갈 궁리에 바쁜 것이 칠천량 해전 뒤 조선 수군의 심리 상태였다.

8월 24일 어란 앞바다로 진을 옮기고 27일까지 머물렀다. 8월 26일에는 탐망 군관 임준영任俊英이 와서, 적이 이진梨津까지 왔음을 보고하였다. 드디어 8월 28일 일본 수군 정찰대와 조선 수군이 칠천량 해전 이후 처음으로 조우하게 된다.

> "적선 8척이 뜻밖에 들어오니 여러 배들이 겁을 먹고 달아나려 하고, 경상우수사(배설) 또한 달아나려 했다. 나는 꼼짝 않고 있다가 적선이 다가오자 각지기角指旗를 흔들어 뒤쫓으니 적선은 물러갔다. 갈두葛頭(해남군 송지면)까지 쫓다가 돌아왔다."[14]

일본 수군의 공격에 대해 조선 수군은 통제사가 탄 지휘함만 대처를 하는 형국이 조성된 것이다. 조선 수군 서열 2위인 경상우수사 배설조차도 해전을 하지 않고 회피하려고 하는 정도이니 조선 수군 병사들의 심리상태를 가히 짐작하고도 남는다. 결국 수군 최고 지휘관인 이순신이 선두에 선 용기와 솔선수범이 부하 장수들의 나약한 마음을 추슬러 전열을 가다듬을 수 있는 계기가 된 것이다.

어란포에서 일본 수군의 공격을 받은 이순신은 8월 29일 진도의 벽파진으로 진을 옮겨 본격적인 전투 준비에 착수하였다. 조선 수군의 세력이 10여 척에 불과하다는 사실을 간파한 일본 수군 또한 조선 수군을 궤멸시키려는 계획을 착착 진행시키고 있었다. 드디어 9월 7일 오후 벽파진의 조선 함대를 공격하였다.

"오후 4시경 적선 13척이 우리가 진을 치고 있는 곳을 향하여 곧장 공격해 들어왔다. 우리 배도 닻을 들고 바다로 나가 마주 대들면서 공격하니 적선을 배를 돌려 도망쳤다. (중략) 밤 습격이 있을 것 같았는데, 오후 10시께 적선이 포를 쏘면서 야간 습격을 해오자 여러 배가 겁을 먹은 것 같으므로 다시 엄하게 명령을 내리고, 내가 탄 배가 곧바로 적선을 향하여 달려들면서 포를 쏘니 적도는 당해 내지 못하고 자정경에 달아났다."[15]

조선 수군을 공격한 일본 수군 함대는 칠천량에서 승리한 경험이 있는 정예 병사들이었다. 그들은 조선 수군이 야간 기습에 취약하다는 것을 알고 어둠을 이용하여 공격하였던 것이다. 일본 수군이 예상한대로 조선 수군은 병사들뿐만 아니라 장수들까지도 겁을 먹고 있었다. 조선 수군의 사기士氣를 진작시킨 것은 바로 이순신의 선두에 선 공격이었다.

전투 하루 전

1) 죽기를 각오하고 싸우면 승산이 있다
_ 이성공감형 리더십

정유년(1597년) 9월 14일 이순신은 탐망 군관 임준영으로부터 적선 200여 척 가운데 55척이 어란포에 당도했다는 보고를 받고는 일본 수군의 공격이 눈앞에 다가왔음을 직감한다. 이순신은 다음 날인 9월 15

일 조선 수군의 진을 벽파진으로부터 우수영으로 옮겼다. 그것은 수효적은 수군으로 명량을 등지고 진을 칠 수가 없었기 때문이었다. 진을 옮긴 후 이순신은 여러 장수들에게 훈시하였다.

> "병법에 이르기를 '죽기를 각오하고 싸우면 살고, 살려고 꾀를 내고 싸우면 죽는다' 고 하였고 또 '한 사람이 길목을 지키면 천 명도 두렵게 할 수 있다' 는 말이 있는데, 모두 오늘 우리를 두고 한 말이다."[16]

일기에는 비록 이처럼 짧게 되어 있지만 실제는 이보다 더 길었을 것이다. 이순신은 비록 우리가 수적으로 절대 열세이지만 이렇게 저렇게 하면 승산이 있음을 부하 장수들에게 자세히 설명하였을 것이다. 이순신은 부하 병사들이 해전의 상황을 정확히 인식하고 이성적으로 공감하게 함으로써 자발적으로 최상의 전투력을 쏟아 내도록 독려하였던 것이다.

2) 조금이라도 명령을 어긴다면 군율대로 시행할 것이다

_ 필벌형 리더십

명량 해전의 상황은 그리 간단치가 않았다. 아무리 조선 수군의 판옥선의 전투력이 일본 함선의 그것을 능가한다 하더라도 1대 10 이상의 열세에서는 승리를 장담할 수가 없었다. 이순신은 논리적 설득을 통해 자발적인 전투력 창출을 독려했지만 그것만으로는 부족하다는 사실을 잘 알고 있었다. 그래서 그는 부하 장수들에게 만약 약속한 대로 따르지 않을 경우에 어떤 일이 뒤따르는지를 확인시켰다.

"너희 장수들이 조금이라도 명령을 어긴다면 군율대로 시행할 것이다. 아무리 사소한 일이라도 결코 용서하지 않을 것이다."[17]

이순신은 이성적, 논리적 설득과 병행하여 군율을 가지고 위협함으로써 부하 장수들이 자발적으로 또는 군율의 엄격함에 눌려 억지로라도 최선을 다해 싸우도록 하였다. 자율적인 방법이든, 타율적인 방법이든 군에서의 리더십의 목적이 궁극적으로 병사들이 전투력을 최대한 발휘토록 하여 전쟁에서 승리하는 것임을 잘 보여 주는 대목이 아닐 수 없다.

전투 단계

1) 조선 수군들이여! 나를 따르라
_ 솔선수범형 리더십

이순신이 조선 수군 함대를 우수영으로 옮긴 다음 날인 9월 16일 이른 아침, 과연 예상한 대로 일본 수군 함대의 총공격이 감행되었다. 이순신은 사전에 약속한 대로 적선을 향해 나아갔다. 그러나 다른 장수들은 겁에 질려 머뭇거리고 있었다. 조선 수군의 최고 지휘관이 단기필마單騎匹馬로 적진에 뛰어드는 것과 같은 상황이 순식간에 조성되었다. 당시의 상황을 일기에서 확인해 본다.

"여러 배에 명령하여 닻을 올리고 바다로 나아가니 적선 130여 척이 우리 배를 에워쌌다. 장수들은 적은 군사로 많은 적을 대적하는 것이라 여겨 스스로 낙심하고 모두 회피할 꾀만 내고 있었다. 우수사 김억추가 탄 배는 벌써 2마장이나 밖에 나가 있었다. 나는 노를 바삐 저어 앞으로 돌진하며 지자, 현자 등 각종 총통을 마구 쏘니 탄환은 폭풍우같이 쏟아지고 군관들이 배 위에 빽빽이 들어서서 화살을 빗발처럼 쏘니 적의 무리가 감히 대들지 못하고 나왔다 물러갔다 하였다."[18]

사전에 약속한 대로라면 첨자진尖字陣을 벌려 횡대로 앞으로 일제히 전진하면서 일본 함대를 공격해야 했다. 그런데 실제 상황에서는 통제사 이순신의 배를 제외한 다른 배들은 머뭇거리면서 뒤로 처졌으며 결국 지휘함 홀로 선두에서 적의 공격에 맞서게 된 것이다. 비록 통제사가 탄 지휘함 1척이었지만 총통을 쏘고 화살을 빗발처럼 쏘아 대니 적들이 감히 앞으로 나오지 못했다. 이순신이 확신을 가지고 부하 장수들을 설득했던 상황이 잠시나마 조성된 것이다. 후방에서 이런 모습을 지켜보던 부하 장수들은 슬금슬금 눈치를 보며 앞으로 나와 전열을 가다듬기 시작하였다. 통제사가 앞장서서 싸우고 있는 마당에 부하 장수로서 차마 더 이상 머뭇거릴 수가 없었기 때문이었다. 자칫 낭패를 볼 뻔하였던 명량 해전 초기 해전 상황을 수습할 수 있었던 데는 통제사 이순신의 용기에 기초한 '솔선수범형 리더십'이 있었던 것이다.

2) 적이 비록 천 척이라도 우리 배를 대적하지 못할 것이다

_ 이성공감형 리더십

초기의 불리한 해전 상황을 수습하긴 했지만 새까맣게 몰려오는 일본

의 함선은 조선 수군을 몇 겹으로 에워쌌다. 그러자 배에 있던 병사들이 서로를 돌아보며 낯빛이 하얗게 질려 버렸다. 이순신은 병사들에게 다시 조용히 타일렀다.

> "적선이 비록 천 척이라 하더라도 우리 배를 대적하지 못할 것이다. 절대 동요하지 말고 힘을 다해 적을 쏘아라."[19]

이순신은 적선이 비록 많지만 판옥으로 장갑된 우리 배가 크고 견고하기 때문에 겁먹지 않고 최선을 다해 총통과 활을 쏘며 공격한다면 승리할 수 있다고 설득하였다. 급박한 전투 상황에서도 이순신은 논리적 설득에 의한 이성적 공감을 유도하기 위해 노력하였던 것이다.

3) 전세가 급하므로 우선 공을 세우게 한다
_ 투지망지형 리더십

초기 해전의 불리한 상황을 수습하고 배 안에 있는 수군 병사들을 설득하여 죽기를 각오하고 싸우도록 독려하긴 했지만 여전히 전세는 조선 수군에게 유리한 것이 아니었다. 뒤에 처져 있던 부하 장수들이 합세하여야만 어찌 해볼 수 있는 급박한 상황이었다. 이순신은 마음이 급했다. 그는 먼저 중군장인 미조항 첨사 김응함을 호출하는 깃발을 올렸다. 그러자 김응함이 도착하려는 사이에 거제 현령 안위의 배가 먼저 통제사의 배에 다가왔다. 당시의 상황을 일기를 통해 확인해 본다.

> "중군장 미조항 첨사 김응함의 배가 차츰 내 배 가까이 왔으며, 거제

현령 안위의 배가 그 보다 먼저 왔다. 나는 배 위에 서서 친히 안위를 불러 '안위야! 군법에 죽고 싶으냐? 네가 군법에 죽고 싶으냐? 도망간다고 어디 가서 살 것이냐?' 하니 안위가 황급히 적선 속으로 돌입했다. 또 김응함을 불러 '너는 중군으로서 멀리 피하고 대장을 구원하지 않았으니 죄를 어찌 면할 것이냐? 당장 처형할 것이로되 적세가 급하므로 우선 공을 세우게 한다' 하였다. 그래서 두 배가 적진을 향해 앞서 나가자……."[20]

위의 상황을 자세히 보면 이순신 휘하의 장수들이 처음부터 죽기를 각오하고 싸운 것이 아님을 알 수 있다. 명량 해전은 초기 이순신의 고군분투孤軍奮鬪, 중기 안위와 김응함의 적진 돌격과 혼전 그리고 왜선 3척 격파, 후기 승리의 기세를 타고 일제히 공격하여 에워싸고 있던 31척 격파 순으로 진행되었다.

이렇게 볼 때 명량 해전은 중기 상황에서 있었던 안위와 김응함의 적진 돌격이 승리의 분수령이 되었음을 알 수 있다. 사지死地에 빠질 경우 사람은 의외로 냉정해진다. 그리고 죽기를 각오하고 싸운다. 죽기를 각오하고 싸우는 것이 살 수 있는 유일한 방법이기 때문이다. 이것이 바로 배수진背水陣의 원리이다. 리더는 때로는 구성원들을 '망지로 내모는[投之亡地]' 승부수를 던질 수도 있어야 한다. 국가의 안위를 책임진 군의 리더일 경우 더더욱 그렇다.

명량의 지형적 이점을 활용하고, 판옥선의 막강한 전투력이 발휘되고, 조선 수군 병사들이 죽기를 각오하고 싸워 준다면 한번 해볼 만하다는 이순신의 가설이 점차 힘을 얻어 갔다. 그러나 부하 병사들이 죽

기를 각오하고 싸우게 하여 명량 해전을 승리로 이끌었다는 단순한 사실의 배후에 거제 현령 안위나 중군장 김응함처럼 '죽기를 각오하고 싸우지 않을 수 없도록 만든' 이순신의 '투지망지형投之亡地形 리더십'이 있었음을 우리는 기억해야 할 것이다.

WINNING LEADERSHIP 05

명량 해전의 **올바른 이해**를 위한 제언

_ '철쇄설치설' 은 역사적 사실이 아니다

필자는 앞에서 명량 해전의 승리 요인을 대형 화약무기인 총통으로 무장한 판옥선의 막강한 전투력, 이순신의 병법 그리고 이순신의 탁월한 리더십 역량의 결합으로 설명하였다. 그렇다면 굳이 '철쇄설치설'을 동원하지 않더라도 13대 133척의 싸움에서의 승리를 합리적으로 설명할 수 있을 것이다.

철쇄설치에 대한 기록은 이순신의 《난중일기》에 없을 뿐만 아니라 이순신과 함께 했던 동시대 사람들의 기록에도 없다. 우선 이순신의 일생을 가장 정확히 기록하고 있는 이분李芬의 《행록行錄》에도 철쇄설치와 관련한 어떤 내용도 없다. 이순신의 친구이며 임진왜란 극복을 주도한 서애 유성룡의 《징비록懲毖錄》이나 선조 사후에 만들어진 《선묘중흥지宣廟中興志》에도 철쇄와 관련한 기록이 없다.

또한 '철쇄설치설'의 근거 자료가 되는 이중환의《택리지擇里志》와《해남현지海南懸志》 등은 역사적 사실을 규명하는 자료로 사용하기에는 적절치가 않다는 지적도 제기되었다. 철쇄설치에 참여했다는 기록이 있는 인물은 김억추[21]와 김위金渭[22], 이대년李大年[23] 인데 모두《동의록同義錄》에 있다. 그러나《동의록》은 1935년에『이충무공전서』에 포함된 것이므로 사료의 가치가 더욱 떨어진다.[24]

이쯤에서 우리가 주목할 것은 명량 해전 철쇄설치에 관한 기록은 이순신 당대나 사후 얼마 되지 않은 시기의 자료에서는 발견되지 않으며, 최소 150여 년 또는 200여 년 이후 또는 근대에 만들어진 자료에서만 발견된다는 사실이다. 이를 토대로 명량 해전의 올바른 이해를 위해 다음 두 가지의 문제점을 제기해 본다.

첫째, 명량 해전에 대해 기록하고 있는 자료 선택의 문제이다. 명량 해전의 작전계획을 세우고 부하 장졸을 지휘하여 해전을 수행한 통제사 이순신이 직접 보고 기록한《난중일기》그리고 이순신과 같은 시대를 살았던 이분李芬이 쓴 이순신의《행록行錄》에는 철쇄에 관한 내용이 없는 반면 전투 시작부터 종료까지의 전투상황이 비교적 상세히 기록되어 있다. 그런데 임진왜란 이후 150여 년 뒤에 작성된《택리지擇里志》나《해남현지海南懸志》에는 명량의 좁은 물목에 철쇄를 설치하여 500여 척 또는 수없이 많은 일본 함선을 침몰시켰다는 기록만 있고 구체적으로 어떻게 해전이 전개되었는지, 누가 열심히 싸웠는지에 등에 대한 정확한 내용이 없다. 과연 어느 것이 명량 해전의 올바른 이해를 위해 우리가 선택해야 하는 자료인가. 두말할 필요 없이 이순신이 직접 보고 적은《난중일기》와 이분李芬이 지은 이순신의《행록》을 자료로 택해야 할 것이다.

둘째, 철쇄설치에 참여한 사람의 행적에 대한 자료 선택의 문제이다. 철쇄설치와 관련한 대표적인 인물은 명량 해전 당시 전라우수사로 참여한 김억추이다. 김억추가 철쇄설치를 주도했다는 것은《호남절의록湖南節義錄》,《현무공실기顯武公實記》,《동의록同義錄》등에 기록되어 있다. 그렇다면 당사자인 전라우수사 김억추에 대해 직속상관인 통제사 이순신은 과연 어떻게 평가하고 있을까. 이순신은 칠천량 패전 직후인 정유년(1597년) 8월 3일 다시 통제사에 임명되어, 8월 18일에는 장흥 앞 바다인 회령포에서 배설이 이끌고 온 10여 척의 함선을 수습한다. 전라우수사 김억추의 행적에 관한 것은《난중일기》8월 26일자에 처음 보인다.[25]

> "전라우수사가 왔다. 배의 격군格軍이며 기구를 갖추지 못했으니 놀랄 일이다."[26]

칠천량 해전 당시 전라우수사는 이억기였다. 김억추는 칠천량 해전에서 전사한 전라우수사 이억기의 후임으로 임명되었다. 이순신은 해전 준비가 전혀 되어 있지 않은 상태로 나타난 전라우수사 김억추에 대해 매우 실망하고 있었다. 김억추에 대한 기록은 정유년(1597년) 9월 8일의 일기에도 보인다.

"여러 장수들을 불러서 대책을 토의하였다. 우수사 김억추는 겨우 만호萬戶에나 맞을까 대장 재목은 못 되는 인물인데, 좌의정 김응남이 서로 정다운 사이라고 해서 억지로 임해 보냈다. 이러고야 조정에 사람이 있다고 할 수 있는가. 다만 때를 못 만난 것을 한탄할 뿐이다."[27]

이순신은 김억추가 수사水使가 아니라 만호萬戶 정도에나 어울리는 인물로 생각하였다. 나아가 그가 능력에 의해서가 아니라 좌의정 김응남의 추천으로 수사에 임명되었다는 것에 대해 매우 비판적인 견해를 가지고 있었다. 이렇게 생각하게 된 데에는 김억추가 8월 26일 이순신 앞에 나타났을 때 해전 준비가 전혀 되어 있지 않았던 것과도 무관하지 않다. 그렇다면 명량 해전 당일 김억추의 행적은 어떠했는가.

"여러 장수들은 적은 군사로 많은 적을 대적하는 것이라 스스로 낙심하고 모두 회피할 꾀만 내는데, 우수사 김억추가 탄 배는 벌써 2마장 밖에 나가 있었다."[28]

철쇄설치에 관여하여 명량 해전을 승리로 이끄는 데 결정적 역할을 했다던 우수사 김억추는 명량 해전 당일 겁에 질려 멀찌감치 뒤로 물러나 있던 것으로 기록되어 있다. 앞에서 살펴본 것처럼 통제사 이순신은 처음부터 전라우수사 김억추를 신뢰하지 않았다. 명량 해전 당일의 김억추의 행동도 이미 이순신의 눈 밖에 나 있었다. 그렇다면 명량 해전을 전후하여 김억추의 공과功過를 직접 보고 적은 이순신의 친필 일기를 사실적 자료로 취해야 하는가, 아니면 임진왜란으로부터 200

년 뒤 또는 그보다 훨씬 뒤에 조상들의 업적을 선양할 목적으로 만들어진 《호남절의록》이나 《현무공실기》, 《동의록》 등에 나온 김억추 관련 자료를 사실적 자료로 취해야 하는가. 이 또한 《난중일기》에 나와 있는 이순신의 기록을 신뢰하는 것이 올바른 태도일 것이다.

필자는 앞에서 명량 해전의 승리 요인을 판옥선의 전투력, 이순신의 병법, 이순신의 리더십 측면에서 자세히 살펴보았다. 이를 통해 '철쇄설치설'을 동원하지 않고도 명량 해전의 승리를 충분히, 객관적으로 설명할 수 있음을 제기하였다.

임진왜란의 해전 승리 요인을 설명하면서 이제까지는 주로 이순신 개인의 역량에 의존해 왔던 것이 사실이다. '철쇄설치설'도 결국은 이순신 개인의 역량에 초점을 맞춘 것이라고 평가할 수 있다. 고려 수군을 계승하여 왜구의 해전 전술에 대비하여 착실하게 준비해 온 조선 수군의 함선이나 무기체계와 같은 하드웨어적 전투력 요소가 배제되었던 것이다. 조선 수군의 존재가 이순신의 위대성을 설명하는 데 별로 도움이 되지 않고, 때로는 조선 수군의 존재가 이순신의 위대성을 손상할 수도 있다는 생각 때문은 아니었을까. 또한 1970년대 이순신을 민족적 영웅으로 추앙하면서 그의 영웅적 면모에 도움이 되는 것이라면 그것이 설화이든, 역사적 사실이든 관계없이 무비판적, 무반성적으로 수용하였던 시대적 분위기가 오늘날까지도 여전히 남아 있기 때문은 아닐까.

명량 해전에서의 '철쇄설치설'은 어떻게 이해하는 것이 좋을까. 이제 그것은 '역사적 사실'이 아니라 임진왜란에 참여한 사람들의 전쟁

영웅담이 만들어지는 과정에서 나온 '설화성 이야기'로 받아들이는 것이 좋을 것 같다. 설화가 후대 사람들에게 주는 긍정적 영향은 아마도 주인공들의 애국심, 희생정신 등에 대한 감성적 공감일 것이다. 그러나 그것의 긍정적 영향 때문에 '설화說話'가 '역사적 사실事實'이 될 수는 없다. 이순신은 사실적 모습만으로도 충분히 위대하며, 민족의 영웅, 국민적 사표가 되기에 손색이 없다. 우리의 어설픈 영웅화 작업이 그의 진정한 위대성을 폄훼하고 있는 것은 아닌지 돌이켜 볼 때이다.

1 『李忠武公全書』(影印本), 서울 : 성문각, 1989.
2 李殷相 譯, 『完譯 李忠武公全書』, 上~下卷, 서울 : 成文閣, 1989.
3 曹操 等注, 郭化若 譯, 『十一家注孫子』, 香港 : 中華書局, 1988.
4 國防部戰史編纂委員會 篇, 『武臣須知』, 서울 : 교학사, 1986.
5 金種權 譯註, 유성룡 저, 『新完譯 懲毖錄』, 서울 : 명문당, 1987.
6 『국역 대동야승 IX』(再造藩邦志), 서울 : 민족문화추진회, 1985.
7 金赫濟 校閱, 『中庸』, 서울 : 明文堂, 1984.
8 金赫濟 校閱,『論語集註』, 서울 : 明文堂, 1988.
9 『禮記鄭注』(漢文大系 十七), 동경 : 부산방, 소화47.
10 『南塘集』(影印本), 서울 : 아성문화사, 1976.
11 陶漢章 著, 『孫子兵法概論』, 임원빈 역, 진해 : 해군사관학교, 1996.
12 司馬遷 著, 丁範鎭 외 옮김, 『史記列傳』上 , 서울 : 까치, 1995.
13 楊伯峻 譯注, 『孟子譯注』, 香港 : 中華書局, 1988.
14 王先愼, 『諸子集成(第五冊, 韓非子集解)』, 臺北 : 中華書局, 1986.
15 李種學 譯, 洪良浩 著, 『韓國名將傳』, 서울 : 博英社, 1974.
16 李增杰, 『《吳子》注譯析』, 廣東 : 廣東高等教育出版社, 1986.
17 趙成都, 『忠武公 李舜臣』, 서울 : 南榮文化社, 1982.
18 趙仁福, 『李舜臣戰史硏究』, 서울 : 鳴洋社, 1964.
19 崔碩男, 『韓國水軍史硏究』, 서울 : 鳴洋社, 1964.
20 韓國學文獻硏究所 篇, 『壬辰倭亂關係文獻叢刊(忠武公全書)』, 서울 : 亞世亞文化社, 1984.
21 海軍軍事硏究室, 『壬亂水軍活動硏究論叢』, 서울 : 海軍本部, 1993.

[22] 海軍本部,『韓國海洋史』, 서울 : 大韓軍事援護文化社, 1955.

[23] 海軍士官學校 博物館,『忠武公 李舜臣 研究論叢』, 海洋活動史研究論叢. 진해 : 해군사관학교, 1991.

[24] 許善道,『朝鮮時代 火藥兵器史 研究』, 서울 : 一潮閣, 1994.

[25] 이민웅,「임진왜란 해전사 연구」(서울대 박사학위논문, 2001).

[26] 임원빈,『이순신 병법을 논하다』, 서울 : 신서원, 2005.

[27] 순천향대 이순신연구소,「이순신 연구논총(6)」(2006, 봄/여름).

[28] 제장명,『이순신 파워인맥』, 서울 : 행복한 나무, 2008.

[29] Edgar F. Puryear. Jr.,『아메리칸 제너럴십』, 서울 : 국방부, 2004.

[30] John C. Maxwell, 강준민 역,『리더십의 법칙』, 서울 : 비전과 리더십, 2005.

[31] Peter G. Northouse, 김남현 · 김정원 역,『리더십』, 서울 : 경문사, 2001.

1장

[1] 曹操 等注, 郭化若 譯, 『十一家注孫子』(香港 : 中華書局, 1988), 卷上, 計篇, 2쪽. 道者, 令民與上同意也.

[2] 리더십에 대한 정의는 관점에 따라 무수히 많다. 그러나 일반적으로 '리더십은 주어진 목표나 임무 달성을 위하여 한 개인이 집단의 성원들에게 미치는 영향력 또는 영향을 미치는 과정'이라고 정의된다. 필자는 이와 같은 리더십의 정의를 수용하는 한편 동양의 관점에서 재정립해 보고, 이를 토대로 이순신의 리더십을 규명하고자 하였다.

[3] 논지를 편리하게 전개하기 위하여 '리더'와 '장수(將帥)'를 혼용하여 사용하였다. 전통적으로 군에서의 리더를 '장수'라고 하였기 때문이다.

[4] 曹操 等注, 郭化若 譯, 앞의 책, 7쪽. 將者, 智信仁勇嚴也.

[5] 같은 책, 7쪽. 先王之道, 以仁爲首; 兵家者流, 用智爲先.

[6] 같은 책, 7쪽. 杜牧曰 : 兵家者流, 用智爲先. 蓋智者, 能機權, 識變通也. 信者, 使人不惑於刑賞也. 仁者, 愛人憫物, 知勤勞也. 勇者, 決勝乘勢, 不逡巡也. 嚴者, 以威刑肅三軍也.

[7] 같은 책, 7쪽. 曹操曰 : 將宜五德備也.

[8] 같은 책. 7쪽. 賈林曰 : 專任智則賊, 偏施仁則懦, 固守信則愚, 恃勇力則暴, 令過嚴則殘. 五者兼備, 各適其用, 則可爲將帥.

[9] 李增杰, 『《吳子》注譯析』(廣東 : 廣東高等教育出版社, 1986), 85쪽. 夫總文武者, 軍之將也, 兼剛柔者, 兵之事也.

[10] 같은 책, 85쪽. 凡人論將, 常觀于勇. 勇之于將, 乃數分之一爾.

[11] 같은 책, 85쪽. 夫勇者必輕合, 輕合而不知利, 未可也.

[12] 같은 책, 85쪽. 然其威德仁勇, 必足以率下安衆, 怖敵決疑, 施令而下不犯, 所在寇不敢敵.

13 國防部戰史編纂委員會 篇, 『武臣須知』(서울 : 교학사, 1986), 11쪽.

14 같은 책, 11쪽. 五施者, 卽誠一無欺, 金石不渝之謂信. 果敢倡先, 衝鋒陷陣之謂勇. 軍政整齊, 號令明肅之謂嚴. 無所不知, 料敵虛實之謂智, 愛恤士卒, 不忍慘刻之謂仁也.

15 曹操等注, 郭化若 譯, 앞의 책, 火攻篇, 222쪽. 合于利而動, 不合于利而止.

16 같은 책, 勢篇, 76~77쪽. 故善動敵者, 形之, 敵必從之, 予之, 敵必取之.

17 같은 책, 作戰篇, 30쪽. 故車戰得車十乘已上, 賞其先得者.

18 공자(孔子)가 창시한 유학에서는 '군신유의(君臣有義)'라 하여 임금과 신하의 관계를 의리(義理)의 관계로 파악하고 있다.

19 『韓非子』, 內儲說上. 凡人之有爲也, 非名之則利之也.

20 같은 책, 外儲說左上. 利之所在, 民歸之, 名之所彰, 士死之.

21 같은 책, 五蠹篇. 戰之爲事也危, 而民爲之者曰, 可得以貴也.

22 같은 책, 備內篇. 醫善人之傷, 含人之血, 非骨肉之親也, 利所加也.

23 같은 책, 六反篇. 父母之於子也 產男則相賀 產女則殺之 此俱出父母之懷姙 然男子受賀 女子殺之者 慮其後便 計之長利也 故父母之於子也 猶用計算之心以相 待也 而況無父子之澤乎.

24 같은 책, 內儲說下. 鄭君已立太子矣 而有所愛美女 欲以其子爲後 夫人恐 因用毒藥賊君 殺之.

25 曹操 等注, 郭化若 譯, 앞의 책, 九變篇, 139~149쪽. 是故屈諸侯者以害, 役諸侯者以業, 趨諸侯者以利.

26 같은 책, 九地篇, 205쪽. 故兵之情, 圍則御, 不得已則鬪, 過則從.

27 같은 책, 九地篇, 209쪽. 投之亡地然後存, 陷之死地然後生.

28 이와 같은 인간 이해를 전제로 만들어진 진법(陣法) 중의 하나가 배수진(背水陣)이다. 배수진의 경우 뒤로 물러나면 물에 빠져 죽기 때문에 살아남기 위해서는 용감히 돌진하여 최선을 다해 싸우는 방법밖에 없다. 죽음이라는 최악의 해로움을 싫어하는 인간의 속성을 이용한 진법이다.

29 司馬遷 著, 丁範鎭 외 譯 『史記列傳』上(서울 : 도서출판 까치, 1995), 35~36쪽.

30 『論語』, 里仁篇. 君子喩於義, 小人喩於利.

31 『孟子』, 告子章句上. 口之於味也, 有同耆焉, 耳之於聲也, 有同聽焉, 目之於色也, 有同美焉. 至於心, 獨無所同然乎? 心之所同然者何也? 謂理也, 義也. 聖人先得我心之所同然耳. 故理義之悅我心, 猶芻豢之悅我口.

32 司馬遷 著, 丁範鎭 외 譯, 앞의 책, 41쪽.

[33] 曹操等 注, 郭化若譯, 앞의 책, 地形篇, 177~178쪽. 視卒如嬰兒, 故可與之赴深溪, 視卒與愛子, 故可與之俱死.

[34] 위와 같음. 視卒如愛子, 故可與之俱死.

2장

[1] 이순신이 초급 장교 시절부터 두각을 나타내 초고속 승진을 했고, 무과 합격 이후 조선과 북쪽의 오랑캐와 치른 3번의 전투에 모두 참여하여 공을 세운 유능한 장수였다는 내용을 밝힌 논문으로는 송우혜의 "이순신을 폄훼하는 '원균 명장론'의 실체"「이순신 연구논총6」(순천향대학이순신연구소, 2006)가 있다. 논자는 이 논문의 'Ⅲ. 육진에서 확립된 이순신의 명성'에서 위의 내용을 자세히 다루고 있다.

[2] 『선조실록』 선조24년 2월 16일.

[3] 『李忠武公全書』, 卷之二, 狀啓一, 唐浦破倭兵狀, 21ㄱㄴ(해당 매의 왼쪽을 ㄱ, 오른쪽을 ㄴ으로 표기함), 82쪽.

[4] 위와 같음, 見乃梁破倭兵將, 35ㄱ, 89쪽.

[5] 같은 책, 卷之八, 亂中日記四 , 丁酉年 9월 15일.

[6] 같은 책, 卷之三, 狀啓二, 請湖西舟師繼援狀, 13ㄴ, 108쪽.

[7] 같은 책, 卷之八, 亂中日記四 , 丁酉年 9월 15일.

[8] 같은 책, 卷之二, 狀啓一, 見乃梁破倭兵狀, 34ㄴ, 88쪽.

[9] 같은 책, 卷之九 附錄一, 行錄, 3ㄴ, 259쪽.

[10] 위와 같음, 4ㄱ, 259쪽.

[11] 같은 책, 卷之九, 附錄一, 行錄, 6ㄴ, 260쪽.

[12] 같은 책 卷之十, 附錄二, 謚狀, 23ㄴ, 287쪽.

[13] 郭化若 譯, 앞의 책, 7쪽.

[14] 『李忠武公全書』, 卷之二, 狀啓一, 玉浦破倭兵狀, 17ㄱ, 80쪽.

[15] 같은 책, 唐浦破倭兵狀, 30ㄴ~31ㄱ, 86~87쪽.

[16] 위와 같음, 87쪽.

[17] 위와 같음, 釜山破倭兵狀, 51ㄱ, 97쪽.

[18] 같은 책, 卷之三, 狀啓 二, 請光陽縣監漁泳潭仍任狀, 106~107쪽.

[19] 같은 책, 卷之九, 附錄一, 行錄, 7ㄴ, 261쪽.

[20] 위와 같음, 7ㄴ~8ㄱ, 261쪽.

[21] 같은 책, 卷之五, 亂中日記一, 壬辰年 1월 1일, 1ㄱ, 145쪽.

[22] 위와 같음, 壬辰年 2월 14일, 5ㄴ, 147쪽.

[23] 위와 같음, 壬辰年 3월 4일, 8ㄱ, 148쪽.

[24] 위와 같음, 壬辰年 3월 29일, 11ㄱ, 150쪽.

[25] 위와 같음, 壬辰年 4월 8일, 12ㄱ, 150쪽.

[26] 위과 같음, 癸巳年 5월 4일, 25ㄱㄴ, 157쪽.

[27] 위와 같음, 癸巳年 6月 19日, 33ㄴ~34ㄱ, 161쪽.

[28] 위와 같음, 癸巳年 6月 21日, 34ㄱ, 161쪽.

[29] 위와 같음, 癸巳年 8月 23日, 44ㄴ, 166쪽.

[30] 위와 같음, 丙申年 10月 3日, 64ㄴ, 232쪽.

[31] 위와 같음, 10月 6日.

[32] 위와 같음, 10月 7日, 64ㄴ, 232쪽.

[33] 위와 같음, 10月 8日, 64ㄴ, 232쪽.

[34] 위와 같음, 10月 9日, 64ㄴ, 232쪽.

[35] 위와 같음, 10月 10日, 64ㄴ~65ㄱ, 232~233쪽.

[36] 같은 책, 卷之八, 亂中日記四, 丁酉年 4월 13일, 2ㄴ~3ㄱ, 235~236쪽.

[37] 위와 같음, 4월 19일, 3ㄴ, 236쪽.

[38] 같은 책, 卷之六, 亂中日記二, 甲午年 7월 10일, 26ㄱ, 182쪽.

[39] 위와 같음, 7월 12일.

[40] 위와 같음, 7월 13일.

[41] 위와 같음, 7월 14일.

[42] 위와 같음, 7월 15일, 26ㄴ, 182쪽.

[43] 같은 책, 卷之八, 亂中日記四, 丁酉年 10월 14일, 32ㄱ, 250쪽.

[44] 같은 책, 卷之六, 亂中日記二, 甲午年 8월 27일, 32ㄱ, 185쪽.

[45] 위와 같음, 8월 30일.

[46] 위와 같음, 9월 1일.

[47] 위와 같음, 9월 2일.

[48] 같은 책, 卷之六, 亂中日記二, 甲午年 1월 20일, 3ㄱ, 171쪽.

[49] 같은 책, 卷之八, 亂中日記四, 丁酉年 10월 21일, 33ㄱ, 251쪽.

[50] 같은 책, 卷之六, 亂中日記二, 甲午年 5월 16일, 20ㄱ, 179쪽.

[51] 위와 같음, 5월 25일, 21ㄱ, 180쪽.

52 위와 같음, 4월 3일, 15ㄱ, 177쪽.

53 같은 책, 卷之七, 亂中日記三, 乙未年 8월 15일, 12ㄴ, 206쪽.

54 위와 같음, 8월 27일, 14ㄴ, 207쪽.

55 같은 책, 卷之七, 亂中日記四, 丁酉年 9월 9일.

56 같은 책, 卷之七, 亂中日記三, 丙申年 5월5일, 44ㄴ, 222쪽.

57 같은 책, 卷之四, 狀啓三, 舟師所屬諸將休番狀, 141쪽.

58 같은 책, 卷之三, 狀啓二, 請於陣中試才狀, 122쪽.

59 같은 책, 卷之七, 亂中日記三, 乙未年 6월 26일, 5ㄴ, 203쪽.

60 위와 같음, 丙申年 1월 15일, 29ㄴ, 215쪽.

61 위와 같음, 7월 13일.

62 같은 책, 卷之九, 附錄一, 行錄, 20ㄴ, 267쪽.

63 같은 책, 卷之三, 狀啓二, 請令流民入接突山島耕種狀, 2ㄴ, 102쪽.

64 위와 같음, 2ㄴ~3ㄱ, 102~103쪽.

65 위와 같음, 3ㄱ, 103쪽.

66 위와 같음, 請設屯田狀, 39ㄴ, 121쪽.

67 같은 책, 卷之十三, 附錄五, 記實上, 宣廟中興志, 21ㄱ, 347쪽.

68 郭化若 譯, 앞의 책, 7쪽. 勇者, 決勝乘勢, 不逡巡也.

69 같은 책, 7쪽. 勇者, 徇義不懼, 能果毅也.

70 金赫濟 校閱, 『論語集註』(서울 : 集文堂, 1987), 爲政篇, 41쪽. 見義不爲, 無勇也.

71 같은 책, 陽化篇, 371쪽. 君子有勇而無義爲亂, 小人有勇而無義爲盜.

72 민족문화추진위원회, 『국역 대동야승 IX』(再造藩邦志)(민족문화추진회, 1985), 411쪽.

73 『李忠武公全書』, 卷之九, 附錄一, 行錄, 23ㄱ, 269쪽.

74 위와 같음, 2ㄴ, 258쪽.

75 위와 같음, 4ㄴ, 259쪽.

76 같은 책, 卷之八, 亂中日記四, 丁酉年 9월 7일.

77 위와 같음, 9월 16일, 27ㄱ, 248쪽.

78 郭化若 譯, 앞의 책, 計篇, 7쪽. 杜牧曰 : 嚴者, 以威刑肅三軍也.

79 『李忠武公全書』, 卷之九, 附錄一, 行錄, 1ㄱㄴ, 258쪽.

80 같은 책, 卷之九, 附錄一, 行錄, 6ㄱ, 260쪽.

81 같은 책, 卷之六, 亂中日記二, 甲午年 9월 13일.

82 같은 책, 卷之八, 亂中日記四, 丁酉年 6월 3일.

83 같은 책, 卷之五, 亂中日記一, 壬辰年 1월 16일, 2ㄱㄴ, 145쪽.

84 위와 같음, 2월 25일, 7ㄱ, 148쪽.

85 위와 같음, 3월 6일, 8ㄴ, 148쪽.

86 같은 책, 甲午年 7월 26일, 28ㄴ, 183쪽, 8월 26일, 31ㄴ, 185쪽.

87 같은 책, 卷之八, 亂中日記四, 丁酉年 9월 15일, 26ㄴ, 247쪽.

88 위와 같음, 9월 16일, 27ㄴ, 248쪽.

89 강영훈, "이충무공의 군법운용" 『충무공이순신연구논총』(해군사관학교 박물관, 1991), 18~22쪽.

90 접전(接戰)은 배를 적선에 계류시키고 올라가 백병전을 벌여 제압하는 전술로 동서양에서 공통적으로 사용한 재래식 해전 전술이다. 배에 올라가 육박전을 벌인다는 뜻으로 '등선육박전술(登船肉薄戰術)' 이라고도 한다.

91 『李忠武公全書』, 卷之二, 狀啓一, 唐浦破倭兵狀, 19ㄴ, 81쪽.

92 위와 같음, 唐浦破倭兵狀, 21ㄱㄴ, 82쪽.

93 위와 같음, 24ㄴ~25ㄱ, 83~84쪽.

94 같은 책, 卷之三, 狀啓二, 封進火砲狀, 21ㄱㄴ, 112쪽.

95 위와 같음, 21ㄴ~22ㄱ, 112쪽.

96 같은 책, 卷之五, 亂中日記一, 壬辰年 9월 14일, 47ㄴ, 168쪽.

97 『論語』, 里仁篇. 君子喩於義, 小人喩於利.

98 『李忠武公全書』, 卷之九, 附錄一, 行錄, 2ㄴ, 258쪽.

99 위와 같음, 2ㄱㄴ, 258쪽.

100 위와 같음, 3ㄱ, 259쪽.

101 위와 같음, 3ㄴ, 259쪽.

102 같은 책, 卷之九, 附錄一, 行錄, 9ㄴ~10ㄱ, 262쪽.

103 같은 책, 卷之十一, 附錄三, 忠愍祠記一, 9ㄴ, 306쪽.

104 같은 책, 卷之九, 附錄一, 行錄, 31ㄱ, 273쪽.

105 金赫濟 校閱, 『中庸』(서울 : 명문당, 1984), 第20障, 84쪽. 誠者, 天之道也, 誠之者, 人之道也.

106 같은 책, 朱熹 註, 85쪽. 誠者, 眞實無妄之謂, 天理之本然也, 誠之者, 未能眞實無妄而欲其眞實無妄之謂, 人事之當然也.

107 『李忠武公全書』, 卷之六, 亂中日記二, 乙未年 5월 29일, 60ㄱ, 199쪽.

108 같은 책, 卷之五, 亂中日記一, 癸巳年 8월 1일, 40ㄴ~41ㄱ, 164~165쪽.

109 같은 책, 卷之五, 亂中日記一, 癸巳年 8월25일, 44ㄴ, 166쪽.

110 같은 책, 卷之七, 亂中日記四, 丁酉年 9월 15일, 26ㄴ, 247쪽.

111 같은 책, 卷之一, 雜著, 答譚都司禁討牌文, 15ㄱ, 69쪽.

112 위와 같음.

113 위와 같음, 16ㄱ, 69쪽.

114 위와 같음.

115 위와 같음.

116 위와 같음.

117 위와 같음.

118 같은 책, 卷之十, 附錄二, 行狀(崔有海 撰), 12ㄱㄴ, 281쪽.

119 위와 같음.

120 같은 책, 卷之十一, 附錄三, 古今島遺祠記, 18ㄴ, 310쪽.

3장

1 필벌(必罰)은 '반드시 처벌을 시행해야 한다'는 뜻이다. 군율을 어기면 이런저런 처벌이 뒤따른다고 선포해 놓고 그것을 시행하지 않으면 효과가 없다는 것이다. 따라서 군율을 어길 경우 예외 없이 처벌하는 것이 군기 확립에 매우 중요하다. 제갈공명은 아들처럼 사랑했던 마속(馬謖)이 사전에 약속했던 군율을 어기자 눈물을 머금고 처형했다. 진중의 병사들은 제갈공명이 평소 마속을 사랑했던 것을 알고 있었기 때문에 더더욱 마속을 처벌하지 않을 수 없었던 것이다.

2 『李忠武公全書』, 卷之五, 亂中日記一, 壬辰年 1월 16일, 2ㄱ, 145쪽.

3 같은 책, 壬辰年 2월 25일, 7ㄱ, 148쪽.

4 같은 책, 壬辰年 3월 초6일, 8ㄴ, 148쪽.

5 같은 책, 卷之五, 亂中日記一, 癸巳年 2월 3일.

6 같은 책, 卷之六, 亂中日記二, 甲午年 7월 26일, 28ㄴ, 183쪽.

7 위와 같음, 8월 26일, 31ㄴ, 185쪽.

8 위와 같음, 7월 3일, 25ㄱ, 182쪽.

9 위와 같음, 9월 11일, 33ㄴ, 186쪽.

10 같은 책, 卷之六, 亂中日記二, 乙未年 4월 29일, 55ㄴ, 197쪽.

11 "발포 진무 최이가 두 번이나 군법을 범했으므로 처형했다"(亂中日記, 癸巳年 2월 1일).

12 같은 책, 卷之八, 亂中日記四, 丁酉年 8월 25일, 24ㄱ, 246쪽.

13 郭化若 譯, 앞의 책, 九地篇, 209쪽. 投之亡地然後存, 陷之死地然後生.

14 『李忠武公全書』 卷之三, 狀啓二, 條陳水陸戰事狀, 22ㄱㄴ, 112쪽.

15 위와 같음, 條陳水陸戰事狀, 22ㄴ, 112쪽.

16 같은 책, 卷之三, 狀啓二, 請舟師所屬邑勿定陸軍狀, 41ㄴ, 122쪽.

17 같은 책, 卷之八, 亂中日記四, 丁酉年 9월 15일, 26ㄴ, 247쪽.

18 위와 같음.

19 위와 같음, 9월 16일, 27ㄴ, 248쪽.

20 위와 같음.

21 郭化若 譯, 앞의 책, 作戰篇, 30쪽. 取敵之利者, 貨也.

22 위와 같음.

23 위와 같음. 謂得敵之貨財, 必以賞之, 使人皆有欲, 各自爲戰.

24 『李忠武公全書』, 卷之二, 狀啓一, 玉浦破倭兵狀, 16ㄴ, 79쪽.

25 위와 같음, 唐浦破倭兵狀, 30ㄴ~31ㄱ, 86~87쪽.

26 같은 책, 卷之六, 亂中日記二, 甲午年 7월 초2일, 25ㄱ, 182쪽.

27 같은 책, 亂中日記三, 乙未年 9월 23일, 17ㄴ, 209쪽.

28 같은 책, 卷之七, 亂中日記三, 丙申年 1월 19일.

29 위와 같음, 丙申年 1월 15일, 29ㄴ, 215쪽.

30 위와 같음, 乙未年 11월 26일, 24ㄴ, 212쪽.

31 같은 책, 卷之二, 狀啓一, 唐浦破倭兵狀, 30ㄴ~31ㄱ, 86~87쪽.

32 위와 같음, 唐浦破倭兵狀, 33ㄴ, 88쪽.

33 위와 같음, 唐浦破倭兵狀, 44ㄱㄴ, 93쪽.

34 같은 책, 卷之二, 狀啓一, 請鄭運追配李大源祠狀, 52ㄴ, 97쪽.

35 같은 책, 卷之四, 狀啓三, 請賞呂島萬戶金仁英狀, 16ㄱ, 132쪽.

36 위와 같음, 請賞義兵諸將狀, 15ㄴ, 132쪽.

37 같은 책, 卷之六, 亂中日記二, 甲午年 1월 14일, 2ㄱ, 170쪽.

38 위와 같음, 甲午年 8월 29일, 32ㄱ, 185쪽.

39 郭化若 譯, 앞의 책, 勢篇, 78쪽.

40 조선 수군의 주력 전투함인 판옥선을 기준으로 비교해 보았을 때 1차 출동에서 판옥선과 크기가 유사한 일본 수군의 대선은 약 30여 척으로 볼 수 있다. 조선 수군의 주력 전투함인 판옥선과 비슷한 수이다. 그러나 조선 수군은 집중되어 있었고, 일본 수군은 옥포, 합

포, 적진포에 분산되어 있었기 때문에 각 해전에서의 전투력은 조선 수군이 절대 우위에 있었다.

41 비교적 객관적 관점에서 『李舜臣戰史硏究』를 저술한 조인복도 한산 해전에 대해서 조선 수군이 열세한 상황에서 승리하였다는 것을 강조하였다. "견내량에서 발견된 왜 수군의 함대는 대선 36척, 중선 24척, 소선 13척 총 73척에 달했는데 이에 비해 조선 수군의 함대는 54~5척에 지나지 않았다"(趙仁福, 『李舜臣戰史硏究』, 197쪽).

42 『李忠武公全書』, 卷之三, 狀啓二, 討賊狀, 6ㄱㄴ, 104쪽.

43 위와 같음, 統船一傾覆後待罪狀, 8ㄴ, 105쪽.

44 같은 책, 卷之五, 亂中日記一, 癸巳年 6월 4일, 31ㄱㄴ, 160쪽.

45 위와 같음, 癸巳年 6월 25일, 34ㄴ, 161쪽.

46 위와 같음, 癸巳年 6월 7일.

47 같은 책, 卷之七, 亂中日記三 丙申年 8월 15일, 56ㄴ, 228쪽.

48 같은 책, 卷之九, 附錄一, 行錄一, 9ㄴ~10ㄱ, 262쪽.

49 위와 같음, 行錄一, 22ㄱㄴ, 268쪽.

50 같은 책, 卷之十四, 附錄六, 菊圃瑣言, 19ㄴ, 372쪽.

51 같은 책, 卷之十三, 附錄五, 記實上, 宣廟中興志, 17ㄱ, 345쪽.

52 같은 책, 卷之八, 亂中日記四, 丁酉年 4월 27일, 5ㄱ, 237쪽.

53 위와 같음, 丁酉年 4월 30일, 5ㄴ, 237쪽.

54 위와 같음, 丁酉年 5월 2일.

55 위와 같음, 丁酉年 5월 5일, 6ㄱ, 237쪽.

56 위와 같음, 丁酉年 5월 28일.

57 위와 같음, 丁酉年 6월 19일, 13ㄴ, 241쪽.

58 같은 책, 卷之五, 亂中日記一, 癸巳年 3월 12일, 24ㄱ, 156쪽.

59 위와 같음, 癸巳年 3월 18일.

60 위와 같음, 癸巳年 6월 15일, 33ㄱ, 161쪽.

61 같은 책, 卷之七, 亂中日記三, 丙申年 3월 3일, 37ㄱ, 219쪽.

62 같은 책, 卷之五, 亂中日記一, 癸巳年 5월 4일.

63 위와 같음, 癸巳年 5월 5일, 25ㄴ, 157쪽.

64 같은 책, 卷之七, 亂中日記三, 丙申年 5월 5일, 44ㄴ, 222쪽.

65 같은 책, 卷之六, 亂中日記二, 甲午年 1월 20일, 3ㄱ, 171쪽.

66 같은 책, 卷之十三, 附錄五, 記實上, 宣廟中興志, 27ㄱ, 350쪽.

67 같은 책, 卷之九, 附錄一, 行錄, 10ㄴ, 262쪽.

68 같은 책, 卷之一, 雜著, 上某人書, 13ㄴ, 68쪽.

69 같은 책, 卷之三, 狀啓二, 請於陣中試才狀, 42ㄱㄴ, 122쪽.

70 같은 책, 卷之八, 亂中日記四, 정유년 9월 16일.

71 위와 같음.

72 같은 책, 卷之九, 附錄一, 行錄, 3ㄱ, 259쪽.

73 위와 같음, 行錄, 8ㄱ, 261쪽.

74 같은 책, 卷之六, 亂中日記二, 甲午年 8월 2일.

75 위와 같음, 甲午年 2월 5일.

76 위와 같음, 甲午年 7월 3일.

77 위와 같음, 乙未年 6월 24일, 5ㄱ, 203쪽.

78 위와 같음, 甲午年 8월 4일, 29ㄱ, 184쪽.

79 이대원은 임진왜란 발발 5년 전인 1587년 녹도 만호로 근무하던 중 왜구의 침입에 맞서 싸우다 전사하였는데 나라에서는 그의 애국충절을 기려 녹도에 사당을 세웠다. 1592년 녹도 만호 정운이 부산포 해전에서 전사하자 이순신은 정운을 이대원 사당에 함께 배향할 것을 조정에 건의하였다. 이 건의가 받아들여져 정운의 위패가 사당에 모셔졌으며 사당 이름은 두 사람의 충신을 모셨다는 의미로 '쌍충사(雙忠祠)'라 하였다.

80 『李忠武公全書』, 卷之二, 狀啓一, 請鄭運追配李大源祠狀, 52ㄴ, 97쪽.

81 같은 책, 卷之五, 亂中日記一, 壬辰年 5월 1일, 14ㄱ, 151쪽.

82 위와 같음, 壬辰年 5월 2일, 14ㄴ, 151쪽.

83 같은 책, 卷之二, 狀啓一, 唐浦破倭兵將, 21ㄴ, 82쪽.

84 같은 책, 卷之六, 亂中日記二, 甲午年 10월 25일, 39ㄱ, 189쪽.

85 같은 책, 卷之二, 狀啓一, 唐浦破倭兵狀, 25ㄴ, 84쪽.

86 조선에서는 전투 결과에 대한 논공행상에서 증거주의를 채택하고 있었다. 따라서 사살한 적의 목을 베고 다시 귀를 떼어내 소금에 절여 조정에 보냈으며 조정에서는 그것을 확인하고 포상을 하였는데, 이때 사살한 수가 논공행상에 큰 영향을 준 것 같다.

87 『李忠武公全書』, 卷之二, 狀啓一, 唐浦破倭兵狀, 31ㄱ, 87쪽.

88 같은 책, 卷之二, 狀啓一, 見乃梁破倭兵狀, 35ㄴ, 89쪽.

89 같은 책, 卷之六, 亂中日記二, 甲午年 6월 11일, 23ㄱ, 181쪽.

90 같은 책, 卷之八, 亂中日記四, 丁酉年 4월 1일, 1ㄱ, 235쪽.

91 위와 같음, 丁酉年 12월 1일.

92 같은 책, 卷之五, 亂中日記一, 壬辰年 5월 1일, 14ㄱ, 151쪽.

93 같은 책, 卷之六, 亂中日記二, 甲午年 8월 30일, 32ㄴ, 185쪽.

94 위와 같음, 甲午年 9월 3일.

95 위와 같음, 甲午年 9월 3일, 185~186쪽.

96 같은 책, 卷之八, 亂中日記四, 丁酉年 7월 25일.

97 같은 책, 卷之五, 亂中日記一, 壬辰年 2월 22일, 6ㄴ, 147쪽.

98 위와 같음, 壬辰年 5월 3일.

99 같은 책, 卷之二, 狀啓一, 釜山破倭兵狀, 49ㄴ~50ㄱ, 96쪽.

100 위와 같음, 請鄭運追配李大源祠狀. 52ㄴ, 97쪽.

101 같은 책, 卷之二, 狀啓一, 見乃梁破倭兵狀, 35ㄱㄴ, 89쪽.

102 같은 책, 卷之五, 亂中日記一, 癸巳年 5월 13일.

103 위와 같음, 癸巳年 5월 15일.

104 위와 같음, 癸巳年 5월 27일.

105 위와 같음, 癸巳年 8월 16일, 43ㄴ, 166쪽.

106 위와 같음, 癸巳年 6월 27일.

107 위와 같음, 癸巳年 7월 7일, 36ㄴ, 162쪽.

108 위와 같음, 癸巳年 8월 8일, 42ㄱ, 165쪽.

109 같은 책, 卷之三, 狀啓二, 請光陽縣監魚泳潭仍任狀, 10ㄴ~11ㄱ, 106~107쪽.

110 같은 책, 卷之六, 亂中日記二, 甲午年 3월 3일, 11ㄱ, 175쪽.

111 위와 같음, 甲午年 4월 9일, 15ㄴ, 177쪽.

112 같은 책, 卷之五, 亂中日記一, 壬辰年 2월 25일, 7ㄱ, 148쪽.

113 같은 책, 卷之六, 亂中日記二, 甲午年 7월 21일.

114 같은 책, 卷之八, 亂中日記四, 丁酉年 5월 13일, 7ㄴ, 238쪽.

115 위와 같음, 丁酉年 8월 6일.

116 위와 같음, 丁酉年 8월 9일, 22ㄱ, 245쪽.

117 같은 책, 卷之九, 附錄一, 行錄, 22ㄱ, 268쪽.

118 위와 같음, 行錄, 20ㄴ, 267쪽.

119 같은 책, 卷之十四, 附錄六, 記實下, 湖南記聞, 35ㄴ~36ㄱ, 380쪽.

120 『선조실록』, 선조31년(1598년, 무술) 12월 7일 5번째 기사.

121 『李忠武公全書』, 卷之三, 狀啓二, 分送義僧把守要害狀, 1ㄴ~2ㄱ, 102쪽.

122 위와 같음, 分送義僧把守要害狀, 102쪽.

123 같은 책, 卷之四, 狀啓三, 請賞義兵諸將狀, 15ㄱ, 132쪽.

124 위와 같음.

125 위와 같음.

126 같은 책, 卷之八, 亂中日記四, 丁酉年 5월 7일, 6ㄴ, 237쪽.

127 『完譯 李忠武公全書』(下), 170쪽 재인용.

128 위와 같음, 172쪽 재인용.

129 위와 같음.

4장

1 Edgar F. Puryear. Jr., 『아메리칸 제너럴십』(국방부, 2004).

2 John C. Maxwell, 강준민 역, 『리더십의 법칙』(비전과 리더십, 2005), 38~39쪽.

3 『李忠武公全書』, 卷之九, 附錄一, 行綠, 11, 258쪽.

4 『論語』, 里仁篇. 君子喩於義, 小人喩於利.

5 『南塘集』(서울 : 雅盛文化史, 1976), 卷29, 雜著, 示同志說, 37ㄱ, 709쪽. 其所以治之者, 不過曰, 窮理存養力行三者而已矣.

6 같은 책, 卷29, 雜著, 〈示同志說〉, 37ㄱ, 709쪽. 所謂窮理者, 卽事卽物, 窮至其理, 使其理之在物者, 無不各詣其極, 而知之在我者, 亦無不隨其所詣而極焉, 則其於天理人欲之分, 無不瞭然, 而知所趨舍矣.

7 위와 같음.

8 『孟子集註大全』, 盡心章句上, 2ㄴ, 255쪽. 存其心, 養其性, 所以事天也.

9 『南塘集』, 卷29, 雜著, 〈示同志說〉, 37ㄱ, 709쪽.

10 진리는 이(理), 도(道), 도리(道理), 이치(理致) 등으로도 표현된다.

11 『李忠武公全書』, 卷之八, 亂中日記四, 丁酉年 4월 13일, 2ㄴ~3ㄱ, 235~236쪽.

12 위와 같음, 4월 19일, 3ㄴ, 236쪽.

13 같은 책, 卷之十, 附錄二, 露梁廟碑, 33ㄱ, 292쪽. 吾一心忠孝, 到此俱喪矣.

14 『論語』, 學而篇, 孝悌也者, 其爲仁之本與.

15 같은 책, 八佾篇. 君事臣以禮, 臣事君以忠.

16 『李忠武公全書』, 卷之一, 雜著, 讀宋史, 17ㄱㄴ, 70쪽.

17 위와 같음, 17ㄴ, 70쪽.

18 같은 책, 卷之十五, 書, 與朴三谷, 9ㄱㄴ, 387쪽.

19 위와 같음.

20 위와 같음.

21 같은 책, 卷之十, 附錄二, 諡狀, 25ㄴ, 288쪽.

22 같은 책, 卷之十一, 附錄三, 忠愍祠記一, 9ㄴ. 306쪽. 嘗言丈夫生, 世用則效死, 不用則耕於野足矣.

23 같은 책, 卷之九, 附錄一, 31ㄱ, 273쪽. 此讐若除, 死則無感.

24 『論語』, 爲政篇. 孔子曰, 詩三百, 一言以蔽之, 思無邪.

25 『李忠武公全書』, 卷之一, 詩, 1ㄱ, 62쪽. 水國秋光暮, 驚寒雁陣高, 憂心輾轉夜, 殘月照弓刀.

26 위와 같음, 詩, 10ㄱㄴ, 66쪽. 閑山島月明夜, 上戍樓撫大刀深愁時, 何處一聲羌笛更添愁.

27 위와 같음, 詩, 1ㄱ, 62쪽.

28 같은 책, 卷之十五, 詩, 8ㄱ, 386쪽.

29 같은 책, 卷之五, 亂中日記一, 1ㄱ, 145쪽.

30 같은 책, 卷之五, 亂中日記一, 癸巳年 7월 9일, 37ㄱ, 163쪽.

31 같은 책, 卷之六, 亂中日記二, 乙未年 1월 1일, 42ㄱ, 190쪽.

32 위와 같음, 甲午年 6월 9일.

33 배영수는 전라우수사 이억기의 군관이다.

34 『李忠武公全書』, 卷之六, 亂中日記二, 乙未年 5월 13일.

35 같은 책, 卷之六, 亂中日記二, 甲午年 8월 13일.

36 같은 책, 卷之七, 丙申年 1월 13일.

37 『論語』, 泰伯篇. 子曰, 大哉, 堯之爲君也, 巍巍乎, 唯天爲大, 唯堯則之.

38 같은 책, 陽貨篇. 子曰, 天何言哉, 四時行焉, 百物生焉, 天何言哉.

39 『禮記鄭注』, 孔子閒居篇. 孔子曰, 天無私覆, 地無私載, 日月無私照.

40 『李忠武公全書』, 卷之五, 亂中日記一, 癸巳年 5월 13일, 26ㄴ, 157쪽.

41 같은 책, 卷之五, 亂中日記一, 癸巳年 7월 15일, 38ㄴ~39ㄱ, 163~164쪽.

42 같은 책, 卷之五, 亂中日記一, 癸巳年 8월 17일, 43ㄴ, 166쪽.

43 같은 책, 卷之六, 亂中日記二, 甲午年 6월 11일, 23ㄱ, 181쪽.

44 『大學』 傳, 제2장.

45 『李忠武公全書』, 卷之一, 雜著, 10ㄴ, 66쪽. 三尺誓天, 山河動色.

46 위와 같음. 一揮掃蕩, 血染山河.

[47] 같은 책, 卷之九, 附錄一, 行錄, 2ㄴ, 258쪽. 在下者越遷, 則應遷者不遷, 是非公也, 且法不可改也.

[48] 위와 같음, 行錄, 2ㄱㄴ, 258쪽.

[49] 위와 같음, 行錄, 3ㄱ, 259쪽.

[50] 『국역 대동야승 Ⅸ』(再造藩邦志)(민족문화추진회, 1985), 411쪽. 舜臣曰, 海道艱險, 敵必多設伏兵以待, 多率舡, 敵無不知, 小其船則反爲所襲矣.

[51] 『李忠武公全書』, 卷之六, 亂中日記二, 甲午年 2월 4일, 5ㄴ, 172쪽.

[52] 위와 같음, 7월 5일, 25ㄱ, 182쪽.

[53] 위와 같음, 乙未年 1월 1일, 42ㄱ, 190쪽.

[54] 같은 책, 卷之五, 亂中日記一, 癸巳年 8월 1일, 40ㄴ~41ㄱ, 164~165쪽.

[55] "선전관(宣傳官) 성문개(成文漑)가 보러 와서 피란 중에 계신 임금님의 사정을 자세히 전하였다. 통곡, 통곡할 일이다"(『李忠武公全書』, 卷之五, 亂中日記一, 癸巳年 5월 12일).

[56] 『李忠武公全書』, 卷之九, 附錄一, 行錄, 22ㄴ, 268쪽.

[57] 인격은 고정된 것이 아니라 '진리 인식하기', '도덕적 힘 기르기', '힘써 실천하기'의 상호 작용을 통해 끊임없이 진화하는 유기적 운동체이다. 그렇기에 사람은 죽을 때까지 인격도야에 힘써야 하며, 그런 면에서 인격은 영원히 진행형일 수밖에 없다.

5장

[1] 명량 해전의 전승지인 울돌목에는 우수영 관광단지가 조성되어 있다. 전시관에는 TV 모니터로 명량 해전의 승리 요인을 설명하고 있는데 다름 아닌 '철쇄설치설'이다. 그 앞의 바닷가에는 철쇄를 감아 당겼다는 '막개'가 설치되어 있다. 2005년 인기리에 방영되었던 KBS 역사 드라마 '불멸의 이순신'에서도 '철쇄설치설'로 명량 해전의 승리 요인을 설명하였다. 최근 이순신 연구자들 사이에는 철쇄설치가 '설화성 이야기'라는 데 공감대가 형성되어 있다. 그러나 대중매체에 의해 국민들에게 각인된 명량 해전 '철쇄설치설'을 일소하기에는 아직도 역부족이다.

[2] 철쇄설치설의 근거가 되는 자료에 대한 분석과 비판은 이민웅의 「임진왜란사 연구」(서울대 박사학위 논문, 2002, 157~158쪽)에서도 이미 제기된 바 있다.

[3] 『명종실록』 권18, 명종 10년 5월 己酉.

[4] 같은 책, 권20, 명종 10년 7월 甲寅.

5 許善道, 『朝鮮時代 火藥兵器史 硏究』(一潮閣, 1994), 199~210쪽.

6 『李忠武公全書』 卷之八, 亂中日記四, 丁酉 9월 16일, 27ㄱ, 248쪽. 賊雖千隻, 莫敵我船, 切勿動心, 盡力射敵.

7 당시 서양의 해전전술의 양상은 등선육박전술을 위주로 하는 재래식 해전전술에서 화약무기를 이용한 함포 포격전술로 변화되고 있었다. 1571년의 레판토 해전과 1588년 스페인 무적함대와 영국 해군 사이의 해전이 대표적 사례이다. 조선 수군은 일찍이 고려 수군으로부터 화포를 이용하여 해전을 치르는 노하우를 계승하여 발전시켰다. 명종시대에 이르면 천자, 지자총통 등을 주력 무기체계로 삼아 실제 해전에서 왜구를 섬멸하는 데 큰 효과를 보았다. 임진왜란 시 일본의 지상군은 세계 무기체계 변화의 추세에 발맞추어 개인 휴대 무기를 기존의 활 중심에서 화약무기인 조총 중심으로 전환하여 조선의 지상군에 비해 전투력의 우위를 보였다. 반면에 일본 수군은 왜란이 끝날 때까지 대형 화약무기인 총통 중심의 무기체계로 전환하지 못했다. 조선으로서는 천만다행한 일이었다.

8 『선조실록』(선조 30년 11월 정유)에 따르면 명량 해전에 참전한 함선의 수는 전선(戰船)이 13척, 망을 보거나 정보를 수집하는 초탐선(哨探船)이 32척이었다.

9 『李忠武公全書』, 卷之八, 亂中日記四, 25ㄱ, 247쪽.

10 같은 책, 卷之八, 亂中日記四 丁酉 9월 15일, 26ㄴ, 247쪽.

11 같은 책, 卷之九, 附錄一, 行錄, 22ㄱ, 268쪽.

12 같은 책, 卷之九, 附錄一, 行錄, 22ㄴ, 268쪽.

13 같은 책, 卷之八, 亂中日記四, 丁酉 8월 25일, 24ㄱ, 246쪽.

14 위와 같음, 丁酉 8월 28일.

15 위와 같음, 丁酉 9월 7일.

16 같은 책, 卷之八, 亂中日記四, 丁酉 9월 15일, 26ㄱ, 247쪽.

17 위와 같음.

18 위와 같음, 丁酉 9월 16일.

19 위와 같음.

20 위와 같음.

21 김억추의 경우는 《동의록》 이외에 《호남절의록》과 《현무공실기》에도 철쇄와 관련한 기록이 있는데 두 자료 모두 역사적 사실을 규명하기 위한 자료로는 적절치 않기 때문에 여기서는 또 다시 언급하지 않았다.

22 "명량 싸움에서 쇠줄을 건너 매어 수로를 끊고 적선을 수없이 전복시켜 충무공 막하에서 으뜸 공을 세웠다" (『李忠武公全書』, 卷之十六, 《同義錄》, 金渭).

[23] “이충무공이 그의 활 잘 쏘는 것을 칭찬하였다. 이충무공이 철쇄로 적을 방어하는 데 있어서 그가 도왔고, 울도에서 싸워서 이겼을 때도 공을 세웠다”(『李忠武公全書』, 卷之十六, 《同義錄》, 李大年).

[24] 이민웅, 앞의 논문, 158쪽.

[25] 이 분의 《행록(行錄)》에는 8월 18일 회령포에서 전선 10여 척을 수습할 때 전라우수사 김억추에게 병선을 거두어 모으게 하고 또 여러 장수들에게 지시하여 병선을 거북선 모양으로 꾸미게 하였다는 기록이 있다.

[26] 『李忠武公全書』, 卷之八, 亂中日記四, 丁酉年 8월 26일, 24ㄱ, 246쪽.

[27] 같은 책, 丁酉年 9월 8일, 25ㄴ, 247쪽.

[28] 같은 책, 丁酉年 9월 16일, 27ㄱ, 248쪽.

이순신, 승리의 리더십
Winning Leadership

지은이 | 임원빈
펴낸이 | 고광철
펴낸곳 | 한국경제신문 한경BP

제1판 1쇄 발행 | 2008년 9월 30일
제1판 9쇄 발행 | 2014년 8월 22일

주소 | 서울특별시 중구 청파로 463
기획출판팀 | 02-3604-553~6
영업마케팅팀 | 02-3604-595, 583 FAX | 02-3604-599
H | http://bp.hankyung.com E | bp@hankyung.com
T | @hankbp F | www.facebook.com/hankyungbp
등록 | 제 2-315(1967. 5. 15)

ISBN 978-89-475-2634-0
값 13,800원